Über dieses Buch

»Die Individualpsychologie hat mit großer Schärfe darauf hingewiesen, daß alle seelisch unglücklichen, der Neurose oder der Verwahrlosung verfallenen Menschen aus der Reihe derer stammen, denen es nicht vergönnt war, in jungen Jahren ihr Gemeinschaftsgefühl zu entwickeln und damit auch den *Mut*, den Optimismus, das Selbstvertrauen, die unmittelbar dem Gefühl der Zugehörigkeit zur Allgemeinheit entstammen.« (In diesem Band S. 164) »Die Aufgabe des Arztes oder Psychologen besteht in der Tat darin, dem Patienten die Erfahrung von Kontakt mit einem Mitmenschen zu vermitteln und ihn sodann zu befähigen, dieses geweckte Gemeinschaftsgefühl auf andere zu übertragen.« (Adler, *Neurosen*, Bd. 6735, S. 39)

Diese Auffassung, die zeigt, wie eng Alfred Adler die Aufgabe des Psychotherapeuten mit der Erziehungsaufgabe – insbesondere der Mutter – verbunden sieht, liegt der dreibändigen Ausgabe *Psychotherapie und Erziehung* zugrunde. In dieser Sammlung der wichtigsten seiner kleineren Schriften kennzeichnet Adler die Individualpsychologie als eine interdisziplinäre Wissenschaft. Die Absicht, Menschen zu helfen, kann weder durch die Medizin noch auf der Grundlage von Psychologie oder Pädagogik allein verwirklicht werden. Der individualpsychologische Ansatz macht sich die Ergebnisse aller Sozial- und Humanwissenschaften zunutze und schließt dabei – insofern er zur Bestimmung des Menschen und zum Sinn des Lebens Stellung nimmt – auch die Anthropologie und Philosophie mit ein.

Mit dem hier vorgelegten Buch wird eine Tradition fortgeführt, die mit dem von Adler selbst (zusammen mit Carl Furtmüller) herausgegebenen Band *Heilen und Bilden* (1914; 1928; Neuausgabe Bd. 6220) und der Aufsatzsammlung *Praxis und Theorie der Individualpsychologie* (1920; 1930; Neuausgabe Bd. 6236) begonnen hat.

Die hier vorliegenden wichtigsten kleineren Schriften aus den Jahren 1919 bis 1929 lassen die Fortentwicklung von Adlers Gedankengängen deutlich zutage treten.

Der Autor

Alfred Adler wurde 1870 in Wien geboren. Er entschied sich früh für den Arztberuf, den er dann lange Jahre in Wien ausübte. Sigmund Freud forderte ihn 1902 auf, seiner Studiengruppe beizutreten; im Laufe der gemeinsamen Arbeit entwickelte Adler aber seine eigenen Ansichten, so daß es 1911 zum Bruch zwischen den beiden kam. Adler begründete nun seine eigene Auffassung der Individualpsychologie mit einer eigenen Schule und einer eigenen Zeitschrift. Ab 1925 reiste er häufig nach Amerika, wo er sich 1935 endgültig niederließ. Hier fand seine Psychologie große Beachtung und Anerkennung bis in die Gegenwart. Während einer Vortragsreise starb Alfred Adler 1937 in Aberdeen.

Eine Übersicht über seine im Fischer Taschenbuch Verlag bisher erschienenen Werke befindet sich am Ende des Bandes.

Alfred Adler

Psychotherapie und Erziehung

Ausgewählte Aufsätze

Band I: 1919–1929

Herausgegeben von
Heinz L. Ansbacher und Robert F. Antoch

Mit einer Einführung von Robert F. Antoch

Fischer
Taschenbuch
Verlag

Lektorat: Walter H. Pehle

Der *Deutschen Gesellschaft für Individualpsychologie (DGIP)* und dem *Institut für wissenschaftliche Individualpsychologie* in Düsseldorf danken die Herausgeber für ihre freundliche Unterstützung.

Originalausgabe
Fischer Taschenbuch Verlag
April 1982
Umschlagentwurf: Jan Buchholz/Reni Hinsch
Fischer Taschenbuch Verlag GmbH, Frankfurt am Main
Die Ausgabe erfolgt mit freundlicher Genehmigung
des Estate of Alfred Adler, New York

Satz: Fotosatz Otto Gutfreund, Darmstadt
Druck und Bindung: Hanseatische Druckanstalt GmbH, Hamburg
Printed in Germany
1080-ISBN-3-596-26746-3

Inhalt

Einführung

Nachdem nunmehr alle größeren und zusammenhängenden Arbeiten von ALFRED ADLER in der Werkausgabe des Fischer Taschenbuch Verlages[1] leicht zugänglich sind, werden in dem vorliegenden Buch – dem ersten von drei geplanten Bänden – seine Aufsätze und kleineren Werke dem wachsenden Kreis derer wieder unmittelbar zur Verfügung gestellt, die sich für seine Gedanken interessieren.
ADLER selbst hat zu seinen Lebzeiten zweimal eine Aufsatzsammlung herausgegeben, nämlich – zusammen mit CARL FURTMÜLLER – *Heilen und Bilden*, die zwischen 1914 und 1928 drei immer wieder neu bearbeitete Auflagen erlebt hat,[2] und sein Standardwerk *Praxis und Theorie der Individualpsychologie*, das zwischen 1920 und 1930 viermal aufgelegt wurde[3]. Mit der Herausgabe der hier vorliegenden Arbeiten setzen wir also eine alte Tradition fort, die zu ADLERS Lebzeiten vermutlich hauptsächlich deshalb unterbrochen wurde, weil seine Schriften nicht mehr so häufig wie zuvor verstreut in verschiedenen Fachzeitschriften erschienen, sondern mit der »Internationalen Zeitschrift für Individualpsychologie«, dem Organ des »Vereins für Individualpsychologie«, ein Forum für ADLERS Schriften geschaffen war, in dem sich jedermann über den aktuellen Stand der Entwicklung seiner Ideen unterrichten konnte.
Eine Veröffentlichung in Buchform heute – mehr als 60 Jahre nach dem Erscheinen des ersten hier abgedruckten Beitrags – dient natürlich auch anderen Zwecken. So scheint es für das gründliche Studium und das umfassende Verständnis der individualpsychologischen Theorie (die ADLER selbst nirgends systematisch und endgültig dargelegt hat) von großem Nutzen, die *Entwicklung der Gedankengänge* ADLERS nachzuvollziehen. Erst auf dem Hintergrund solchen Materials können sich Arbeiten zur historischen und systematischen Klärung

[1] Siehe Anzeige am Ende dieses Bandes.
[2] Neuausgabe: Frankfurt (Fischer Taschenbuch Bd. 6220) 1973.
[3] Neuausgabe: Ebda. (Bd. 6236) 1974.

individualpsychologischer Grundpositionen[4] und die Würdigung ihres Beitrags zur Entwicklung anderer psychotherapeutischer Richtungen voll erschließen.

Unter diesen historisch-systematischen Aspekten haben wir uns, nachdem wir einige andere Gliederungsmöglichkeiten erwogen hatten, entschlossen, die Arbeiten ihrer chronologischen Abfolge entsprechend zu veröffentlichen und auf vorgängige thematische Strukturierungen zu verzichten.

Der Titel *Psychotherapie und Erziehung* greift in modernisierter Form das Thema *Heilen und Bilden* wieder auf, nachdem sich heute noch viel prägnanter als im Jahre 1914 erweist, daß *jede* therapeutische Grundhaltung auch Implikationen und Forderungen an die Erziehung beinhaltet. ADLERS Verdienst liegt neben der Hervorhebung des sozialen Aspekts und des sozialen Hintergrunds von Lebenszusammenhängen und ihrer Wiederherstellung in der Psychotherapie darin, die Notwendigkeit der (erzieherischen) Prophylaxe von Anfang an betont und systematisch mitbedacht zu haben. Obwohl der Zusammenhang von bestimmten Erziehungseinflüssen und seelischen Fehlentwicklungen heute weniger denn je bestritten wird, ist es alles andere als selbstverständlich, das Wort »Erziehung« in so engen Zusammenhang mit Psychotherapie zu bringen. Während nämlich auf der einen Seite unter dem Titel »Mut zur Erziehung« die in den letzten Jahrzehnten eingetretene Liberalisierung von Erziehungskonzepten rückgängig gemacht zu werden droht[5], wird auf der anderen Seite Erziehung als Mittel der Unterdrückung des Lebendigen[6] überhaupt abgelehnt – ganz zu schweigen von dem Naserümpfen, mit dem gewisse Therapeuten von Anfang an dem Erziehen begegneten. Doch gibt es unseres Erachtens kein unmißverständlicheres Wort für die Aufgabe, die allen Eltern und Lehrern gestellt ist; allerdings geht es dabei weniger um den Mut zur Erziehung (beim Erzieher) als um die *Erziehung*

[4] Z.B. HEINZ L. ANSBACHER: »Life Style: A Historical and Systematic Review«. In: JOURNAL OF INDIVIDUAL PSYCHOLOGY 23 (1967), S. 191–212 bzw. ders.: »Die Entwicklung des Begriffs ›Gemeinschaftsgefühl‹ bei ADLER«. In: ZEITSCHR. FÜR INDIVIDUALPSYCHOLOGIE 6 (1981), S. 177–194.

[5] Vgl. ZEITSCHRIFT FÜR PÄDAGOGIK 24 (1978), S. 235–240.

[6] »Die Mittel der Unterdrückung des Lebendigen sind: Fallen stellen, Lügen, Listanwendung, Verschleierung, Manipulation, Ängstigung, Liebesentzug, Isolierung, Mißtrauen, Demütigung, Verachtung, Spott, Beschämung, Gewaltanwendung bis zur Folter.« Zit. nach ALICE MILLER: *Am Anfang war Erziehung*, Frankfurt (Suhrkamp) 1980, S. 77.

zum Mut, also um die *Ermutigung* dessen, der dem Erzieher anvertraut ist. ADLER hat nicht der Pädagogik durch irgendeine Art von »Antipädagogik« den Kampf angesagt, sondern eine bessere, eine menschenfreundlichere Pädagogik gefordert und konzipiert: die Erziehung zum *Gemeinschaftsgefühl* im Zeichen der *Gleichwertigkeit.* Denn die Erkenntnis, die gegenwärtig z. B. eine Frau wie ALICE MILLER zum Schreiben bewegt[7], daß sich in der Pädagogik, ja in menschlichen Beziehungen überhaupt, Probleme der Macht manifestieren, ist bekanntlich ALFRED ADLERS Ausgangspunkt gewesen. Und Ermutigung zur Mitarbeit im Zeichen der Gleichwertigkeit[8], das ist – bei aller Verschiedenheit im methodischen Vorgehen – der gemeinsame Nenner von Psychotherapie und Erziehung.

Dabei spielt der Begriff »Gemeinschaftsgefühl« eine überaus entscheidende Rolle, der von ADLER in dem Aufsatz mit dem Titel »Bolschewismus und Seelenkunde« als Terminus im Sinne einer Gegenkraft zum Machtstreben zum erstenmal verwendet wird. Freilich läßt sich der Gebrauch dieses Wortes im Plural bzw. der Hinweis auf diesen Sachverhalt auch in früheren Arbeiten[9] nachweisen. Wenn man bedenkt, welche wichtigen Gedanken ADLER hier entfaltet: Gemeinsinn und Gemeinschaftsgefühl als *Logik des menschlichen Zusammenlebens;* die Gefahr der Indienststellung des Gemeinschaftsgefühls durch das Machtstreben; die Einsicht, daß in der Politik wie im menschlichen Zusammenleben überhaupt Zwang nur zu Gegenzwang führt, *weil jeder Subjekt und niemand Objekt sein will* – wenn man dies bedenkt, so stellt sich die Frage, warum ADLER diesen Artikel in den von ihm selbst herausgegebenen Sammelbänden nicht berücksichtigt hat. Die Antwort scheint zu sein, daß er der Gefahr vorbeugen wollte, aus der Wissenschaft in die Tagespolitik abgedrängt zu werden[10] und

[7] Ebda., S. 318.

[8] Vgl. Robert F. Antoch: *Von der Kommunikation zur Kooperation,* München/Basel (Reinhardt) 1981.

[9] Z. B. in dem Aufsatz: »Das Zärtlichkeitsbedürfnis des Kindes« von 1908, der in *Heilen und Bilden,* Frankfurt (Fischer Taschenbuch Bd. 6220) 1973, S. 63–66 wiederabgedruckt ist bzw. in dem Aufsatz »Kindliches Seelenleben und Gemeinsinn« in: *Ann. Nat. Kult. Phil.* 13 (1917), S. 38–45.

[10] Vgl. ADLERS Stellung zum Sozialismus wie z. B. MANÈS SPERBER sie beschreibt in: *Alfred Adler oder Das Elend der Psychologie,* Frankfurt (1970) (Neuausgabe: Fischer Taschenbuch Bd. 6139) 1982. – Für diese Annahme spricht auch die Tatsache, daß ADLER wesentliche Argumente aus dieser Arbeit in einem späteren Beitrag (in diesem Band S. 232 ff) *ohne* Anspielung auf den Bolschewismus wieder aufgreift.

als Verfechter des Sozialismus zu gelten. Wir haben diesen Beitrag in unsere Sammlung aufgenommen, weil diese Gefahr heute nicht mehr besteht und weil die oben skizzierten Gedanken ADLERS, der während des Krieges Militärarzt war, den allzu oft mißverstandenen Begriff »Gemeinschaftsgefühl« von seinem Ursprung her verdeutlichen. Überdies erhellt ein Satz wie der folgende: »Wir wollen nicht die starre Form (des Bolschewismus; d. Hrsg.), wir wollen den Geist ... des Sozialismus« (S. 31) schlaglichtartig das Verhältnis ADLERS und anderer Individualpsychologen zu den politischen Umstrukturierungen ihrer Zeit – ein Satz, der bis in die unmittelbare Gegenwart hinein seine Gültigkeit für eine große Zahl von Menschen behalten zu haben scheint.

In dem Beitrag »Fortschritte der Individualpsychologie« wird der Gedanke entfaltet, daß »das Seelenleben ... kein Sein, sondern ein Sollen« (S. 33) sei und daß psychologische Aussagen über Menschen *nicht den Besitz, sondern den Gebrauch der vorhandenen Kräfte im Sinne der Verfolgung eines Ziels* charakterisieren müssen, wenn sie sein Handeln verstehend beschreiben wollen (»teleologisch begründete Zusammenhangsbetrachtung«; ebd.). Wenn bei dieser Art des Verstehens mehr nach Zielen als nach Ursachen geforscht wird, relativiert sich die Bedeutung der Kausalität: die »causa finalis« wird zur »Wurzel der Einheit der Persönlichkeit, der Individualität«. (S. 34) In diesem Zusammenhang bestreitet ADLER, daß es einen völlig zureichenden Grund zur Entmutigung geben könne (S. 35/6 und 46). Wenn sich das Streben des Individuums nicht auf Macht und auf Überlegenheit über andere, sondern auf *Gleichwertigkeit* und (sachlich motivierte) Überwindung von Problemen richte, könne es »vor der Entmutigung und ihren Begleiterscheinungen, also auch vor der Neurose und Psychose« sicher sein. (S. 46) Hier wird in der oben schon erwähnten Logik des Zusammenlebens, die man – weil sie sich als eine Logik des Wollens und Sollens erweist – in der modernen Wissenschaftstheorie eine deontische Logik nennen würde, eine enge Verbindung zwischen der Grundvoraussetzung der Gleichwertigkeit aller Menschen und dem Gemeinschaftsgefühl als »absoluter Wahrheit« hergestellt.

»Die Gefahren der Isolierung« ist ein Beitrag, in dem der sozialpsychologische Ansatz der Individualpsychologie weiterentfaltet wird. Neu ist, daß der *Logik des Zusammenlebens* hier die *Logik der Tatsachen* (S. 48) zur Seite gestellt wird; beide Logiken laufen auf dasselbe hinaus: auf die Notwendigkeit, sowohl mit der menschlichen Umwelt als auch mit Sachproblemen, vor die jeder einzelne sich gestellt sieht, *Kontakt* zu halten, *sich zugehörig zu fühlen* oder – wie man ein wenig salopp formulieren könnte – vor nichts und niemandem zu kneifen und damit einen Weg einzuschlagen, den ADLER als Abbiegen bzw. »Ausreißerei« kennzeichnet. Isolierung, Distanz[11], Fremdheitsgefühle auf der einen Seite stehen auf der anderen Seite Kontakt, Nähe und Gemeinschaftsgefühl gegenüber: die Logik der Tatsachen *und* des Zusammenlebens läßt eindeutig nur den Schluß zu, die Isolierung als Gefahr zu meiden und den Kontakt als Chance zu suchen. Diese im Strom der Evolution über Sein oder Nichtsein entscheidende Logik führt, wie ADLER später[12] formulieren wird, *von der Ichbezogenheit zur Sachbezogenheit* und zur Bezogenheit auf die Gemeinschaft.

»Neurosenwandel und Training im Traum« stellt eine Arbeit dar, in der – eingebaut in die Darstellung eines Krankheits- und Behandlungsverlaufs – die These vertreten wird, »daß der Träumer im Sinne seiner Persönlichkeit einen probeweisen Anschlag macht, einen Versuch anstellt, wie er sich zu einem bestimmten, ihm vorliegenden Problem verhalten solle« (S. 56). Aufgabe des Therapeuten ist es nach ADLER, dem Träumer diesen Vorgang als *Probehandeln und als Training für den realen Umgang mit dem angesprochenen Problem* bewußt zu machen, mit ihm gegebenenfalls über seine zugrunde liegende Entmutigung und über seine diesbezüglichen Irrtümer zu sprechen und wirkungsvollere Alternativen zu der im Traum bzw. im Leben beschrittenen Sackgasse mit ihm zu erarbeiten.

Die Hauptthese von »Neurose und Verbrechen« läuft darauf hinaus, daß es – wie zuvor[13] schon hervorgehoben – *keinen*

[11] Vgl. dazu den Aufsatz »Das Problem der ›Distanz‹« aus dem Jahre 1914; wiederabgedruckt in: *Praxis und Theorie der Individualpsychologie*, Frankfurt (Fischer Taschenbuch Bd. 6236) 1974, S. 112–119.

[12] Im Jahre 1936 in seinem Aufsatz »Das Todesproblem in der Neurose« in: *Internationale Zeitschrift für Individualpsychologie* 14, S. 1–6, in welchem er implizit die weniger prägnanten und eindeutigen Begriffe aus KÜNKEL: *Einführung in die Charakterkunde* von 1928 (»Ichhaftigkeit« und »Sachlichkeit«) korrigiert.

[13] In dem Beitrag »Fortschritte der Individualpsychologie« von 1923; in diesem Band S. 33 ff.

zureichenden Grund für Entmutigung und damit auch nicht für neurotische oder kriminelle Handlungen gebe. Das Thema der Determination im Seelischen wird noch einmal diskutiert: »Die Kausalität, die sich im Seelischen ergibt, liegt nicht in einem Verhältnis wie von Ursache und Wirkung, sondern wir machen etwas zur Ursache und lassen ihm die Folgen folgen« (S. 60): Dies ist zusammen mit einer um dieselbe Zeit entstandenen gleichsinnigen Aussage dazu (s. Fußnote S. 60/1) eine *klare Absage an kausal-deterministische Erklärungen* menschlichen Handelns und Verhaltens. ADLER formuliert dazu einen »Fundamentalsatz der Individualpsychologie«: »Jede seelische Situation mit all ihren Eindrücken und Empfindungen erhält ihren Rang, ihren Wert und ihre Bedeutung innerhalb eines Bezugssystems und entsprechend demselben, welches sich unter der Diktatur des Geltungsstrebens[14] entwickelt hat« (ebd.).
Auf dieser Folie diskutiert ADLER im folgenden die Gemeinsamkeiten (das sind verschärfte Minderwertigkeitsgefühle und Entmutigung) und Unterschiede (insbesondere in der Art der Aktivität und im Gefühl der Verantwortlichkeit) zwischen Neurotikern und Verbrechern und läßt im Anschluß daran einige Studien von Verbrecherlaufbahnen aus der Literatur seiner Zeit Revue passieren.
»Kritische Erwägungen über den Sinn des Lebens« – solche Überlegungen haben ADLER zu allen Zeiten seines Schaffens begleitet.[15] In dieser Abhandlung stellt der Autor den Menschen in den »Zusammenhang von Weltall, Erde, Ich und Du« und begründet noch einmal, *warum die Individualpsychologie als Ganzheits- und Sozialpsychologie nicht den isolierten Menschen, sondern den Menschen als kosmisches und soziales Wesen studiert.* (S. 81) Aus seiner Gebundenheit in die drei Bezugssysteme Lebewesen-Erde, Gruppen- bzw. Gemeinschaftsleben und Zweigeschlechtlichkeit stellen sich dem einzelnen unabwendbare Aufgaben, die ungelöst bleiben müssen, »solange... die Gleichwertigkeit des einzelnen in Frage gestellt wird, solange eine Unterwertung des ›Niede-

[14] Hier als Aussage pars-pro-toto aufzufassen; in späteren Äußerungen ähnlicher Art hat ADLER an dieser Stelle den Begriff »Lebensstil« gebraucht.
[15] Vgl. dazu auch ALFRED ADLER: *Der Sinn des Lebens* (1933). Neuausgabe: Frankfurt (Fischer Taschenbuch Bd. 6179) 1973.

ren‹, eine Minderwertigkeit der Frau dogmatisch erzwungen wird« (S. 83).

In fast unmittelbarem Anschluß an seine Ausführungen zum Sinn des Lebens faßt ADLER in »Die Ehe als Gemeinschafts-Aufgabe« seine Forderung in der Kurz-Formel »Ein richtiger Mitmensch sein!« zusammen, worunter er die »Einordnung in die Forderungen der Gemeinschaft, des Berufes und der Erotik« (S. 91) versteht. Den Leitsatz »Weil ich dich liebe, so mußt Du mir folgen« (S. 87) weist er als falsche – da unzulässigerweise an Vorbedingungen geknüpfte – Auffassung vom Wesen der Liebe zurück.

Die Frage, ob die Psychologie und insbesondere die Individualpsychologie die von einigen Zeitgenossen ADLERS aufgrund der einseitigen Technisierung, Machtentfaltung und weiteren Aufrüstung prognostizierte Schädigung der menschlichen Lebensbedingungen aufhalten könne, beantwortet ADLER in einem Interview mit der *New York Times* unter dem (Zeitungs-)Titel »Rettung der Menschheit durch Psychologie« rundheraus mit ja. Als Voraussetzung dafür hält er es für notwendig, sowohl im wirtschaftlichen und gesellschaftlichen Leben als auch in der Schule und in Familie und Ehe durch Abbau von realen Benachteiligungen einerseits wie durch Ermutigung zum Abbau von Minderwertigkeitsgefühlen auf der anderen Seite zu mehr Gleichwertigkeit und zur Entwicklung von mehr Gemeinschaftsgefühl im einzelnen und in der Gruppe beizutragen. ADLER kommt hier auch auf die Qualifizierungsmerkmale eines guten Führers zu sprechen, worauf er sonst nirgends eingeht.

In seiner Arbeit »Liebesbeziehungen und deren Störungen« fügt ADLER zunächst die Lebensaufgabe »Liebe und Ehe« ein in den Rahmen der anderen beiden sozialen Aufgaben, nämlich der gesellschaftlichen (an anderer Stelle »Mitmenschlichkeit« genannt) und der Berufsaufgabe, die alle drei im Sinne des angeborenen Gemeinschaftsgefühls und des Grades, in dem dieses »Gefühl für die Logik des menschlichen Zusammenlebens« entwickelt wurde, gelöst werden müssen. Leben und Gesundheit des Kindes, so führt ADLER viele Jahre vor den diesbezüglich eindeutigen Befunden von SPITZ und ERIKSON aus, »sind nur dann gewährleistet, wenn Menschen vorhanden sind, die sich für das Kind einsetzen« (S. 103). Als Fußnote ist von uns an diesem Ort eine kurze Stellungnahme ADLERS zur Frage der Abtreibung eingefügt, die sich aus einem Argument ergibt, das sich in diesen Zusammenhang nahtlos einfügt, nämlich *»daß nur eine Frau, die das Kind will, ihm eine gute Mutter sein kann«* (ebd.). – Unter dem Titel: »Das Zärtlichkeitsbedürfnis des Kindes« hatte ADLER dieses Thema 18 Jahre zuvor, als er den Terminus »Gemeinschaftsgefühl« noch nicht gebrauchte[16], schon einmal behandelt; im Vergleich wird deutlich, daß ADLERS Vorstellungen vom Verhältnis des Trieblebens zu Äußerungen der Zärtlichkeit[17] an Eindeutigkeit gewonnen haben.

In seinen Ausführungen über »Schwererziehbare Kinder« knüpft ADLER an seine Gedanken über die Bedeutung der Zärtlichkeit in der Erziehung wieder an und beschäftigt sich eingehend mit der Funktion der Mutter, »dem Kind ein Mitmensch, ein Nebenmensch zu werden..., dem es trauen darf«[18] (S. 120). *Der Mutter fällt auf dieser Grundlage die Aufgabe zu, gefühlsmäßig befriedigende Kontakte herzustellen:* zunächst zwischen dem Kind und sich selbst, dann zwischen dem Kind und allen anderen Familienmitgliedern und schließlich mit der weiteren sozialen Umgebung der Familie. Genau das ist gemeint, wenn ADLER von der Notwendigkeit spricht, das Gemeinschaftsgefühl zu entwickeln; Fehlentwicklungen in Richtung Schwererziehbarkeit sind dadurch gekennzeichnet, daß diese Möglichkeit nicht in die Tat umgesetzt wurde und das Kind in eine isolierte bzw. sogar feindliche Position seinen Mitmenschen gegenüber hineingerät, wodurch es in die Notlage kommt, auf der unnützlichen[19] Seite des Lebens zu operieren.

Die Niederschrift des Vortrags »Die Individualpsychologie als Weg zur Menschenkenntnis und Selbsterkenntnis« ist ADLERS letzte zusammenfassende Darstellung seiner Lehre vor der Einführung des Begriffs »Lebensstil«.[20] Gleichwohl – weil

[16] Die Arbeit ist in *Heilen und Bilden*, a.a.O., zu finden; der Begriff »Gemeinschaftsgefühl« taucht dort im ersten und im vorletzten Abschnitt nur deshalb auf, weil ADLER den Text seit der zweiten Auflage von 1922 in diesem Sinne verändert hat.

[17] Vgl. dazu ANTOCH: *Von der Kommunikation zur Kooperation*, a.a.O., S. 181ff.

[18] Auch hier wird ERIKSONS »Urvertrauen« in genialer Weise vorweggenommen.

[19] Zum speziell gefaßten Begriff der Nützlichkeit vgl. S. 191f in diesem Band und ROBERT F. ANTOCH: »Einführung«. In: ALFRED ADLER: *Neurosen* (1929), Frankfurt (Fischer Taschenbuch Bd. 6735) 1981, S. 7ff.

[20] Vgl. dazu die in Fußnote 4 als erste erwähnte Arbeit von HEINZ L. ANSBACHER.

eben nur der Begriff, nicht aber die Einschätzung des Phänomens neu ist – spielt die *Bewegung* und die Annahme einer einheitlichen Zielrichtung dieser Bewegung eine entscheidende Rolle. Jeder Mensch strebt nach ADLER von einem Gefühl der Minderwertigkeit zu dessen Überwindung – die Frage ist nur, ob er dies *als Mitmensch in der Haltung der Ermutigung oder als Kämpfer im Streben nach Macht und Überlegenheit* über andere tut.[21] Darüber hinaus gibt ADLER einige sehr anschauliche praktische Empfehlungen zur besseren Menschen- und Selbsterkenntnis.

Unter dem Titel »Individualpsychologie« werden in dem vorliegenden Band zwei Arbeiten ADLERS vorgestellt, die unter demselben Haupt-Titel im selben Jahr (1926) an verschiedenen Stellen veröffentlicht wurden. In der ersten Arbeit stellt er neben den bis dahin schon bekannten Grundannahmen seiner Lehre sein grundlegendes Konzept des »Lebensstils« zum erstenmal ausführlich vor und geht auf seine zentrale Rolle im Rahmen der individualpsychologischen Zusammenhangsbetrachtung ein. Denn der Lebensstil, der sich in den ersten Lebensjahren als schöpferische Leistung des Kindes entwickelt, ist von grundlegendem Wert für die psychologische Diagnostik: »Könnten wir aus den Schnörkeln und Melodien eines Menschenlebens auf sein individuell erfaßtes Ziel schließen und daran den ganzen Lebensstil entwickeln, dann könnten wir ihn nahezu mit naturwissenschaftlicher Sicherheit, beinahe mit mathematischer Schärfe einreihen...« (S. 160). Was in anderen psychologischen Richtungen als Ursache rangiert (Situation, Milieu, Erlebnisse des Kindes usw.), geht in ADLERS Denkweise als Element in den »intermediären seelischen Stoffwechsel« (S. 162) ein und wird in diesem Prozeß »vom frühzeitig gewonnenen Lebensstil des Kindes assimiliert« (ebda.). In ungewöhnlich verdichteter Form charakterisiert ADLER dann das individualpsychologische Vorgehen als *»eine Methode der uneingeschränkten Ermutigung«* (S. 165) und stellt einen Kategorisierungsversuch kindlicher Fehlentwicklungen vor: Kinder mit Organminderwertigkeiten, verzärtelte und herzlos erzogene Kinder (die letzten

[21] »Wenn ein Mensch nach Überlegenheit strebt und dieses Streben durch Gemeinschaftsgefühl mildert, befindet er sich auf der nützlichen Seite des Lebens und kann durchaus Gutes bewirken« sagt ADLER in seinem Buch *Lebenskenntnis* (1929), Neuausgabe: Frankfurt (Fischer Taschenbuch Bd. 6392) 1978, S. 45.

beiden unter erneuter Anspielung auf die oben schon erwähnte unvollkommen wahrgenommene »heilige« Funktion der Mutter) – und schließt mit dem Gedanken, daß im Prinzip in der Therapie das nachgeholt werden müsse, was die Mutter ursprünglich versäumt hat.

In der zweiten Arbeit stellt ADLER ebenfalls die Individualpsychologie dar, und zwar »ihre Bedeutung für die Behandlung der Nervosität, für die Erziehung und für die Weltanschauung« (S. 169). Wie an vielen anderen Stellen seines Werkes hebt er hier hervor, *daß der Kampf gegen die Entmutigung nicht in erster Linie eine Sache der Ärzte und der Krankenbehandlung sei,* sondern von allen – insbesondere von den Eltern und Erziehern – gefördert werden könne, denen an der Wohlfahrt und dem sozialen Fortschritt der Menschheit gelegen sei.

Die Anwendung einer konsequent ganzheitlich und final ausgerichteten Psychologie zeigt die in der kleinen Schrift »Zusammenhänge zwischen Neurose und Witz« vorgestellte Methode, sich beim Umgang mit gestörten Kindern und Patienten kritischer Vernunfteinwände zunächst zu enthalten, um sich auf das Bezugssystem des Leidenden einzulassen[22] und zu fragen: *»Unter welchen Bedingungen hat dies vorliegende Leiden einen Sinn, eine Berechtigung?«* (S. 178) Das Wesentliche am Witz wie an der Neurose ist demnach das doppelte Bezugssystem. Ein »normales« Bezugssystem, in dem wir eigene und fremde Handlungen zu messen und zu bewerten gewohnt sind, steht neben einem »privaten« Bezugssystem, das der fehlgeleitete Mensch sich abseits von Gemeinschaft und common sense nur auf sich selbst bezogen konstruiert und stilisiert hat und dessen Merkmal keineswegs, was die besserwisserische Zurechtweisung implizit voraussetzt, der Mangel an Intellekt ist: »Man muß hier vielmehr von einem vergewaltigten Intellekt reden« (S. 180). Daß der vergewaltigte Intellekt von einem falschen bzw. unangemessenen Bezugssystem ausgeht, dessen Anwendung Leiden verursacht, unterscheidet denn auch die Neurose vom Witz.

Der Aufsatz mit dem Titel »Weiteres zur individualpsycholo-

[22] Das heißt konkret nichts anderes als: »mit den Augen eines anderen zu sehen, mit den Ohren eines anderen zu hören, mit dem Herzen eines anderen zu fühlen« (in diesem Band S. 224).

gischen Traumtheorie« knüpft an die Ausführungen von »Neurosenwandel und Training im Traum«[23] an, fügt ihnen den Gedanken des Selbstbetrugs (vgl. »vergewaltigter Intellekt«) bei und kennzeichnet die Vorbereitung und das Training im Traum als die Herstellung von Stimmungen im Sinne dieses – im Falle der Neurose – egozentrischen Bezugsrahmens. Wie ADLER den Gegensatz von Bewußtem und Unbewußtem nicht gelten läßt, so ist für ihn auch der Traum »kein Gegensatz des Wachens, nur eine Variante desselben«, in der »wie in jeder anderen Ausdrucksform der ganze Lebensstil samt dessen Streben zu seinem individuellen Ziel der Überlegenheit zur Erscheinung kommt« (S. 183).

Auf der Suche nach einem unanfechtbaren Ziel der Erziehung stößt ADLER – geführt von den Kriterien der Allgemeinheit, der Denknotwendigkeit und der Nützlichkeit für die Allgemeinheit – in seinem Aufsatz »Die Erziehung zum Mut« auf die »Furcht, sich nicht nützlich machen zu können« (S. 191) als die entscheidende Entwicklungs- und Lernhemmung. Eine Erziehung, die nicht auf die Auslese, sondern auf die Förderung aller Kinder ausgerichtet sein soll, muß deshalb der Verschärfung von Minderwertigkeitsgefühlen vorbeugen und entgegenwirken, Selbständigkeit und Selbstvertrauen fördern, mit einem Wort: ermutigen.[24]

Der Artikel »Individualpsychologie und Wissenschaft« enthält viele grundlegende Gedanken ADLERS in sehr prägnanter Form, z. B. seine Einschätzung des Verhältnisses von Psychologie, Psychotherapie und Erziehung (S. 196); seine sehr modern anmutende *Definition von Heilung*[25]; seine Vorstellun-

[23] Offensichtlich wird auf den Satz S. 56 Bezug genommen, den wir auf S. 11 der Einleitung aufgegriffen haben; ADLER hat seine Formulierung im Sinne seines seitdem entstandenen Konzepts des Lebensstils geändert. –
Zur heutigen Theorie und Praxis individualpsychologisch orientierter Traumanalysen siehe: RAINER SCHMIDT: *Träume und Tagträume*, Stuttgart (Kohlhammer) 1980 und PAUL ROM: *Traumdeutung und Selbsterziehung*, Luzern/Stuttgart (Rex) 1981.

[24] Selbst ALICE MILLER, die sich in dem in Anm. 6 genannten Buch »gegen jede Erziehung überhaupt« (S. 118) wendet, könnte zufrieden sein, denn *»die seelische und körperliche Begleitung des Erwachsenen«*, die sie als Ersatz für die Erziehung fordert, weist dieselben Züge auf wie das, was ADLER unter guter Erziehung versteht, nämlich: »1. Achtung vor dem Kind; 2. Respekt für seine Rechte; 3. Toleranz für seine Gefühle; 4. Bereitschaft, aus seinem Verhalten zu lernen...« (S. 122). Ein Streit um Worte? – Wohl eher eine gewollte (hoffentlich heilsame) Provokation von Erziehern, die diese unabdingbaren Forderungen mißachten.

[25] »Die Heilung erfolgt erst, wenn der Patient die gleiche wissenschaftliche Einsicht gewinnt wie der Psychologe oder Arzt.« (In diesem Band S. 197) Zur Therapie als einer Lehre, »in der *Wissenschaftlicher für die eigene Person* ausgebildet werden

gen über die besondere Bedeutung der ersten Kindheitserinnerungen für die Erkenntnis des Lebensstils (S. 198); seine distanzierte Haltung zu bloßen Willensbekundungen (»Solange einer will ist nur eins sicher: daß nichts geschieht!« – S. 199) und seine damit zusammenhängende Auffassung der *Ambivalenz als mißlungene Kompensationsbestrebung mit dem Ziel, seelische Bewegungen zu verzögern oder gar zu verhindern* (S. 198); sein Vorgriff, auf einige sehr zweckvolle »Spiele« von Menschen[26] (S. 200). Im Schlußteil der Arbeit illustriert er anhand einer Skizze (S. 203) seine Vorstellungen über den menschlichen Entwicklungsverlauf in drei Phasen. In der ersten Phase, der ursprünglichen Entwicklung des Lebensstils in den ersten fünf Lebensjahren, droht insbesondere organminderwertigen, verzärtelten und gehaßten Kindern die Gefahr, ein verstärktes Minderwertigkeitsgefühl zu entwickeln. In der darauffolgenden Phase beginnt die Auseinandersetzung mit den »Vorfragen« des Lebens in der Pflege von Freundschaften, in der Bewältigung von Anforderungen der Schule, in der Knüpfung von Beziehungen zum anderen Geschlecht. Hier wie in der dritten Phase, in der die Lösung der Lebensfragen selbst in Beziehungen zu anderen Menschen, im Beruf und im Bereich Liebe/Ehe ansteht, kann die auf verstärkten Minderwertigkeitsgefühlen basierende *Furcht vor Niederlagen* bei sachangemessenen Lösungsversuchen in eine *Entmutigung* einmünden, die durch Flucht- und Sicherungstendenzen (»Distanz«) eben jenen Kontakt zur Realität und zu dem Mitmenschen zerstört, der eine sachangemessene und der Gemeinschaft dienliche Lösung, also eine Lösung auf der »allgemein nützlichen Seite« des Lebens ermöglicht hätte. Statt dessen weicht der Betroffene entmutigt auf die »allgemein unnützliche Seite« des Lebens aus und mißt sich nicht mehr an den Erfordernissen des Problems, sondern an seinen fiktiven, zur Aufrechterhaltung des Scheins persönlicher Überlegenheit errichteten, scheinbare Sicherheit spendenden ichbezogenen Ideal-Schablonen. Ob also das Streben nach Überwindung und Überlegenheit sich auf die Tatsachen und Probleme selbst richtet und damit auch in und für die Ge-

sollen – Individuen, die ihr eigenes Verhalten funktional analysieren und systematisch verbessern können« – nimmt MICHAEL J. MAHONEY: *Kognitive Verhaltenstherapie*, München (Pfeiffer) 1977, S. 309 ff. Stellung.

[26] Vgl. ERIC BERNE: *Spiele der Erwachsenen*, Reinbek (Rowohlt) 1967.

meinschaft und den Fortschritt der Menschheit eingesetzt wird oder ob dem Handelnden dieses Gemeinschaftsgefühl abhanden kommt: *das* entscheidet – vgl. Fußnote 21, S. 15 – darüber, auf welcher Seite des Lebens sich der einzelne bewegt.

In der Niederschrift seines Vortrags »Psychologie und Medizin« geht ADLER darauf ein, wie er sich »einen psychologischen Arzt der Gegenwart oder Zukunft« vorstellt (S. 206): Wichtig erscheinen ihm (1) ein *aktiver unverwüstlicher Optimismus* des Therapeuten, (2) eine *kameradschaftliche gleichwertige Beziehung*, in der der Patient sich nicht als Objekt fühlt, sondern den Prozeß der Therapie selber leitet und (3) der *Mut des Therapeuten, seine Sache auf nichts zu stellen.* Mit einigen Bemerkungen zur Entstehung des Lebensstils in den ersten Lebensjahren – nicht als kausal bedingte Reaktion und als Summe von Reflexen, sondern als künstlerische Leistung in Verfolgung eines Ziels – und zum Leib-Seele-Problem beschließt ADLER seine Ausführungen.

Daß ADLER sich sein ganzes Leben hindurch mit der dritten Lebensaufgabe (der Beziehung zum anderen Geschlecht) und ihrer Bedeutung für die Gestaltung des menschlichen Lebens auseinandergesetzt hat[27], bezeugt neben einigen anderen Beiträgen in diesem Buch sein Vortrag zum Ersten Internationalen Kongreß für Sexualwissenschaft mit dem Titel »Erotisches Training und erotischer Rückzug«. In diesem Vortrag will ADLER die Anschauungen bezüglich bestimmter Abweichungen im Sexualleben bei seinen ärztlichen Kollegen von der einfachen Hereditätslehre weg und auf das komplizierte Netzwerk von Anlage, Umwelt und schöpferischem Lebensstil des einzelnen hinlenken und damit die Möglichkeit des Lernens und Umlernens hervorheben.

Hinter dem anspruchslos klingenden Titel »Kurze Bemerkungen über Vernunft, Intelligenz und Schwachsinn« verbergen sich wichtige Gedanken: eine *Definition von Gemeinschaftsgefühl* (vgl. Fußnote 22, S. 16) und die bereichsweise Gleichsetzung dieses Begriffs mit »Identifikation« (abweichend von FREUD) und »Einfühlung« (im Sinne von LIPPS); alle drei bilden die Grundlage jedes wirklichen Verstehens. Nach ADLER ist es oberhalb der Schwelle des Schwachsinns keine Frage

[27] Vgl. dazu auch das von HEINZ L. ANSBACHER/ROWENA R. ANSBACHER herausgegebene Buch von ADLERS Schriften auf diesem Gebiet, *Cooperation Between Sexes*, New York (Doubleday) 1978 und New York (Jason Aronson) 1980.

der Quantität, ob jemand sich im Sinne des *common sense* vernünftig verhält. Ob jemand von seiner Intelligenz vernünftig Gebrauch macht, hängt vielmehr vom Grade seines Gemeinschaftsgefühls ab: »Der Grundgedanke ist der, daß wir scharf zu unterscheiden haben zwischen Vernunft, die allgemeine Gültigkeit hat, die *also* dem Nutzen der Allgemeinheit entspricht, und zwischen der isolierten Intelligenz des Neurotikers (›alles oder nichts‹, ›den Erfolg im Beginn haben wollen‹ usw.), kurz also der Intelligenz in den Fehlschlägen, mit denen wir uns immer beschäftigen« (S. 227/228).

In einem kurzen Beitrag zu einem Pazifismus-Handbuch mit der Überschrift »Psychologie der Macht« schlägt ADLER ein weiteres Mal eine Brücke zwischen seiner klinischen Erfahrung über die Auswirkung von Machtkämpfen zwischen Vätern, Müttern, Lehrern und ihren Kindern einerseits und dem Machtrausch fehlgeleiteter Nationen, der zum Krieg führt[28], auf der anderen Seite. In der Erziehung zum Gemeinschaftsgefühl, in der »Hebung des Gemeinsinns«, sieht er die beste Vorbeugung gegen solche Fehlentwicklungen, zu deren Verwirklichung allerdings noch neue Methoden gefunden werden müßten.

ADLERS Ausführungen über »Die Individualpsychologie in der Neurosenlehre« sind von dem – in Absetzung gegen FREUD formulierten – Grundgedanken beherrscht, *daß das Tiefste, was die Psychologie im menschlichen Seelenleben finden kann, der Lebensstil ist:* »Wer tief genug zu sein glaubt, wenn er das ›Triebbündel‹ erhascht, ist noch lange an der Oberfläche« (S. 241). Wenn – wie oben (S. 15) schon hervorgehoben – alle Erlebnisse vom Lebensstil assimiliert werden, bricht »der scheinbare Widerspruch zwischen Bewußtem und Unbewußtem, die scheinbare Ambivalenz von Gefühlen« (S. 245) in sich zusammen, sobald die Einheit des Lebensstils erkannt ist. Die Neurose ist der Versuch des entmutigten Menschen, seine vermeintliche Minderwertigkeit zu bekämpfen und auf eine krampfhafte, egozentrische, die Gemeinschaft schädigende Weise sein Selbstwertgefühl zu retten. *Alle* Ausdrucksformen des Sozialwesens Mensch, auch die Äußerungen der sogenannten Triebe, sind soziale – im sozialen Zusammen-

[28] Dementsprechend nimmt er auch einige Passagen aus seinem Aufsatz von 1918/9 – in diesem Band S. 23ff. – wieder auf.

hang entstandene und auf die soziale Umgebung gerichtete – Stellungnahmen. Es gibt kein menschliches Verhalten, das nicht durch die individuelle Form des Stellungnehmens – eben durch den Lebensstil – geprägt wäre. Deshalb »ist, was er (gemeint ist FREUD; d. Hrsg.) im Unbewußten fand, nicht Triebfeder, sondern späteres irregeleitetes Machtstreben, assimiliert durch den fehlerhaften, tiefer liegenden Lebensstil«. (S. 247)

Das Besondere an dem Artikel »Schlaflosigkeit« sind weniger ADLERS diagnostische Ausführungen über die Hintergründe und Ziele dieser Störung, also über die darin enthaltenen sozialen Stellungnahmen. Von besonderem historisch-systematischem Interesse dürfte dagegen sein, daß dieser Aufsatz zusammen mit zwei anderen Arbeiten aus demselben Jahr die ersten in der Literatur beschriebenen Stellen sind[29], in denen ADLER eine Interventionsform anwendet, die später von seinem zeitweiligen Mitarbeiter FRANKL »paradoxe Intervention« genannt wurde. Diese Methode läuft kurz gesagt darauf hinaus, dem Patienten das unbewußte Ziel seines Handelns dadurch bewußt werden zu lassen, daß man ihn darin unterstützt, für sein Handeln durch den Akt der bewußten Zielsetzung Verantwortung zu übernehmen und ihm dadurch die Chance zu geben, seine bislang unbewußte Zielsetzung zu erkennen, zu überprüfen und gegebenenfalls zu ändern. Da es um seine, also des Patienten Zielsetzung geht, ist völlig klar, daß der Therapeut nicht dadurch, daß er etwa das Symptom verschreibt, dem Patienten die Verantwortung durch die Hintertür wieder abnehmen darf. Deshalb braucht man eine stabile Beziehung, um diese Vorgehensweise nicht ins Absurde oder Lächerliche abgleiten zu lassen.

Zusammenfassend läßt sich sagen, daß ADLER in dem Zeitraum, aus dem die hier gesammelten Beiträge stammen – also im wesentlichen nach der ersten Auflage von *Praxis und Theorie der Individualpsychologie* – einige bedeutsame Ergänzungen und Klärungen an seiner Lehre vorgenommen hat. Zwar kennzeichnet er sie nicht ausdrücklich als solche,

[29] Und zwar: ALFRED ADLER: *Die Technik der Individualpsychologie. Zweiter Teil* (1929). Neuausgabe: Frankfurt (Fischer Taschenbuch Bd. 6261) 1974, S. 31 und ders.: *Neurosen* (1929), a.a.O., S. 108f. – Vgl. M. TITZE: Ist die »Paradoxe Intention« eine individualpsychologische Technik? In: *Zeitschrift für Individualpsychologie* 2 (1977), S. 103–112.

doch werden sie gerade in diesen hier vorgelegten kleineren, aus aktuellen Anlässen heraus entstandenen Schriften deutlich: die Einführung des Begriffs »Gemeinschaftsgefühl« 1918/1919, der von 1928 an zu beobachtende Wandel dieses Konstrukts von einer Gegenkraft gegen das Minderwertigkeitsgefühl zu einer angeborenen kognitiven Funktion, die in einem vertrauensvollen Verhältnis zu Bezugspersonen (insbesondere zu der ersten, der Mutter) entwickelt werden muß, und die Entfaltung des Terminus »Lebensstil« vom Jahre 1926 an – all dies sind wichtige Fortschritte in der Individualpsychologie auf dem Weg zu einer ganzheitlichen, sozialen, lebensnahen und lebensbejahenden Grundlage für Psychotherapie und Erziehung.

Düsseldorf, im Oktober 1981 ROBERT F. ANTOCH

Bolschewismus und Seelenkunde*

Die Mittel der Macht sind uns Deutschen entrissen. Wir haben der Herrschaft über andere Völker entsagt und sehen ohne Neid und Mißgunst, wie die Tschechen, die Südslawen, die Ungarn, die Polen, die Ruthenen in ihrer staatlichen Kraft erstarken und zu einem neuen, selbständigen Leben erwachen. Verflogen sind im Nu alle künstlich gezüchteten Haßgefühle von gestern gegen die Ententegenossen, und wir bringen ihnen brüderliche Gesinnungen dar, auch wenn wir schmerzlich und bedauernd empfinden, daß manche Rauheit des Waffenstillstands, manche Verschärfung der Hungersnot zu vermeiden wäre. Uns Deutsche selbst beseelt und beseeligt ein starkes Gefühl der Gemeinschaft, es greift über die Grenzen hinaus und setzt sich fort in ein hoffnungsfreudiges Allmenschheitsempfinden. Noch stören uns alte, mißtrauische Regungen, noch fürchten wir Fremdherrschaft und die Machtgier der versunkenen Gewalten in unserem Lande. Aber wir fühlen uns bereit, um die Zusammengehörigkeit der Menschen zu werben und ihr jedes Opfer zu bringen. Uns Volk drückt nicht die Niederlage. Der Siegeslorbeer, der die Stirne des starken Feldherrn schmückt, weckt nicht unsere Pein. Wir waren lange Jahre die Betörten und sind jetzt wissend geworden. Hinter der Trübsal und hinter dem Elend der Gegenwart blinkt unserem unschuldigen Volke der Stern einer neuen Erkenntnis: *nie waren wir elender als auf dem Gipfel unserer Macht! Das Streben nach Herrschaft ist ein verhängnisvolles Blendwerk und vergiftet das Zusammenleben der Menschen! Wer die Gemeinschaft will, muß dem Streben nach Macht entsagen!*

Wir stehen näher zu dieser Wahrheit als die Sieger. Den

* Zuerst erschienen in: *Internationale Rundschau* (Zürich), Jahrg. 4 (1918), S. 597–600. Hier abgedruckt nach der erweiterten Fassung in: *Der Friede. Wochenschrift für Politik, Volkswirtschaft und Literatur* (Wien), Jahrg. 2 (1919), S. 525–529.

jähen Absturz, der anderen droht, haben wir hinter uns. Vor allen anderen Völkern empfangen wir die neue Lehre des Heils, um sie den Menschen zu verkünden: daß die Menschheitsgeschichte mit ihrem Grauen und Jammer bisher nichts anderes war als eine fortlaufende Kette gescheiterten Strebens nach Macht. Ein tiefes Unglück wie das unseres Volkes muß hellsehend machen, sonst verfehlt es seinen einzigen sinnvollen Zweck. Aus seinem qualvollen Erleben gebiert uns das erneuerte Deutschland die tiefste Idee aller Kultur in der endgültigen Verwerfung des Strebens nach Macht und in der endgültigen Erhebung des Gemeinsinns zur leitenden Idee. Der grausame Spuk des Turmbaus zu Babel hat noch einmal die Menschheit genarrt, nun mahnt das Elend zur Einkehr.

Das Volk war eigentlich immer auf der Spur des Weges zum Gemeinsinn. Jede geistige, jede religiöse Erhebung ging gegen das Streben zur Macht. Immer brach sich die Logik des menschlichen Zusammenlebens Bahn, um immer wieder in der Herrschsucht zu enden. Alle sozialen Gesetzesakte der Vergangenheit, die Tafeln Moses', die Lehren Christi fielen immer wieder in die Hände machtgieriger Schichten und Gruppen, die das Heiligste zum Zwecke ihrer Herrschsucht mißbrauchten. Die raffiniertesten Fälscherkunststücke, die abgefeimtesten Finten und Tücken wurden herbeigeholt, um die stets auftauchenden Regungen und Schöpfungen der Gemeinschaftsgefühle überzuleiten in die Bahnen von Machtbestrebungen, und sie so wirkungslos zu machen für das allgemeine Wohl. Die Wahrheiten und Notwendigkeiten, geschöpft aus dem Zwang des menschlichen Zusammenlebens, wurden immer wieder umgebogen in die Unnatürlichkeit der Herrschgier. »Durch Wahrheit zur Lüge!« dies war der tiefste Sinn der bisherigen Machtkultur, die derzeit vor ihrem entsetzlichen Zusammenbruch steht. So kam es zur verhängnisvollen Ausnützung des Gemeinschaftsgefühls durch das Streben zur Macht.

Wie aber soll man es erklären, daß der Machtkitzel einiger weniger so bereitwillige Diener und Anhänger fand? Nicht anders, als daß auch diesen die Herrschsucht im Blute saß! Daß auch sie aus innerer Überzeugung dort zu finden waren, wo die Macht lockte, weil auch sie erhofften, daß mit der Steigerung der Gewalt ihrer Gebieter auch ihre Erwartungen auf Machtzuwachs steigen würden. Die Jahre des Kapitalismus mit seiner entfesselten Gier nach Überwältigung des anderen haben die Raublust in der menschlichen Seele maßlos angefacht. Kein Wunder, daß unser seelischer Apparat ganz im Banne des Strebens nach Macht steht. Die Wissenschaft, kurzsichtig und allzu leicht geneigt, die Rechtfertigungen für das Bestehende zu schaffen, erklärte, ähnlich wie die Vulgärpsychologie, Charakterzüge wie Herrschsucht, Streben nach Macht und Überlegenheit, persönlichen Ehrgeiz und Egoismus als angeborene und unabänderliche Eigenschaften der menschlichen Seele, protegierte sie dadurch und verhinderte ihren Abbau durch das Gemeinschaftsgefühl. Letzteres wurde vielmehr aus einem Zweck in ein Mittel verwandelt und kam in den Dienst des Nationalismus und des Imperialismus, die sich mit List und Tücke bei ihrer Herrschsucht und Machtgier der Wahrheit des Gemeinsinns bedienten.

Nur im Sozialismus blieb der Gemeinsinn als Forderung des ungehinderten menschlichen Zusammenlebens letztes Ziel und Ende. Alle die genialen sozialistischen Utopisten, die Systeme suchten oder fanden, stellten wie alle großen Reformatoren der Menschheit instinktiv die gegenseitige Förderung über den Kampf um die Macht. Und *Karl Marx* entdeckte im dunklen Getriebe des Seelenlebens den gemeinsamen Kampf des Proletariats gegen die Klassenherrschaft. Er hob ihn für ewig ins Bewußtsein seiner Träger und zeigte einen Weg zur letzten Auswirkung des Gemeinschaftsgefühls. Die Diktatur des Proletariats sollte der Ausdruck der Reife und seiner Stärke sein und sollte hinüberleiten zur allgemeinen Erlösung von den Klassengegensätzen und von ihrem Streben nach Macht.

Für viele Sozialisten scheint nun der Bolschewismus in seinem wichtigsten Punkte, gewaltsame Durchsetzung des Sozialismus, ein selbstverständlicher Gedanke. Wir wollen zugeben: es *scheint* der einfachste Weg, alles was gut ist und glückverheißend, oder auch nur, was im Sinne einer unaufhaltsamen Entwicklung liegt, mit den Mitteln der Macht zu erschaffen. Wo im Leben der Menschen oder in der Menschheitsgeschichte ist ein solches Vorhaben schon gelungen? Soweit wir sehen, überall weckt die Anwendung selbst sanfter Gewalt den Gegenwillen, selbst dort, wo sichtlich das Wohl des Niedergezwungenen bezweckt wird. Das patriarchalische System, der aufgeklärte Absolutismus sind solche schreckende Spuren. Selbst seinen Gott vertrug kein Volk ohne Widerspruch. Führt einen Menschen oder ein Volk in den Machtbereich eines anderen – sofort wird sich sein Widerstand regen, offen oder heimlich, und er wird nicht schwinden, bis alle Fesseln fallen. Der siegreiche Kampf des Proletariats gegen den Zwang des Kapitalismus zeigt deutlich diesen Entwicklungsgang, ja, die wachsende Macht der Arbeiterorganisation kann bei unvorsichtiger Handhabung ein geringeres oder stärkeres Widerstreben bei unsicheren Naturen auslösen. Wo Machtfragen ins Treffen kommen, stoßen sie, unbekümmert um die Vortrefflichkeit ihrer Absichten und Ziele, auf den Willen zur Macht des einzelnen und wecken den Widerspruch.

Auch dieser Widerspruch bedient sich gerne des Hinweises auf abstrakte Ideale und auf Forderungen der Gemeinschaft, weil nur diese eine dauernde Resonanz im Massenbewußtsein finden. Unser seelisches Organ antwortet auf äußeren Zwang mit einem Gegenzwang, sucht seine Befriedigung nicht in Belohnungen des Gehorsams und der Fügsamkeit, sondern trachtet seine Machtmittel als die stärkeren zu erweisen. Der Kampf um die Macht hat also eine psychologische Seite, deren Darstellung uns heute als dringende Pflicht erscheint. Alle Glücksgüter der Welt, Lust und Lohn, sind nicht imstande, der Macht dauernde Stützen zu werben, auch wenn sie Ziele der gemeinschaftlichen Erhebung zu verfolgen scheint. Der Militarismus der Zentralmächte mußte zusammenbrechen, weil er ununterbrochen die von ihm Geknechteten zum Widerstand reizte. Die Dauer der Zeit stritt gegen ihn. Am schärfsten und deutlichsten hat dieses Widerspiel von Machtbestrebungen bei einzelnen Personen und Gruppen die »Individualpsychologie« verständlich gemacht. Das Denken, Fühlen und Wollen des gegenwärtigen Menschen ist in erster Linie durch sein Streben nach persönlicher Überlegenheit geleitet, auch wenn er glaubt, höheren Idealen zu dienen. Gegen sein Verlangen nach Macht, aus der Unerträglichkeit eines kindlichen Schwächegefühls entsprungen, das als schützender Überbau die Unsicherheit des Kindes aufheben sollte, streitet die Erfahrung von der überragenden Notwendigkeit der Gemeinschaftsbestrebungen. Der gegenwärtige Stand unserer Kultur und unserer Einsicht erlaubt noch dem Machtprinzip sich heimlich unter Ausnützung der Gemeinschafts-

gefühle durchzusetzen. Ein offener, geradliniger Einbruch der Gewalt ist unbeliebt und derzeit schon unsicher, stößt höchstens noch auf die Sympathie hysterischer Naturen. Oft geschieht deshalb die Vergewaltigung unter Berufung auf Recht, Sitte, Freiheit, auf das Wohl des Unterdrückten, im Namen der Kultur. Die Resultate enttäuschen beide Teile. Es quillt kein Segen aus dem Gebrauch der Macht. Im Völkerleben schafft die Machtpolitik dem Mächtigen auch Anhänger, die eigentlich seine Gegner sind, die nur der Machtrausch anlockt. Und er findet Gegner, die seine Anhänger wären, wenn sie nicht dem automatischen Widerspruch verfallen wären. Der von der Macht Ausgeschlossene aber lauert auf die Revolte und ist jedem Argument zugänglich.
In die Elternliebe schleicht sich das Gift der Herrschsucht und sucht im Namen der Autorität und der Kindespflicht den Schein der Überlegenheit und Unfehlbarkeit festzuhalten. Da wird es zur Aufgabe der Kinder, über ihre Erzieher hinauszuwachsen, mit ihnen fertig zu werden. Nicht anders beim Lehrer. Auch die Liebe ist voll von diesen Tücken und fordert vom Partner zuweitgehende Ergebung. Das Machtbegehren des Mannes verlangt mit Berufung auf »die natürliche Bestimmung« die Unterwerfung der Frau; als Ergebnis zeigt sich, wenig erfreulich, die Zerstörung aller unbefangenen Beziehungen und Lahmlegung wertvoller Kräfte. Die lieblichen Spiele der Kinder verraten dem Seelenkenner ein einheitliches System von Befriedigungen der Herrschsucht.
Dieselbe moderne Seelenkunde hat uns aber auch gezeigt, daß die Züge von Herrschsucht, Ehrgeiz und Machtbestreben über den anderen samt ihrer Fülle von häßlichen Begleiterscheinungen nicht angeboren und unabänderlich sind. Sie werden vielmehr dem Kinde frühzeitig eingeimpft, das Kind empfängt sie willenlos aus einer Atmosphäre, die vom Machtkitzel getränkt ist. In unserem Blute liegt noch die Sehnsucht nach dem Machtrausch, und unsere Seelen sind Spielbälle der Herrschsucht. Eins kann uns retten: das Mißtrauen gegen jede Vormacht. Unsere Stärke liegt in der Überzeugung, in der organisierenden Kraft, in der Weltanschauung, nicht in der Gewalt der Waffen und nicht in Ausnahmsgesetzen. Mit solchen Mitteln haben auch schon andere, starke Kräfte vergeblich um ihren Bestand gekämpft.
Die Herrschaft der Bolschewiki ist wie die aller bisherigen

Regierungen auf den Besitz der Macht gegründet. Damit ist ihr Schicksal gesprochen. Der Machtrausch hat sie verlockt. Nun kommt automatisch in den unvorbereiteten Seelen der Menschheit jener furchtbare Mechanismus in Bewegung, wo Vorstöße mit Gegenstößen der anderen Seite beantwortet werden, unbekümmert um das Ziel der Gemeinschaft, nur weil der beiderseitige Wille zur Macht bedrängt wird. Gründe, die billig wie Brombeeren sind, dienen zur Rechtfertigung von Aktion und Reaktion. Schön wird häßlich, häßlich schön! Gewiß, die Lügen über den Bolschewismus sind unerhört. Aber nicht einmal sie kann er abwehren, weil sie immer wieder aufs neue im Kampf um die Macht erzeugt werden. Ganz Rußland ist zerfallen. Schon schicken sich andere an, unter einer Flut von Sittensprüchen ihren Kampf gegen den Bolschewismus zu einer Eroberung und Unterwerfung Europas auszudehnen. Die Bolschewiken müssen mit neuen Verstärkungen ihrer Machtpositionen antworten. Wer noch nicht dem Machtrausch erlegen ist, halte sich an die Frage, ob je auf diesem Wege die Einigung der Menschheit, die Stärkung des Gemeinschaftsgefühls zu erwarten ist.
Wir sehen ehemalige Freunde, alte, wackere Weggenossen, in schwindliger Höhe. Verführt vom Machttrieb, wecken sie allenthalben das Verlangen nach Gewalt. Hier gibt es keinen Abbau, nur weitere Steigerungen, wie immer, wenn die Macht das entscheidende Wort sprechen soll. Wenn es ein Mittel gibt, sie zurückzurufen, dann kann es nur die Erinnerung sein an das Wunder der Gemeinschaftsgefühle, das wir zu wirken haben, das nie durch Anwendung der Macht gelingt.
Für uns andere aber ergeben sich Weg und Taktik aus unserem obersten Ziel: der Pflege und Verstärkung der Gemeinschaftsgefühle.
Es ist der alte Unterschied zwischen Subjekt und Objekt. Niemand will Objekt sein. In der Kinder- und Menschheitserziehung scheitern alle Maßnahmen, die zwangsweise eingeführt werden. Selbst Reinlichkeitsgebote, sogar die Nahrungsaufnahme ruft den lebhaften Widerstand der Kinder hervor, wenn nur die elterliche Macht befiehlt, oder wenn das Kind bereits den Kampf um die Herrschaft aufgenommen hat. Greift der Erzieher zu härteren Repressalien, so geht dem Objekt die menschliche Würde verloren, und vergeblich bleibt

alles weitere Bemühen um seine kulturelle Einfügung. Der Wolf im Menschen würde wach. Nicht anders wie unter zaristischem Druck flammte das trunkene Laster auf und breitete sich stumpfes Brüten über das Land. Wer noch Aktivität besäße, dessen Sinnen ginge auf List und Gewalt, um die Herrschaft des Tyrannen zu stürzen. Eine widerstrebende Menschherde in eine kunstvolle sozialistische Staatseinrichtung hineintreiben, heißt aus Ungeduld ein kostbares Gefäß sprengen, heißt sozialistischen Drill betreiben.

Jede Erziehung muß für ihre Bestrebungen zuerst die günstigste Aufnahmsbereitschaft erzielen. Es ist das sicherste Ergebnis der individualpsychologischen Untersuchungen, daß diese Aufnahmsbereitschaft bei Anwendung von Gewalt oder unter dem Druck einer unverdauten Autorität verloren geht. Dauernd haftet nur in der menschlichen Seele, was sie als Subjekt empfangen hat, was sie mit ihrem Willen aufnimmt. Das Verfahren des Bolschewismus zeigt alle Fehler einer schlechten, veralteten Methode. Selbst wenn es irgendwo gelänge, die Majorität zu vergewaltigen, hätte niemand Freude daran. Sozialismus ohne die entsprechende Weltanschauung wäre eine Puppe mit Gliedmaßen, aber ohne Seele, ohne Initiative, ohne Begabung. Gelingt dem Bolschewismus sein Werk, dann bleibt es wertlos. Mißlingt es, dann hat er den Sozialismus kompromittiert und unschmackhaft gemacht.

In jedem Lande steht der Sozialismus vor seiner Erfüllung. Dies geschah, wie Marx es vorausgesehen hatte, infolge des Drucks des Kapitalismus auf eine wachsende Klasse. Das Minderwertigkeitsgefühl des Proletariats im Daseinskampfe suchte nach einer Form zur Überwindung des Überwinders, wirkte als Stachel und ständiger Anreiz und fand die bessere Organisation und die besseren ökonomischen Methoden. Hat aber etwa das bessere Wissen um den ökonomischen Zusammenhang diese große Organisation geschaffen und gehalten? Ist der Sieg des Proletariats und damit der Sozialdemokratie aus diesem einzigen Grund sicher, weil seine ökonomische Überzeugung für die wachsende Industrialisierung einen besseren Ausweg weiß? Oder ist nicht vielmehr die einigende Grundlage und Voraussetzung seines Denkens, Fühlens und Wollens das verstärkte Rechtsbewußtsein des Zurückgesetzten, das nirgendwo anders wurzelt als in der immanenten Logik des menschlichen Zusammenlebens, in seinem unveräußerlichen

Anteil an der menschlichen Gemeinschaft? Wer immer durch den Machtrausch anderer Unbill erfahren hat, Person oder Volk, »greift hinauf zu den ewigen Sternen«, entsinnt sich der Allmacht der Menschheitsgefühle. Ihnen gilt sein stärkster Appell, sie sind in ihrer ewigen Wahrheit die höchste Instanz.
Hier ist nicht von Ethik als einer wissenschaftlichen oder Kunstübung die Rede. Auch nicht von einer sittlichen Auffassung des Weltgeschehens. Sie alle sind nur kümmerliche Ausgestaltungen, Kulte, religiöse oder phantastische, immer historisch begrenzte Abstraktionen der *menschlichen Zusammengehörigkeit,* die wir täglich, stündlich als Wahrheit erfahren, die im Laufe des Lebens körperlich in uns eingegangen ist. Schamgefühl, Reue, Ekel, Angst sind ihre primitiven Sicherungen, die Geschlechtlichkeit ist ihr organisches Band, die Familie ihr meist mißratenes lehrhaftes Organ. Sie hat uns die Liebe zu den Kindern eingepflanzt. In der Erziehung sucht sie die Vollstreckung und Erfüllung ihrer selbstgegebenen Ziele. Auf Inzest und Perversion, diese sinnfälligen Widersprüche gegen das Gemeinschaftsgefühl, hat sie automatisch ihren Bann gelegt. Recht, Sitte, Technik, Kunst und Wissenschaft stehen in ihrem Dienst und erfahren ihre Ausgestaltung durch sie. Sie leitet die menschliche Eingebung und gibt den Ansporn zu Fortschritt und Erfindungen in ihrem Sinne und nach ihrem Plan.
Wir können das Wirken der Gemeinschaftsgefühle in uns bekämpfen. Ersticken können wir es nicht. So kann sich die menschliche Seele wahnhaft der heilig erklärten Logik entschlagen. Im Selbstmord hebt trotzig Lebenskraft den Lebenstrieb auf. Und Logik wie Lebenstrieb sind Realitäten gleich der Gemeinschaft. Solche Verfehlungen sind Sünden wider die Natur, wider den heiligen Geist der Gemeinschaft. Es ist gar nicht so leicht, den Gemeinsinn in sich zu unterdrücken. Der Verbrecher braucht den Rausch der Sinne, vor oder nach der Tat, um sein Gemeinschaftsgefühl zu beschwichtigen. Verwahrloste Jugend schließt sich in Banden zusammen, um das Gefühl der Verantwortlichkeit mit andern zu teilen und so zu mildern. Raskolnikow muß erst einen Monat lang im Bette liegen und meditieren, ob er ein Napoleon oder eine Laus sei. Und als er dann die Treppe hinaufsteigt, eine alte wertlose Wucherin zu töten, verspürt er Herzklopfen. Aus dieser Erregung seines Blutes spricht das Gemeingefühl. Der Krieg

ist nicht die Fortsetzung der Politik mit anderen Mitteln, sondern das größte Massenverbrechen an der Zusammengehörigkeit der Menschen. Welche Summe von Lügen und künstlichen Aufstachelungen niedriger Leidenschaften, welche tausendfältige Vergewaltigung war nötig, um den entrüsteten Aufschrei der Menschheitsstimme zu unterdrücken? Der Sozialismus wurzelt zutiefst im Gemeinschaftsgefühl, er ist Urlaut der Menschheit, der Weltanschauung geworden ist, derzeit der reinste und praktikabelste Ausdruck des Gemeinsinns. Der Bolschewismus, das ist der Selbstmord des Gemeinsinns. Herkules, der nicht die Schlangen, sondern seine Mutter erwürgt. Welcher unnütze Aufwand an Geist, an Kraft, an Menschenblut! Muß wirklich das Selbstverständliche gesagt werden? *Wir wollen nicht die starre Form, wir wollen den Geist und das neue Wort des Sozialismus. Hier ist es: Ausbildung und Wirkung des Gemeinschaftsgefühls!*
In die Enge der Kinderstube brechen die Wellen des Machtstrebens der Gesellschaft ein. Die Herrschaftsgelüste von Eltern, Dienstverhältnisse im Hause, die Privilegien des kleinen Kindes lenken unwiderstehlich den Sinn des Kindes auf die Erringung von Macht und Vorherrschaft, lassen ihm nur diese Positionen als lockend erscheinen. Um einiges später erst fließen Gemeinschaftsgefühle in seine Seele, geraten aber zumeist unter die Herrschaft des bereits ausgebildeten Machtbegehrens. Man findet dann in feinerer Analyse alle Charakterzüge ausgebaut durch das Streben nach eigener Überlegenheit auf der unerschütterlichen Voraussetzung des Gemeinsinns. Tritt das Kind in die Schule oder ins Leben, so bringt es aus der Familie bereits den oben mehrfach geschilderten, dem Gemeinsinn schädlichen Mechanismus mit. Das Ideal der eigenen Überlegenheit rechnet mit dem Gemeinsinn der andern. Denn das typische Ideal unserer Zeit ist noch immer der isolierte Held, für den die Mitmenschen Objekt sind. Diese psychische Struktur hat auch den Menschen den Weltkrieg mundgerecht gemacht, läßt sie in Bewunderung erschauern vor der haltlosen Größe eines siegreichen Feldherrn. Die Gemeinschaftsgefühle erfordern ein anderes Ideal, das des Heiligen, allerdings gereinigt von phantastischen, dem Zauberglauben entstammenden Schlacken. Weder die Schule noch das Leben sind späterhin imstande, das festgewurzelte, übertriebene Streben nach eigener Geltung auf Kosten ande-

rer zu beseitigen. Es wäre eine grobe Täuschung, den Machtrausch nur für die Einzelpsyche gelten zu lassen. Auch die Masse wird durch das gleiche Ziel gelenkt, und dies wirkt um so verheerender, als in der Massenpsyche das Gefühl der persönlichen Verantwortlichkeit wesentlich verringert wird. Im Bolschewismus triumphiert noch einmal, vielleicht zum letzten Male, das Streben nach Gottähnlichkeit. Noch einmal unternimmt menschlicher Ehrgeiz den Versuch, was er selbst in seiner persönlichen Beschränktheit geträumt hat, dem Objekt der Menschheit als ewige Wahrheit aufzuzwingen. Und sammelt so Feinde und Freunde der Wahrheit gegen sich.
Unsere individualpsychologische Forschung und ihre obigen Ergebnisse dürfen heute mehr als je die Forderung erheben, gehört und geprüft zu werden. Soweit wir sehen, gibt es keinen Aussichtspunkt, der reiner und klarer das Bild der seelischen Verirrungen unserer Zeit enthüllte, als den vom Standpunkt der Individualpsychologie gewonnenen, einer Wissenschaft, die bereits vor dem Kriege als das Ziel einer künftigen Lebensführung proklamierte: verstärkten Wirklichkeitssinn, Verantwortlichkeit und Ersatz der latenten Gehässigkeit durch gegenseitiges Wohlwollen.

Was mit diesen – oder ähnlichen – Forderungen erzielt werden kann und soll, ist nicht schwer zu erraten. Wir brauchen die bewußte Vorbereitung und Förderung eines gewaltigen Gemeinschaftsgefühls und den völligen Abbruch der Gier und Macht beim einzelnen und bei den Völkern. Die bolschewistische Richtung ist auch in diesem Sinne ein Hindernis und ein tragischer Irrtum.

Fortschritte der Individualpsychologie*

I.

In der Verfolgung unserer Forschungen gelangten wir im Laufe der letzten Jahre zu einem immer stärkeren Ausbau unserer Standpunkte, die nunmehr der Öffentlichkeit und ihrer Überprüfung übergeben werden sollen. Dies gilt in erster Linie von der Grundanschauung der Individualpsychologie: nicht die im Seelenleben auffindbaren Kräfte und Phänomene, wie sie experimentell erschlossen oder analytisch gefunden werden, ergeben ein Verständnis für eine Person. Das Individuum kann sie verschiedentlich benützen oder unbenützt lassen. Was wir den anderen Richtungen der Psychologie und Menschenkenntnis entgegenzuhalten hatten, war die Feststellung, daß sie uns bestenfalls etwas aussagen über die vorhandenen Kräfte, nicht aber über deren Gebrauch und Verwendungsart, nichts über die Richtung. Das Seelenleben aber ist kein Sein, sondern ein Sollen. Durch diesen Zwang zu einem auf ein Ziel gerichteten Geschehen kommt in das ganze Seelenleben ein Drang nach vorwärts, und in diesem Strom des Geschehens erfahren alle vorhandenen seelischen Kategorien und Kräfte ihre Form, Richtung und Modellierung.
Der Ausbau des menschlichen Seelenlebens geschieht unter Zuhilfenahme einer fiktiven Teleologie, durch Aufstellung eines Zieles, unter dem Druck einer teleologischen Apperzeption, und so erweist es sich am Ende, daß wir in allen seelischen Erscheinungen den Charakter der Zielstrebigkeit wiederfinden, dem sich alle Kräfte, Instanzen, Erfahrungen, Wünsche und Befürchtungen, Defekte und Fähigkeiten einordnen. Daraus ergibt sich, daß ein wirkliches Verständnis für ein seelisches Phänomen oder für eine Person nur aus einer teleologisch begründeten Zusammenhangsbetrachtung gewonnen werden kann.

* Vortrag, gehalten am VII. Kongreß für Psychologie in Oxford, im August 1923; zuerst erschienen in: *Internationale Zeitschrift für Individualpsychologie*, Jahrg. 2 (1923), Heft 1, S. 1–7 und Heft 3, S. 10–12.

Daraus geht hervor, daß jedes Individuum handelt und leidet nach Maßgabe seiner individuellen Teleologie, die wie ein Fatum wirkt, solange er sie nicht verstanden hat. Ihre Ursprünge führen bis in die erste Kindheit zurück und zeigen sich fast immer irrtümlich beeinflußt durch körperliche und seelische Schwierigkeiten, durch Gunst und Ungunst der ersten Situationen in der Kindheit.
Durch diese Betrachtung wird die Bedeutung der Kausalität für das Verständnis des seelischen Geschehens so weit eingeschränkt, daß wir sie wohl voraussetzen, daß wir sie aber als ungenügend erkennen bezüglich der Aufhellung eines seelischen Rätsels und gar zur Vorhersage einer seelischen Stellungnahme.

Das Ziel des menschlichen Seelenlebens wird so zum Dirigenten, zur causa finalis, und reißt alles seelisch Bewegliche in den Strom des seelischen Geschehens hinein. Hier ist die Wurzel der Einheit der Persönlichkeit, der Individualität. Ihre Kräfte könnten woher immer gekommen sein, nicht woraus sie entstanden sind, wohin sie gehen, auf was sie hinauslaufen macht ihre Eigenart aus. Ein Beispiel soll dies erörtern: Ein vierzigjähriger höherer Beamter leidet seit seiner Kindheit an Zwangsimpulsen. Von Zeit zu Zeit muß er mit peinlicher Pedanterie die kleinen Aufgaben, die er sich stellt, sorgfältig auf einem Zettel niederschreiben. Dabei entdeckt er ein heimliches Lustgefühl, das er sich nicht erklären kann. Bald wird dieses aber abgelöst durch ein heftiges Reuegefühl, wie er die Zeit mit solchen Dingen vertrödeln könne. Und nun gibt er sich die Schuld, daß er durch diese Abhaltungen sein Fortkommen im Leben verhindert habe. Nach kurzer Zeit wiederholt sich dasselbe Spiel.
Nach dem heutigen Stand der individualpsychologischen Erfahrung sind derartige Rätsel auf den ersten Blick lösbar. Wir sehen diesen Mann statt auf dem Wege der Gemeinschaft, anstatt mit der Lösung seiner Probleme beschäftigt, in unverstandene Schwierigkeiten verwickelt. Bei dieser Gelegenheit aber umgeht er wie ein Deserteur die ihm gesetzten, gesellschaftlich notwendigen Aufgaben. Seine Schuldgefühle, weit entfernt, seine und seiner Umgebung Lage, seine bisherigen Fehler zu verbessern, tragen nur zur Verschlimmerung bei, weil sie ihn noch weiter von seiner Arbeit abziehen. Sind also

weitere, richtige Mittel zur Desertion. Seine bewegte Klage endlich, wie ihn sein Leiden im Fortkommen störe, entbehrt nicht des Lichtblickes, weil sie gleichbedeutend ist mit der Feststellung: »Was hätte ich alles geleistet, wenn ich dieses Übel nicht gehabt hätte!«

Wir sehen in das Arrangement eines Nebenkriegsschauplatzes, dessen Zweck und Ziel es ist, den Hauptkriegsschauplatz auszuschalten. Und alle vorhandenen seelischen Phänomene, Zwang, Lustgefühle, Schuldgefühle, Logik und Lebenswandel, spottend jeder Interpretation ihres Ursprunges und ihrer ursprünglichen Bedeutung, gehorchen ausschließlich nur der einen Aufgabe: im Vormarsch des Lebens der Lösung der realen Fragen auszuweichen, eine sichernde Distanz zu ihnen zu gewinnen und den Schein einer tröstenden Reserve zu erobern: »Was ich alles hätte leisten können, wenn – –«

Neurose und Psychose sind die Ausdrucksformen entmutigter Menschen. Wem sich diese individualpsychologische Erkenntnis entschleiert hat, der wird es füglich vermeiden, mit entmutigten Menschen langwierige Exkursionen in mystische Felder der Psyche zu unternehmen. Selbst beiläufig richtige Mutmaßungen über primäres psychisches Geschehen würden immer nur willkommener Ausweg sein, sich von lebenswichtigen Fragen zu entfernen. Was immerhin wirksam und förderlich dabei zustande kommen kann, ist wie bei der Suggestiv- und hypnotischen Therapie die Ermutigung, die unverstanden (unbewußt?) aus der menschenfreundlichen, geduldigen Beschäftigung des Arztes erfließt.

Diese Form einer teilweisen Ermutigung genügt in den seltensten Fällen, ist niemals auch gleichzusetzen unserer Methode, die unabhängig und selbständig macht, weil sie die wirksamen Ursachen der Entmutigung behebt.

Also legt die Individualpsychologie doch auch den Ursachen einer seelischen Erscheinung Gewicht bei? Wohl denen des zu behebenden Grundphänomens, nicht aber denen, die als Ausdrucksmittel der Entmutigung immer nur ihrer Zweckmäßigkeit halber Anwendung finden, eigentlich richtig am Platze sind, solange die Mutlosigkeit anhält, oder auch durch andere ersetzt werden können.

Um also von den Ursachen der Entmutigung zu sprechen: sie sind immer irrtümlich! Einen völlig zureichenden Grund zur

Entmutigung gibt es nicht! Nur dieser Irrtum berechtigt uns, eine radikale Therapie der Neurosen in Angriff zu nehmen. Im obigen Fall war es der hochmütige, herrschsüchtige Vater, der den Jungen schon in seiner Kindheit bedrückte und ihm systematisch die Hoffnung auf ein gedeihliches Fortkommen raubte. Man wird einwenden, ob denn jedes Kind entmutigt werden könne? Nun, ich traue diese Kunst jedem Erzieher bei jedem Kinde zu, insbesondere weil die ganze Menschheit zur Entmutigung neigt. Freilich ist die aufzuwendende Kraft in jedem Falle verschieden und kann durch körperliche Minderwertigkeiten gefördert, durch günstige Umstände gehemmt werden. Das Ziel dieses Kindes aber war, den Vater zu übertreffen. Da es sich dies in offenem Streben nicht zutraute, unterfing es sich, den Schein der Überlegenheit zu retten, suchte Umwege und fand einen Ausweg und mildernde Umstände in seiner Zwangsneurose.

Wer ist nun der wirkliche Dirigent, der vielleicht nur dort, wo es ihm paßt, andere Ziele als das seine (Selbsterhaltung, Hunger und Liebe, Lustgewinnung) vorschiebt, sie gelegentlich auch vertauscht? Der in allen Phänomenen sein Spiel treibt, alle Ausdrucksformen, seelische wie körperliche, beherrscht und in seinen Dienst stellt? Ist es nur einer? Sind es mehrere? Ist es vielleicht denkbar, daß ein Individuum, ein Unteilbares, das wir als Einheit empfinden und verstehen, von dem wir, was als einziges Kriterium des Verständnisses Wert besitzt, vorhersagen können, wie es sich in einer bestimmten Lage benehmen wird, mehreren Zielen nachstrebt? Wir haben es nie gefunden. Aber das double vie, die Ambivalenz? Sind hier nicht zwei Ziele zu sehen? Das Schwanken, der Zweifel?

Immer weist uns das Geltungsstreben, im allgemeinen Sinne das Wollen, darauf hin, daß in allem seelischen Geschehen eine Bewegung im Gange ist, die von einem Minderwertigkeitsgefühl aus ihren Lauf nimmt, um zur Höhe zu gelangen. Die individualpsychologische Lehre von der seelischen Kompensation weist darauf hin, je stärker das Minderwertigkeitsgefühl ist, um so höher das Ziel der persönlichen Macht.

Ist aber das Geltungsstreben mit seinem Ziel der Überlegenheit jene richtende Kraft, die alle Bewegungen der Menschen lenkt, dann dürfen wir sie uns nicht etwa als belanglosen Faktor vorstellen. Dann ist sie mit unserem gesamten Leben verbunden, dann stellt sie ein Streben dar auf Leben und Tod.

Und in der Tat: sie ist imstande, unseren Selbsterhaltungstrieb, unser Lustverlangen, unseren Wirklichkeitssinn, unsere moralischen Gefühle zu stören oder aufzuheben. Sie findet im Selbstmord einen Weg zur Durchsetzung, sie lenkt unsere Freundschafts- und Liebesgefühle, sie läßt uns Hunger und Durst ertragen und macht uns Schmerz, Trauer, Qualen zu Etappen unserer Triumphe. Nichts was der Mensch genießt oder empfindet und tut, empfängt er mit Unbefangenheit. »Schön ist häßlich, häßlich schön«, singen Macbeths Hexen. Und: »der Verstand ist listig«, erklärt *Hegel.* Als *Sokrates* einst einen Sophisten in durchlöchertem Mantel sah, rief er ihm zu: »Jüngling von Athen, aus den Löchern deines Mantels guckt die Eitelkeit!« Bescheiden und eitel zugleich! Ist hier eine ehrliche Ambivalenz vorhanden? Oder ist es nicht eine Finesse, mit zwei statt mit einem Pferde zu fahren, auch durch Bescheidenheit zu glänzen? Im double vie unterstützen sich beide Rollen, um das Ziel der Überlegenheit erreichen zu helfen. So wie ein Börsenspieler, je nach Bedarf, das eine Mal in der Haltung des Haussiers, ein andermal als Baissier auftritt, beides, um Geld, das heißt Macht zu gewinnen. So antwortete mir einmal ein reichgewordener alter Geschäftsmann auf meine Frage, warum er noch verdienen wolle, da er doch alles kaufen könne, was käuflich sei: »Wissen Sie«, sagte er, »das ist die Macht, die Macht über die andern!«
Ich könnte als Psychologe auch andere Wege gehen. Ich könnte den psychologischen Wurzeln nachforschen, warum jener Sophist eine Vorliebe für zerrissene Mäntel hatte, um seine Bescheidenheit zu demonstrieren. Dann aber käme ich auf ein dem Sophisten erwünschtes Nebengeleise. Ich hätte seine Eitelkeit aus den Augen verloren. Ich muß vielmehr ergründen, woher seine Eitelkeit stammt.
Ob er dabei im Sinne des Vaterideals vorgeht, wenn er sich in Lumpen hüllt, oder im Sinne des sogenannten »Ödipuskomplexes« oder vielleicht in beider Sinne oder in keiner von diesen Richtungen, ist wohl recht belanglos. Auch die uns bekannten Tatsachen, daß einer den Vater nachahmt oder ihm zuwiderhandelt, haben durch eine derart mystifizierende Beleuchtung keine Bereicherung gefunden.
Hier schließt sich unser Verständnis für die psychologische Struktur des Zweifels an. Auch beim Zweifel bestehen nicht etwa zwei verschiedene Ziele, sondern ein einziges: Still-

stand! Die gleiche Überlegenheit gilt für alle sogenannten nervösen Symptome. Wie eine verschleierte Bremsvorrichtung greifen sie in die Bewegung des Fortschritts ein, lenken sie auf ein Nebengeleise und hemmen die Erfüllung von oft selbstausgesprochenen Forderungen.

Auch in diesen Fällen finden wir als Dirigenten die Eitelkeit, die sich vor Verletzungen fürchtet.

Das Ziel der Überlegenheit, bei Nervösen außerordentlich hoch angesetzt, formt die Individualität des einzelnen, modifiziert seine Logik, Ästhetik und Moral und drängt ihm die zugehörigen Charakterzüge, Intelligenz, Energie und Affekte auf. Die leitende Idee seiner Persönlichkeit verhilft ihm zu seiner eigenartigen Gangart und Bewegungslinie, die wie eine ewige Melodie sein ganzes Leben durchzieht. Wer diese Bewegungslinie kennt, versteht erst den Sinn jeder einzelnen Bewegung. Reißt man ein einzelnes Phänomen aus diesem Zusammenhang, so wird man es immer mißverstehen. Die einzelnen Töne sagen uns nichts, wenn wir die Melodie nicht kennen. Wer aber die Bewegungslinie eines Menschen kennt, für den beginnen die einzelnen Erscheinungen zu sprechen.

Daraus folgt auch: die richtig verstandenen seelischen Phänomene können als Vorbereitungen für ein Ziel der Überlegenheit aufgefaßt werden.

Über den Ursprung des Geltungsstrebens sind wir durchaus nicht im unklaren. Die Dürftigkeit und Hilflosigkeit des Kindes führt regelmäßig zu einem Minderwertigkeitsgefühl, das nach Erlösung drängt. Schlechte Erziehung, ungünstige Situation, angeborene körperliche Schwächen steigern dieses Minderwertigkeitsgefühl und damit auch die Sehnsucht des Kindes nach Geltung und Macht. Das Kind findet in seinen ersten Jahren die Schablone für seine Stellungnahme zum Leben, entsprechend seiner Situation, seiner Umgebung, seinem Lebensmut und seiner Findigkeit. Im Trotz oder im Gehorsam, immer strebt es nach der Höhe.

Dabei ist entsprechend der Unreife des kindlichen Geistes und Verständnisses reichlich für Irrtümer Platz. Ja, wir werden, da das menschliche Wirken Stückwerk ist, eigentlich niemals den Irrtum vermissen. Nicht in der Einschätzung der eigenen Lage und nicht in der Wahl des Zieles. Dazu kommt noch, daß bei ehrgeizig Strebenden niemals Konflikte, Rückschläge und Niederlagen ausbleiben, da sie sich von der Logik des mensch-

lichen Zusammenlebens, von der absoluten Wahrheit, also vom Gemeinschaftsgefühl allzuweit entfernt haben. Damit aber stellt sich die Entmutigung ein, die immer Irrtum ist, in ihren verschiedenen Graden und arrangierten Sicherungen abermals zu zahlreichen Irrtümern Anlaß gibt. Wir haben festgestellt, daß alle Nervösen entmutigte Ehrgeizige sind und daß die Entmutigung der Kinder und der Erwachsenen vielleicht auf 90 % der Menschheit verteilt ist.
Die Aufgabe der Erziehung ist es, die Schablone des Machtstrebens zu verhindern und die Entfaltung des angeborenen Gemeinschaftsgefühls zu fördern. Die individualpsychologische Behandlung der Nervösen, der entmutigten Ehrgeizigen, geschieht durch Aufdeckung ihrer Irrtümer, durch Abbau ihres Machtstrebens und durch Hebung ihres Gemeinschaftsgefühls.

Man könnte geneigt sein, in unseren Anschauungen den Bestand einer Schablone zu suchen, und könnte glauben, es genüge die Kenntnis dieser Schablone, etwa des Minderwertigkeitsgefühles und seiner Kompensationen, um nun alle Rätsel des Seelenlebens lösen zu können. Da vergesse man nur nicht der Unsumme von Kunstgriffen und Listen, deren Buntheit nicht kleiner ist als das Leben selbst. Einen Leitfaden, einen sicheren Führer, nicht mehr bedeuten die Grundanschauungen der Individualpsychologie. Jedesmal muß der Weg selbst gegangen werden, das Dunkel erhellt werden, bis wie durch eine Eingebung dem Suchenden und Untersuchten der Zusammenhang klar ist. Es ist durchaus nicht auf den ersten Blick einzusehen, wo im Falle der Depression, der Melancholie das Ziel der Überlegenheit wirksam sei. Wir wollen es an einem Falle von »manisch-depressivem Irresein« nachzuweisen versuchen.
Ein 40jähriger, athletisch gebauter Mann mit langgezogener Nase und eiförmigem Gesicht klagt, daß er derzeit bereits zum dritten Male in einen Zustand der Melancholie verfallen sei. Alles widere ihn an, er könne sich mit nichts beschäftigen, sein Schlaf sei seit Beginn der melancholischen Verstimmung vor acht Monaten wieder, wie bei den anderen zwei melancholischen Phasen, vollständig gestört. Er trauere den ganzen Tag und die Nacht dahin, finde an nichts Gefallen und sei erotisch völlig unempfindlich. Alles komme ihm wie Mist vor. Im

Jahre 1918 sei er an Manie erkrankt. Wie ein Champagnerrausch sei es über ihn gekommen. Er dachte, er müsse sein Vaterland retten, er sei dazu auserkoren, müsse Reichsverweser werden; er habe auch versucht, Verhandlungen anzubahnen, hatte große Entwürfe für Kolossalbauten ausgearbeitet, bis ihn seine Familie in eine Irrenanstalt sperrte. Einige Wochen nachher verfiel er in einen Zustand der Depression, der neun Monate währte und ganz wie der gegenwärtige verlief.

Kaum fühlte er sich besser und dachte wieder an eine regelmäßige Arbeit, als die Manie wieder eintrat, ungefähr die gleiche Zeit wie das erste Mal dauerte, um dann der melancholischen Phase Platz zu machen. Fast unmittelbar an diese reihte sich das dritte manische Zustandsbild, welches von der gegenwärtigen Melancholie abgelöst wurde.

Die Ausdrucksform der völligen Entmutigung dürfte kaum zu übersehen sein. Der Lebenslauf dieses Mannes bot genug Verlockungen dazu und Bestätigungen dafür. Er war das Kind einer reichen Familie und hatte zum Taufpaten einen höchsten Würdenträger des Staates. Seine Mutter, eine ehrgeizige Künstlernatur, erklärte ihn fast in der Wiege schon als unvergleichliches Genie und stachelte seinen Ehrgeiz in unerhörtem Maße. Er wurde seinen anderen Geschwistern weit vorgezogen. Seine Phantasien in der Kindheit gingen daher ins Ungemessene. Am liebsten spielte er Feldherr, trommelte eine Anzahl Jungens zusammen und errichtete sich einen Feldherrnhügel, von dem aus er die Schlachten leitete. In der Kindheit schon und später in der Mittelschule empfand er es tief schmerzlich, wenn ihm nicht alles leicht und glänzend von der Hand ging. Von da an begann er seinen Aufgaben auszuweichen und vertrödelte die Zeit hauptsächlich mit Tonarbeiten. Wir werden sehen, wie diese Spiele der Jugend zum Ausgangspunkt seiner Berufswahl wurden. Er ging später zum Militär, verließ aber bald seine Stellung, um sich der Bildhauerkunst zu widmen. Als er auch da nicht gleich zu Ruhm und Ehren gelangte, sattelte er abermals um und wurde Landwirt. Als solcher verwaltete er die Güter seines Vaters, ließ sich in allerlei Spekulationen ein und stand eines Tages vor dem völligen finanziellen Zusammenbruch. Als er wegen seiner waghalsigen Unternehmungen als verrückt gescholten wurde, gab er das Rennen auf und zog sich zurück.

Da kam die große Geschäftskonjunktur der Nachkriegszeit, und alle seine waghalsig begonnenen, schon verloren geglaubten Unternehmungen begannen aufzublühen. Geld strömte ins Haus und überhob ihn jeder Sorge. Auch sein Prestige schien gerettet. Nun hätte er sich wieder nützlicher Arbeit widmen können. Da brach sein manischer Anfall aus und verhinderte jede Tätigkeit. Die gute Zeit traf ihn bereits im Zustande gänzlicher Entmutigung.
Aus seinen Jünglingsjahren erinnert er sich an ein starkes Prädestinationsgefühl. Selbst Gedanken der Gottähnlichkeit wagten sich an ihn heran. Seine Zimmer waren über und über mit Napoleonbildern geschmückt, die wir als Beweis seines Strebens nach Macht gelten lassen dürfen. Als ich ihn einst zur Illustration seiner Bewegungslinie darauf verwies, daß er einen Helden in seiner Brust trage, den er seit seiner Entmutigung nicht mehr auf die Probe zu stellen wage, erzählte er mir betroffen, daß er über der Türe seines Arbeitszimmer einen Spruch *Nietzsches* angebracht habe, der folgendermaßen lautete: »Bei allem, was dir heilig ist, bitte und beschwöre ich dich: wirf den Helden in deiner Brust nicht von dir!«
In einer der Hauptfragen des menschlichen Lebens, in der Berufsfrage, sehen wir deutlich seine fortschreitende Entmutigung infolge seines unerfüllten und unerfüllbaren Ehrgeizes. Wir können sie, wenn auch nicht billigen, so doch begreifen. Wie war es mit der zweiten Hauptfrage, mit der sozialen Verknüpftheit von Mensch zu Mensch? Man konnte leicht vorhersagen, daß er auch hier scheitern mußte, daß sein Hochmut ihn kontaktunfähig machen mußte, so daß er im großen und ganzen niemandem zulieb und niemandem zuleid in einer isolierten Stellung verharrte. Selbst seine Geschwister und seine Kameraden wurden ebensowenig in seiner Nähe warm wie er in ihrer. Nur zuweilen zeigte sich im Beginne einer neuen Bekanntschaft ein anfängliches Interesse, um bald wieder abzuflauen. Er kannte die Menschen nur von ihrer schlechten Seite und hielt sie ferne. Dies und sein Ziel der Überlegenheit zeigte sich auch in seinen satirischen, scharf zugespitzten Pointen.
In der dritten Hauptfrage des Lebens hatte er schwer Schiffbruch erlitten. Er hat wohl niemals geliebt und kannte die Frau nur als Objekt. So kam es, daß er in jungen Jahren an Lues erkrankte, an die sich unvermerkt eine Tabes mit leich-

ten Erscheinungen schloß. Dies trug nicht wenig zu seiner weiteren Entmutigung bei. Jetzt sah er sich von allen Triumphen ausgeschlossen, die er sich sonst im ersten Ansturm bei Frauen, beim Preisfechten, Wettschwimmen und bei Hochtouren geholt hatte.
Wie er die Menschen sich entfremdet hatte, stand er nun selbst als Fremdling in diesem Leben, das ihm nirgends einen Kontakt bot. Seinen Irrtum einzusehen, zu verbessern, war er nicht fähig. Sicherlich hinderte ihn auch sein Stolz, der Held in seiner Brust daran. So fand ich ihn als einen Menschen, der nach einem glänzenden, ja fanatischen Auftakt immer nachgelassen hatte, sobald sein Ehrgeiz zu fürchten begann.
Sobald ich den Rhythmus seines Lebens, wie er unter dem Druck seines ehrgeizigen Strebens zustande gekommen war, erkannt hatte, wußte ich auch, daß alle seine seelischen Leistungen im Sinne dieses Rhythmus verlaufen mußten. Um die Probe darauf zu machen, ließ ich mir seine Schriftzüge zeigen.

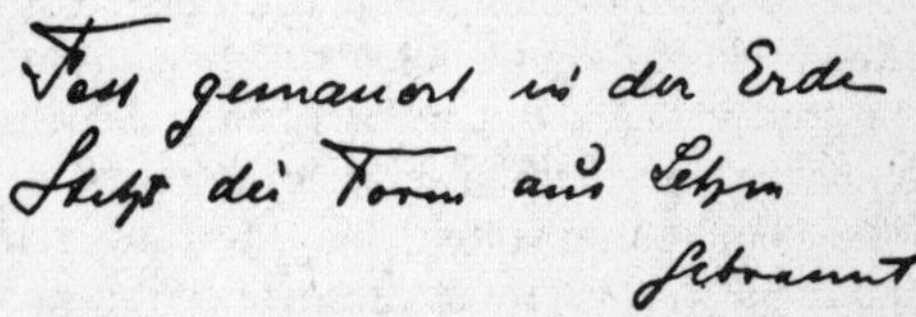

Man sieht auch hier, und zwar ohne graphologische Deutungskunst, den starken Auftakt und das ständige Schwinden in der Größe der Buchstaben in jedem Wort.
Ebenso sinnfällig äußern sich die entfernten Pole seiner Bewegungslinie in der Wahl seiner Stoffe, die er plastisch gestalten wollte. Einen Sonnenanbeter wollte er schaffen, der mit ausgebreiteten Armen nach dem Höchsten greift, und die Trauer, die tief zur Erde gebückt ein verlorenes Glück beweint. Doch nicht einmal an die Vorarbeiten ist er geschritten. Sein Ehrgeiz lebte weiter, war aber ohnmächtig geworden und verbarg sich.
Alles, was dieser impotent gewordene Ehrgeiz noch gestalten konnte, zumal der Kontakt zur Außenwelt verloren gegangen war, sah man in der Darbietung seiner Psychose. Sie beginnt mit dem manischen Auftakt, der brüllend den Mut zur Leistung beweisen will, gerade aber durch sein Ungestüm und

durch seinen Widerspruch gegen die Logik uns die Entmutigung verrät. Im Rausch seiner Machtlüsternheit rast er dahin und zwingt die Umgebung zur Korrektur, zur Obsorge und zur Hemmung, die der Kranke selbst nicht aufbringen darf, weil sein verwundeter Ehrgeiz keine Handlung im Sinne des common sense duldet.

Nun folgt das Schwinden des Kraftaufwandes im Zwange seiner Lebenslinie. Die Entmutigung in der melancholischen Phase liegt klar zutage. Wo steckt nun der Ehrgeiz? Alles ist schal. Nichts kann ihn bewegen, ihn erfreuen, nichts wirkt auf ihn. Allem steht er kalt und fremd gegenüber wie annähernd schon in seinen jüngeren Jahren. Die Nichtigkeit alles Irdischen, die Wertlosigkeit aller Menschen, aller menschlichen Beziehungen ist die Rache seines verwundeten Ehrgeizes, mit der er sich jeder Wirkung und Kraft der anderen entzieht, indem er sie leugnet.

Und je mehr er über diese Entwertung klagt, um so deutlicher stellt er sie fest. Statt sich zu erhöhen, erniedrigt er die anderen. Dem irrtümlich allzu hoch gesteckten Ziel seiner frühen Kindheit bot die Wirklichkeit unlösbare Schwierigkeiten. Nur im Spiel, in der Phantasie und in leicht und rasch erworbenen Triumphen genügten sein Mut und seine Ausdauer. Nach individualpsychologischen Maßen gemessen, war er immer ein Typus des Entmutigten. Sein manisch-depressives Irresein ist der Ausdruck einer stärkeren Entmutigung bei gleichbleibendem Rhythmus seiner Bewegungslinie.

II.

Unsere Schilderung des manisch-depressiven Patienten zeigte uns ein völlig einheitliches Bild. Das hohe Niveau, das ihm in den ersten Kinderjahren durch die verzärtelnde Mutter angewiesen worden war, trübte seinen Blick für die Wirklichkeit, legte ihm nahe, immer nur den ersten Platz als den ihm gebührenden zu beanspruchen und zu erwarten! Im Hause und vor der Schulzeit, später auch außerhalb der Schule glückte es ihm auch dank der hervorragenden Stellung seiner Familie und mit Hilfe der Mutter, die ihn den übrigen Geschwistern vorzog. Für die Schule aber war er mit seiner ehrgeizigen Erwartung und seiner schlechten Vorbereitung für Aufgaben, die ihm andere stellten, ferner auch mit seinem

Mangel an Gemeinschaftsgefühl und Kameradschaftlichkeit schlecht vorbereitet. So ließ er die Schule bald in den Hintergrund treten und fand sie zu sauer. Eine lange Jahre währende *Enuresis* legte Zeugnis davon ab, daß er *auch bei Nacht* seine Umgebung, vor allem seine Mutter, mit seiner Person beschäftigen wollte, und enthüllte seine Unselbständigkeit und seine Bangigkeit vor der Zukunft.

Als er ins Leben trat, war er schlecht vorbereitet, bereits geneigt, Schwierigkeiten auszuweichen, Aufgaben gegenüber leicht entmutigt, aber von einem ungeheuren Ehrgeiz beseelt, die herrschsüchtigen Träume seiner Jugend mühelos erfüllt zu sehen und die Erwartungen seiner Mutter von seiner sieghaften Größe ohne Anstrengung, als ein Geschenk des Himmels zu übertreffen.

Die Tatsachen des Lebens leisteten Widerstand. Da verließ er dreimal als Geschlagener seinen Posten. Vor dem Ernst einer Liebe flüchtend, geriet er in die Banalitäten der Erotik und erwarb eine Lues. Seine Götterdämmerung brach herein. Eine Tabes, eine Untauglichkeitserklärung im Kriege und der drohende Verlust des Familienvermögens durch seine phantastischen Projekte lähmten die letzten Spuren seiner Tatkraft. Als in der Tollheit der Kriegs- und Friedenskonjunktur seine Unternehmungen wider aller Erwarten neues Leben gewannen und aufblühten, war er im Willen gelähmt.

Aber der Ruf zu neuen Taten traf an sein Ohr. Unfähig zu ernsten Leistungen, gelang ihm nur ein ekstatischer Taumel, ein Willensrausch, der potenzierte heroische Auftakt seiner alten Leitlinie, die wie gewöhnlich dem Abbruch zustrebte. An die Manie schloß sich eine Melancholie. Als diese langsam verebbte, das heißt für uns Individualpsychologen: als sich sein Mut wie immer nach Niederlagen wieder zu heben begann, hörte er nichts als freundliche Worte seines Psychiaters, die ihn zur Arbeit lockten und ihm Genesung verhießen. Wieder traf ihn der Ruf zur Arbeit und abermals in mangelnder Vorbereitung, ohne daß genügender Mut ihn beseelte. Da brach zum zweiten Male die Manie bei ihm aus.

Mit geziemender Bescheidenheit, aber entschieden wollen wir feststellen, daß nur ein individualpsychologisches Verfahren den zweiten Anfall hätte verhindern können. Dieser Mann war nicht bloß krank in der Zeit seines manisch-depressiven Irreseins. Dieses *Zustandsbild* war bloß der forcierte Aus-

druck seiner alten Leitlinie, er war auch krank, entmutigt mit einem vertieften Minderwertigkeitsgefühl behaftet in seinen anscheinend gesunden Tagen. Und sollte so aus dem Hinterland an die Front des Lebens gehen?
Als seine zweite melancholische Phase fast ebenso lange wie die erste gewährt hatte, hörte er von einem Psychiater, der die »luetische Grundlage« der Cyclothymie besonders betonte und sie zu heilen unternahm. Er unterwarf sich auch dieser antiluetischen Kur. Arzt und Patient sahen die Melancholie schwinden. Da setzte wieder, fast unvermittelt, das manische Zustandsbild ein.
Ich übernahm den Patienten nach etwa fünfmonatiger Dauer seiner Melancholie. Das Ende konnte man nach Analogie der früheren Anfälle in zwei Monaten erwarten. Mir war es nicht um das Aufhören der Melancholie zu tun. Ich sah meine Aufgabe klar vor mir. Ich brauchte vielmehr Zeit, um seine Irrtümer, seine falsche Lebensmethode, seine selbstgeschaffene Leitlinie zu berichtigen. *Ich mußte den Patienten erst ermutigen, bevor ich* ihn ins Leben hinausschickte, wollte ich nicht einen vierten manischen Anfall riskieren. Nach dreimonatiger Kur schied der Patient von mir. Seine Melancholie war geschwunden, er fand schon an mancherlei Gefallen, machte kleinere Bergpartien und konnte in Gesellschaft recht unterhaltend sein.
Über sein Minderwertigkeitsgefühl hatte ich ihn beruhigt. Er ist kein überzeugter Anhänger der individualpsychologischen Gleichheitslehre geworden, aber er hatte sichtlich mehr Mut gewonnen und verstand und beherzigte den Unterschied zwischen Mut und manischem Getue. Seit einem Jahre ist er von weiteren Anfällen verschont geblieben. Aus seiner Umgebung hörte ich, daß er sich wohl befinde, nur etwas faul und mißmutig sei. Weiter reicht sein Mut bisher noch nicht.

Was wir Neues an diesem Falle zeigen können, wenn wir auch derzeit noch nicht das Recht zur Verallgemeinerung in Anspruch nehmen, ist vor allem, daß das klinische Bild einer psychischen Erkrankung lange nicht alles ist, was für den Psychologen und Therapeuten in Betracht kommt. Wir haben vielmehr zeigen können, daß die klinische Erkrankung ganz der Leitlinie des Patienten angepaßt ist, daß sie die eigentümliche Gangart des Patienten aus seinen besseren Tagen auf-

weist, daß sie dem alten Ziel des Patienten zustrebt und daß sie als verstärkte Sicherung gegen Niederlagen zu verstehen ist. In diesem Arrangement, das zum größten Teil durch verstärkte Ausschaltung normaler Lebensbeziehungen zustande kommt, bis schließlich auch die logischen Beziehungen intensiver ergriffen und entwertet werden, kommt immer das alte Schwächegefühl und die Entmutigung des Patienten zum stärkeren Ausdruck. Aber wie in der Geste der Angst das Individuum jedesmal auch schon die Schutz- und Abwehrbewegungen zur Darstellung bringt, so tritt in den Ekstasen der Manie für jedermann sichtbar, in den Entwertungen alles Menschlichen in der Melancholie heimlicher, das Ziel der Überlegenheit hervor.
Als zweiten, wichtigen Befund heben wir hervor, daß die sichtbare Erkrankung in einer Phase der größten Entmutigung ausbricht, daß diese Entmutigung begreiflich, wenn auch nicht berechtigt ist – weil der Patient wohl zur Entmutigung seit jeher neigt, während es doch für die Entmutigung niemals einen völlig zureichenden Grund gibt – und daß für den Ausbruch der Krankheit jedesmal auch eine subjektive Ursache aufzufinden ist.
Als dritte, für die Dynamik wie insbesondere für die Therapie bedeutsamste Tatsache konnten wir feststellen, daß es nicht mehr genügen darf, den Anfall ablaufen zu lassen und das Rezidiv zu erwarten. Die Aufgabe ist konkret in der Richtung zu lösen, daß der Kranke den überaus hohen Grad seiner Mutlosigkeit als unberechtigt verstehen lernt. Wir können aus der Kenntnis dieses und anderer Fälle mit einiger Sicherheit behaupten: *nicht die Krankheit rezividiert, sondern die Entmutigung!* Die Vorbereitung des Kranken für sein weiteres Leben muß auf diesen Gesichtspunkt weitestgehende Rücksicht nehmen.

In einer bestimmten Hinsicht sind alle Neurotiker Opfer von Irrtümern der Kultur. Letztere sind durchaus nicht zufällig entstanden, sondern stammen aus dem mangelhaften Aufbau der menschlichen Gesellschaft. Ziehen wir die letzten Konsequenzen aus den obigen Betrachtungen, sine ira et studio, wie es der Wissenschaft geziemt, so müssen wir sagen: *Nur der ist sicher vor der Entmutigung und ihren Begleiterscheinungen, also auch vor der Neurose und Psychose, dem die Gleichwer-*

tigkeit aller vollsinnigen Menschen aufgegangen ist. Verschiedenwertig sind nur die Leistungen, diese aber setzen sich zusammen aus Vorbereitungen und Entschlossenheit. Wahre Kraft ist nie allein aus Anlagen zu holen, sondern aus dem mutigen Ringen mit Schwierigkeiten. Wer überwindet, der gewinnt!

Die Gefahren der Isolierung*

Man kann das Wesen eines Menschen und den Sinn seines Lebens nur aus seinem Zusammenhang mit den anderen Menschen erkennen und aus den Antworten, die er auf die gesellschaftlich unabweislichen Fragen gibt. Wert und Bedeutung eines Gedankens, einer Tat, einer genialen Leistung ruhen immer nur in ihrer Beisteuer zur Förderung der Allgemeinheit. Alle großen Schöpfungen der Einzel- und der Massenseele, Gesetze, Religionen, Werke der Wissenschaft und der Kunst haben einzig ihren Sinn und Anspruch aus ihrem bleibenden oder vorübergehenden Nutzen für die Allgemeinheit geholt.

Der Natur gegenüber ist der Mensch recht stiefmütterlich bedacht. Selbst unsere gegenwärtige Kultur mit allen ihren Hilfen ist noch nicht genügend entwickelt, ein unbesorgtes Dasein genießen zu lassen. Der Prozeß, den die Natur gegen uns anstrengt, ist hart und unerbittlich. Die Spannung, in die er uns versetzt, und die Vergänglichkeit alles Irdischen, ferner die Hilflosigkeit unserer ersten Jahre erzeugen in jeder Seele eine *Stimmung der Unsicherheit und Minderwertigkeit*, aus der sich zwangsmäßig das Streben nach Besserung der menschlichen Lage entwickelt.

Der Weg zur Linderung der kindlichen Unsicherheit ist in der Logik der Tatsachen ziemlich eindeutig vorgeschrieben. Er führt in die menschliche Gemeinschaft. Die Anlehnung und das Gefühl der Zugehörigkeit sind imstande, die Unsicherheit des Kindes zu bannen. Deshalb ist es Aufgabe der Erziehung,

* Es freut uns besonders, die obigen, für das Zentralblatt geschriebenen Ausführungen des bekannten Wiener Psychologen und Entdeckers neuer individualpsychologischer Methoden bringen zu können. Wir verweisen auf den Bericht über den Kongreß der Internationalen Gesellschaft für vergleichende Individualpsychologie vom 8.–10. Dez. 1922 in München, Zentralbl. XIV. Jahrg. Nr. 11. S. 239 und die Darstellung von Amtsgerichtsrat FRANCKE »Das Minderwertigkeitsgefühl der Jugendlichen und seine Behandlung in der Jugendfürsorge« XIV. Jahrg. Nr. 2, S. 27. (Anm. der Redaktion der Zeitschrift *Zentralblatt für das Vormundschaftswesen* im Heft 3, Jahrg. XV [1923], S. 53)

den Prozeß des »Wurzelschlagens« zu fördern und das Heimatgefühl für diese Erde zu erwecken.
Eine große Anzahl von Menschenkindern wachsen auf, ohne Wurzel gefaßt zu haben. Sie bewegen sich wie Fremdlinge unter den anderen und schalten sich von den gemeinsamen Aufgaben aus. Der Varianten gibt es unzählige.
Sie haben samt und sonders ihre Rechenaufgabe verfehlt. Wie eine solche trägt auch das Leben jedes einzelnen seine Lösung, seine absolute Wahrheit in sich, nur daß wir sie schwer und unmöglich ganz errechnen können. Jeder beträchtliche Fehler verfällt der Kritik und der Strafe von Natur und Außenwelt und stört die Einfügung in die Gesamtheit und in ihre Aufgaben. In dreifacher Bindung sind wir an die Gemeinschaft angeschlossen und dreifach müssen wir dieser Bindung Rechnung tragen: in der Gesellschaft, im Beruf und in der Liebe.
Die uns aufgegebene Leistung setzt eine Bejahung des Zieles der Gemeinschaft voraus. Dementsprechend müssen die Vorbereitungen fürs Leben bereits in der Kindheit getroffen werden. Das Kind darf nicht als Fremdling in seiner Umgebung aufwachsen, muß den Glauben an seine Leistungsfähigkeit erwerben, muß die Verläßlichkeit seiner Umgebung kennen lernen und seine Entfaltung in der Richtung der Gemeinschaft als wertvoll und richtig erfassen.
Diese Entwicklung zum Mitmenschen kann durch die Schwierigkeiten unseres irdischen Lebens leicht verhindert werden. Immer findet man dann Gründe, die in der frühesten Kindheit liegen. Sie sind nicht objektiver Natur, wenngleich verständlich. Sie kommen durch die unreife, fehlerhafte Anschauung des Kindes zustande, sind das eine Mal organische Schwächen, Krankheiten und Leiden und führen, obgleich sie sich mit der Zeit beheben lassen, zu einem frühzeitigen unverwischlichen Eindruck einer Feindseligkeit des Lebens, das andere Mal berechtigte oder unberechtigte Empfindungen von Lieblosigkeit mit dem gleichen Ergebnis. Auch die Verzärtelung führt zu einer übermäßigen Bindung an den engsten Kreis und schafft eine lähmende Unsicherheit gegenüber allem Neuen.
Allen drei Typen kann es leicht widerfahren, daß sie sich wie im Feindesland finden und den Kontakt mit dem Leben einbüßen.
Eine solche Stellungnahme zum Leben ist unweigerlich mit einer vermehrten Berücksichtigung der eigenen Person, mit

einer kämpferischen Haltung und mit einer feindseligen Rücksichtslosigkeit gegenüber anderen verbunden. Erst wenn man die ganze Technik des egozentrischen Lebens erfaßt hat mit all seiner Unsicherheit gegenüber der Zukunft, mit dem Mangel an Zuversicht in die eigene Kraft, sobald sie sich aller Kunstgriffe und Tricks entschlägt mit ihrer Entwertung fremden Lebensglücks und fremden Lebensschicksals, mit ihrer Drosselung des Gemeinschaftsgefühls und ihrem eitlen Streben nach eigener Machtbereicherung auf unkulturellen Wegen, begreift man die *Isoliertheit* solcher Seelen und ihr Abirren in die Neurose, in die Phantastik und, bei einiger erhaltenen Aktivität, in die Verwahrlosung, in das Verbrechen und in den Selbstmord.

Die Abbiegung, Ausreißerei vom Wege der Gemeinschaft äußert sich frühzeitig in mannigfacher Weise. Aber vielleicht keiner der frühkindlichen Abwege ist so sehr Ursache und Folge zugleich wie die Isolierung, sei sie nun äußerlich oder seelisch erfaßbar. Die richtige Vorbereitung für ein Leben in der Gemeinschaft wird dadurch unmöglich. Man unterschätzt die Notwendigkeit einer solchen Vorbereitung sicherlich auch heute noch. Sie ist Vorbedingung für den Umgang mit Menschen, für Berufswahl und Berufsfertigkeit, für Ausbildung der moralischen und ästhetischen Gefühle, für Einfügung in neue Verhältnisse, für Ausbildung der logischen und sprachlichen Funktionen und für die einwandfreie Anknüpfung von Freundschafts- und Liebesbeziehungen. Sie ist auch Vorbedingung für die Toleranz gegenüber Schwierigkeiten und Niederlagen in Haus, Schule und Welt.

Die richtige Vorbereitung fürs Leben ist aber immer nur in der Gesellschaft möglich, so wie das Schwimmenlernen nur im Wasser gelingt. Die kleinen, aber so wichtigen Technicismen der Haltung, der Arme, der Beine, Ausdrucksformen der Sprache, Gedankenablauf, die Stellung des Gefühls- und Affektlebens und Triebbefriedigung kann für die Gesellschaft geeignet nur innerhalb der Gesellschaft erlernt werden. Deshalb ist es notwendig, das Kind so früh als möglich unter allen zuträglichen Vorsichtsmaßregeln den Beanspruchungen des größtmöglichen Kreises auszusetzen, auch zu verhindern, daß seine Seele sich dort isoliert.

In der Praxis des Lebens wird sich diese Forderung derart ausgestalten müssen, daß das Kind bereits innerhalb der

Familie in seinem Anschluß an die Familienmitglieder nicht gestört wird, weder durch Lieblosigkeit noch durch einseitige Bindung an einen der Elternteile. Auch Zwistigkeiten unter den Eltern, Zank und Streit verhindern den Kontakt ebenso wie der Druck einer aufgezwungenen Autorität. Nötigung, Nörgelei und Behinderung einer selbständigen Entwicklung führen gleichfalls zu Unsicherheit und Entmutigung des Kindes und stören seine Anschlußbereitschaft. Isolierungstendenz der Familie aber und Entmutigung der Mutter oder des Vaters, auch ihr Bangemachen vor der Zukunft rauben dem Kinde leicht den Glauben an sich selbst und beeinträchtigen seine Kontaktfähigkeit. Diese Entmutigung kann ganze Klassen, Nationen oder Staaten ergreifen.

Das Bild des isolierten Kindes ist nicht immer leicht zu erkennen. Die Bedeutung der Isolierung wird fast immer verkannt. Diese scheuen, schüchternen, verschlossenen Kinder, die keine Freunde haben, oder nur solche, die sich von ihnen beherrschen lassen, die oft unausgesetzt Bücher lesen und in Tagträumen schwelgen, sind für Mitarbeit und Mitmenschlichkeit nicht leicht zu gewinnen. Ihre Eitelkeit und Empfindlichkeit ist erschreckend groß und macht sie zum Mitspielen ungeeignet. Mut zeigen sie immer nur in der Phantasie oder wie zum Prunk. Bei kleinen Schwierigkeiten aber und Mißerfolgen nehmen sie sofort Reißaus und fallen leicht der Entmutigung anheim. Ausreden, Lügen und Vorwände trifft man oft als Zeichen der schlechten Einfügung in die Forderungen der Gemeinschaft, ebenso Fremdheitsgefühle, bohrende Unzufriedenheit, Ungeduld und mangelndes Verständnis für den Nebenmenschen. Ihr Leben mutet uns ebenso fremd an, wie sie sich als Fremdlinge auf dieser Erde fühlen mit ihrer kleinlichen Eitelkeit, als ob sie sich nur für höhere Sphären geschaffen glaubten.

Neurosenwandel und Training im Traum*

Das Leiden des Patienten begann mit einer Herzneurose. Er war in der Bürgerschule und hatte als ein ausgeprägtes Muttersöhnchen immer die Empfindung, daß die Schule von seiner Wohnung zu weit entfernt sei. Schon hier zeigt sich ein Hinweis auf die Möglichkeit einer Platzangst. Denn wenn dieser verzärtelte Junge, der gleichzeitig einen strengen, herrschsüchtigen, manchmal auch betrunkenen Vater hatte, sich immer an seine Mutter anschmiegt und in ihr eigentlich die ganze Welt wiederfindet und immer wiederzufinden hofft, so können wir schon erwarten, daß ihm alle anderen Situationen als die bei seiner Mutter schwierig erscheinen werden. In der Volksschule ging es ihm noch halbwegs gut, aber in der Bürgerschule fing es schon an, schlechter zu werden. Er blieb oft aus, und da seine Mutter an Herzbeschwerden nervöser Art litt und damit öfters erreichte, daß sie von ihrer Berufstätigkeit befreit war, so wundert es uns nicht, wenn auch er sehr bald in der Halluzination einer schreckhaften Begebenheit zwischen ihm und seinem Vater von Zeit zu Zeit Herzklopfen produzieren konnte, um bei seiner Mutter bleiben zu können.

So war bei ihm das Herzklopfen entstanden, und es gelang ihm oft, deswegen zu Hause zu bleiben. Die Behandlung war die gewöhnliche: er bekam Eisbeutel, Brom und andere Herzmittel. Der längere Aufenthalt bei seiner Mutter genügte immer, ihn wieder zu beruhigen, und wenn er sich eine Zeitlang gut fühlte, wurde er wieder in die Schule versetzt. Dort hatten sich inzwischen die wissenschaftlichen Verhältnisse für ihn verschlechtert, er war ein noch schlechterer Schüler geworden, und da zeigte es sich auf einmal, daß das Herzklopfen und die ewige Angst, die ihn beseelte, es könnte ihn der Herzschlag treffen, ihm nicht mehr genügten, daß er diese Art einer Verhinderung seiner Entfernung vom Hause

* Zuerst erschienen in: *Internationale Zeitschrift für Individualpsychologie*, Jahrg. 2 (1924), Heft 5, S. 5–8.

nicht mehr goutieren konnte. Man hätte ihm, wenn man ihn damals verstanden hätte, sagen müssen, die Herzneurose war eine schlechte Wahl.
Er traf nun eine bessere. Er konnte auf einmal nicht mehr *allein* fortgehen. Es mußte entweder der Vater oder die Mutter den Begleiter machen, was nicht leicht war. So erreichte er dasselbe Ziel, womöglich zu Hause zu bleiben, keinerlei Aufgaben unterworfen zu sein, da er zur Schule eine Begleitung brauchte, die nicht leicht zu haben war.
So vollzog sich seine Ausbildung sehr schwierig. Von Zeit zu Zeit mengte sich der Gedanke ein, er müsse sterben. Aber dieser Gedanke war für ihn wieder recht unangenehm. Er setzte sich mit einer Zwangsläufigkeit durch und kehrte bei allen Anforderungen an ihn wieder. Eines Tages machte er damit Schluß und sagte sich ungefähr folgendes: »Irgend etwas Schlechtes wird mit mir geschehen, aber muß es denn gerade sterben sein, ich könnte ja auch verrückt werden.« Und so begann sich bei ihm ein neuer Zwangsgedanke festzusetzen. Dieser allein aber hatte natürlich nicht die Kraft wie seine früheren nervösen Erscheinungen. Er konnte damit wohl seine Eltern irritieren, auch Angst bei sich selbst hervorrufen. Die Schule konnte er aber nicht ganz beiseite schieben.
Nun trat bei ihm plötzlich eine Zwangshandlung auf, die darin bestand, daß er immer, wenn er irgendwo hingehen sollte, mitten am Wege umkehrte und zurückging, eine Zwangshandlung, die wir oft zu sehen bekommen. Da er nun aber eine gewisse Kontaktmöglichkeit bewahrt hatte, ist es begreiflich, daß diese Neurose auch nicht so stark sein konnte, daß sie ihm etwa jede Möglichkeit einer Betätigung untersagt hätte. Aber *behindern* konnte sie ihn, sie konnte sozusagen eine Reserve bilden, die dann aktiv gemacht wurde, wenn es ihm sonst irgendwie an den Kragen zu gehen schien.
Er kam später in ein Amt, wo er Vorgesetzte fand, wo alle anderen mehr waren als er. Und obwohl man ihm verhältnismäßig freundlich entgegenkam, so fühlte er doch den Druck der hierarchischen Rangpyramide sehr stark auf sich lasten. Die Zwangsneurose setzte nun ein. Kaum hatte er das Haus verlassen, als es ihn mit unheimlicher Gewalt wieder zurücktrieb. Nach kurzer Zeit war es ihm gelungen, durch diese Zwangshandlung wieder sein Amt, seine Aufgaben, auszuschalten. Als er dann auf Anraten eines Arztes für ein Jahr

von jeder Beschäftigung befreit worden war, schien sich die Wucht dieser Erscheinung, der Zwangshandlung des Umkehrens, gemäßigt zu haben. Das nimmt uns nicht wunder, weil ja die Neurose keinen Wert mehr hatte, sobald er von seinen Aufgaben befreit war. Wenn dann eine Zeit vergangen war, stellte sich wieder die Erscheinung des Zwangsgedankens vom Verrücktwerden ein. Dagegen konnte er *freiwillig* eine Menge Dinge tun, tanzen, Theater besuchen usw. Sobald man ihm aber von einer Beschäftigung sprach, stellte sich der obige Gedanke mit großer Macht ein und hinderte ihn, etwas zu leisten. Er trat sogar in der Form ein: »Wenn du das jetzt tust, dann wirst du verrückt werden.« Aufmerksam gemacht auf diese Zusammenhänge, die er nicht verstanden hatte, gab er vollkommen zu, daß er wirklich zu Hause bleiben wollte.

Vor einigen Tagen erschien er mit seinem Vater bei mir mit der Bitte, ihn in Behandlung zu nehmen. Einige Male ließ sich die Sache gut an. Er war nur etwas zurückhaltend. Seine Unternehmungslust dehnte sich aus, er begann sogar schon daran zu denken, in der nächsten Zeit wieder in sein Amt zu gehen, »weil es ihm schon auffallend besser ging«. Er war nämlich auf die Zusammenhänge schon besser aufmerksam geworden.

Nun kam er heute zu mir und erzählte mir folgenden *Traum:* »Ich stand gegenüber einer Mädchenschule, die *in der Nähe der Volksschule* lag, zusammen mit einer Eintänzerin und einem Bürgerschullehrer, bei dem ich die Schule besuchte. Dann ging ich mit den beiden weiter, nahm aber bei der nächsten Ecke Abschied und ging nach Hause.«

In Wirklichkeit nun befindet sich die Mädchenschule ganz in der Nähe seiner Wohnung, während die Volksschule weit davon entfernt ist. Er erinnert sich, daß er, als er in die Volksschule ging, immer zornig darüber war, daß die Mädchenschule so nahe lag, während er in seine Schule immer weit gehen mußte. Die Verlegung der Volksschule in die Nähe der Mädchenschule, die er im Traum vornahm, zeigte uns nichts anderes, als: »Ich habe schon als Kind immer alles in der Nähe haben wollen!« Nun ist uns auch begreiflich, warum er mit den beiden nicht weit geht, sondern an der nächsten Ecke umkehrt. Wenn wir aber bedenken, wie regelmäßig es vorkommt, daß ein Patient die Kur bei uns so auffaßt, als ob er in einer Schule wäre, dann liegt der Gedanke nahe, daß es sich im Traume hier nicht um die Volksschule handelt, sondern um die Kur, und daß der Arzt, ich selbst, den Bürgerschullehrer darstelle. Die Behandlung ist die einzige Situation, die ein größeres Unternehmen für ihn darstellt, und da er weit von mir wohnt, erfährt auch der »weite Weg« eine Beziehung zu mir. Diese meine Annahme wurde auch sofort bestätigt; denn als ich mit diesen Auseinandersetzungen so weit war, sagte er: »Ich erinnere mich, daß der Lehrer gesagt hatte, ich solle morgen um zwei Uhr wiederkommen; um diese Zeit komme ich ja zu Ihnen.«

Ich bin also der, den er eine kurze Strecke begleitet, von dem er dann Abschied nimmt, um nach Hause zurückzukehren. Das ist ein höchst auffälliges Moment und läßt uns hinter die Kulissen blicken. Denn das heißt: Eine kurze Strecke werde ich mit den beiden gehen, dann aber nehme ich von ihnen Abschied. Ich sagte ihm, man könne daraus zweierlei schließen: daß er nachgedacht habe, ob ihm überhaupt die Kur von Vorteil sein werde. Er verneinte dies zwar, erzählte aber, er hätte wieder Anwandlungen von seinen früheren Zwangsgedanken gehabt. – Er steht also auf dem Standpunkt: »*Das geht zu weit;* wenn das so weiter geht, dann werde ich ja am Ende noch arbeiten müssen!«

Nun konnte ich ihm sagen: »Wenn dieser Gedanke heute nacht bei Ihnen aufgetaucht ist, *dann muß es Ihnen gestern sehr gut gegangen sein.*« Er bestätigte, daß er gestern anläßlich eines geselligen Abends sehr lustig gewesen sei und viel getanzt habe (Eintänzerin), so daß ihm alle gesagt hätten, ihm fehle ja gar nichts mehr, da er so lustig sei.

Heute ist seine Kettung an die Mutter *nicht mehr echt,* das war einmal so. Heute ist ihm die Verknüpfung mit der Mutter nur mehr eine gute Ausrede, eine Fiktion, die ihre Festigkeit aus ihrem Nutzen bezieht, kein realer, libidinöser Faktor. Alles könnte er, nur wenn er arbeiten soll, dann hört er auf einmal in seinem Innern den Ruf nach der Mutter. Dies ist auch der Sinn des Traumes. Auf meine Erklärung erwiderte er mir: »Es ist ja begreiflich, daß der Patient nicht gerne in die Kur kommt, *denn da kommt man ja doch hinter alles.*« Was er aber *nicht* weiß, ist, daß man ihm dahinterkommen könnte, *daß er nichts wert sei,* nichts leisten könne, ein unfähiger Mensch sei. Er hat das Gefühl in sich, ein ausgemachter

Schwächling zu sein, und *dies* fürchtet er, könnte sich entpuppen, würde sich verraten.
Das wichtigste Motiv der Traumbildung ist, daß der Träumer im Sinne seiner Persönlichkeit einen probeweisen Anschlag macht, einen Versuch anstellt, wie er sich zu einem bestimmten, ihm vorliegenden Problem verhalten solle. Darin liegt aber sein ganzes Wesen, einen solchen Anschlag kann nur einer machen, der so ist wie dieser Träumer. Es handelt sich hier um die siegreiche Bewältigung eines Problems, also darum, von unten nach oben zu kommen. Der Traum setzt immer dann ein, wenn sich der Schlafende in einer Situation befindet, in der er sich irgendwie bedroht, bedrückt fühlt.
Wir können nun behaupten, daß wohl nicht der Traum selbst der Anschlag ist, daß man aber durch das Verständnis des Traumes dahin gelangt, diesen probeweisen Anschlag nicht als vereinzelt anzusehen, sondern ein unaufhörliches Drängen auch in der Dynamik des Traumes zu finden, wie der Träumer sich zu einer Stellungnahme *vorbereitet*. Diese Vorbereitung nun heißt aber nichts anderes als das neurotische Arrangement, ein *Training. Wir können im Traume dem Training des Patienten auf die Spur kommen.* Wenn wir dieses tendenziöse, nach einem Irrtum gerichtete Training beobachten können, so können wir feststellen: hier liegt dem Patienten ein Ziel vor, dem er immer nachstrebt, um eine Lösung seines Lebensproblems in seiner Art durchzusetzen. Und wir werden im Traume immer Lösungsversuche finden, die der Persönlichkeit des Patienten angepaßt sind.
Im obigen Traum sehen wir, wie sich der Patient dazu bringt, Reißaus zu nehmen. Er ruft sich die Besorgnisse wieder ins Gedächtnis, die ihn schon als Kind befallen haben. Dabei fällt uns ein, daß in seiner Gegenüberstellung von Mädchen- und Knabenschule noch etwas darin liegt, daß es nämlich die Mädchen viel leichter haben. Auf diesen Gedanken gekommen, warf ich die Frage auf, ob er sich schon einmal damit beschäftigt habe abzuschätzen, wer es eigentlich besser auf der Welt hätte. Er dachte eine Weile nach und sagte dann: »Ich habe immer gedacht, daß es die Mädchen viel leichter hätten, und jetzt erinnere ich mich sogar, meine Mutter hat auch immer zu mir gesagt, warum ich nicht lieber ein Mädchen geworden sei, da könnte ich immer bei ihr zu Hause bleiben.«

Der Junge hat also zumindest geschwankt, ob er nicht lieber hätte ein Mädchen werden sollen, und in der ganzen Entfaltung seiner Persönlichkeit sieht man deutlich, wie er das Knabenhafte auszuschalten versucht hat. Er benimmt sich eigentlich so, wie man im schlechten Sinn einen Menschen weibisch nennt. Er fürchtet sich, hat keinen Mut, will nichts unternehmen, die Arbeit ist ihm etwas Unangenehmes, er braucht immer eine Begleitung und dergleichen.
Wir verstehen nun, warum er darauf trainiert, aus dem Bereich der Arbeit zu kommen, eine Situation zu finden, wo ihm alles geschenkt wird. Diesen Zug, diese Dynamik kann man also auch im Traum erkennen. Der Jüngling wollte sein ganzes Leben so einrichten, immer bei der Mutter zu bleiben. *Deswegen muß er den Zug zur Mutter unausgesetzt trainieren.* Es ist ein entmutigter Junge, der durch die Wärme der Mutter verzärtelt und für das Leben untauglich gemacht wurde. Nur *einen* Platz findet er im Leben, wo er sich sicher fühlt, der seinen Vorbereitungen und seiner Entwicklung entspricht, das ist: *bei der Mutter.*
Wir finden den neurotischen Kniff des Jungen in der gleichen Richtung ausgebildet, wie wir ihn bei den Perversionen beschrieben haben. Sein Minderwertigkeitsgefühl, genährt durch den aufbrausenden Vater, durch seine Situation als einziges Kind, durch die weiche, in allem nachgiebige Mutter, verführt ihn zur Ausschaltung aller Beziehungen, »wo man ihm dahinter kommen könnte«, daß er nichts wert sei. Arbeit, Selbständigkeit, Gehen, Werben, all dies empfindet er in dieser Stimmung als zu gefährlich. Durch fortschreitende Ausschaltung bleibt ihm nur ein Weg übrig: zur Mutter. Dieser Weg ist ihm aus der Kindheit besonders geläufig. Seine dauernde Mutlosigkeit hat ihn andere Wege nicht finden lassen. So geht sein ganzes Sicherungsbestreben auf im Training, den Weg zur Mutter frei zu halten und alle anderen Wege zu verlegen. In diesem Wust von Irrgängen ist auch die Neigung zur Mutter nur eine Funktion seiner Entmutigung. Ursprünglich und echt ist nur eines: sein Minderwertigkeitsgefühl.
Seine Gesundung hängt demnach ab von der Beseitigung dieses falschen Irrtums.
Auch in bezug auf die von der Individualpsychologie geforderte »Einheit der Neurose« ist dieser Fall lehrreich. »Herz-

neurose, Platzangst, Zwangsideen und Zwangshandlungen« wechseln miteinander ab, einzig und allein dirigiert und gefordert von dem suchenden Patienten und erstrebt und trainiert von seiner irrenden Angst vor Entschleierung seiner vermeintlichen »Unfähigkeit«. Wer an diese Wirrnis von Irrungen einen Maßstab anlegen wollte, sei es, daß er mit physiologischen oder, was dasselbe wäre, mit libidinösen Quantitäten rechnet, wird selbst in diese Komödie der Irrungen hineingezogen.

Neurose und Verbrechen*

Im Begriff und Wesen des Menschen liegt die Mitmenschlichkeit. Das »*Liebe deinen Nächsten*« klang früher in den Herzen als von den Lippen. Jede Untat, an einem Menschen verübt, geht gegen die Logik des menschlichen Zusammenlebens und ruft Erschütterungen wach, die sich in unheimlicher, meist unverstandener Weise auswirken. Hier ist es ein lieblos behandeltes, von seiner Umgebung brutal umhergestoßenes Kind, das niemand zur Mitarbeit und Mitmenschlichkeit gewonnen hat. Es wächst zur Rache an der Gesellschaft heran, häuft, flügge geworden, Verbrechen auf Verbrechen. Keine Logik liegt in diesem Vorgang, auch keine Kausalität, aber ein allzeit bereiter, selten erkannter Irrweg. Not und Schwierigkeiten des Lebens steigern noch den Antrieb zum Menschenhaß, das selbstverständliche Versagen in der Freundschaft und in der Liebe raubt denen, die sich ausgestoßen glauben, jede Hoffnung und jeden Halt und läßt sie in den Abgrund stürzen, den sie nur durch List und Verschlagenheit zu meiden trachten. Aus einer kleinen Welt des Hasses und der gegenseitigen Feindschaft erwachsen, bringen sie ihre verbrecherischen Perspektiven und Haßschablonen in die große Gemeinschaft der Menschen, die sich nach Liebe und gegenseitige Hilfe sehnt, ohne sie bisher aus sich, aus eigener Kraft entwickeln und entfalten zu können. Auch ihre nachträglichen Eingriffe sind stümperhafte Bruchstücke: wir harren noch des Künstlers, des Führers, des Genies, des Erfinders, der diese Frage besser und vorbeugend löst oder mindestens den Weg zeigt, die Abtrünnigen wieder für die Gemeinschaft zu gewinnen.

Zuweilen ist es nur der Fleisch und Blut gewordene Eindruck des zum Erwachsenen herangereiften Kindes, als hätte man es herzlos aufwachsen lassen. Nicht die Tatsachen selbst sind es,

* Zuerst erschienen in: *Internationale Zeitschrift für Individualpsychologie*, Jahrg. 3 (1925), S. 1–11.

die auf uns wirken. Wie wir sie ansehen und wie unsere Hauptstellung zum Leben ist, führt alle seelischen Folgen herbei. Die Kausalität, die sich im Seelischen ergibt, liegt nicht in einem Verhältnis wie von Ursache und Wirkung, sondern wir machen etwas zur Ursache und lassen ihm die Folgen folgen. Alle seelischen Vorgänge laufen von vornherein auf ein Ziel der Erhöhung der Persönlichkeit los. Auch der Druck einer lieblosen Erziehung wird nur insoweit und so schmerzlich empfunden, als er mit dem Persönlichkeitsgefühl in Widerspruch steht. Für das menschliche Seelenleben gilt als unverbrüchlich: Jede seelische Situation mit all ihren Eindrücken und Empfindungen erhält ihren Rang, ihren Wert und ihre Bedeutung innerhalb eines Bezugssystems und entsprechend demselben, welches sich unter der Diktatur des Geltungsstrebens entwickelt hat. (Fundamentalsatz der Individualpsychologie.)

Da jeder aber seinen Weg zur Höhe irrend sucht und suchen muß, kann es geschehen, daß bei verschiedenem Bezugssystem und bei der Vielfältigkeit der Irrwege ein und dieselbe »Ursache« verschiedene »Folgen« nach sich zieht.[1] Ein zweites, ohne Wärme lebendes Kind behält genug Mut und Zuver-

[1] Hierzu führt ADLER aus Anlaß einer Tagung des Internationalen Vereins für Individualpsychologie am 29. Juni 1924 zu Klesheim bei Salzburg (abgedruckt in: *Internationale Zeitschrift für Individualpsychologie,* Jahrg. 2 [1924], Heft 6, S. 38) aus:

Der Individualpsychologie wird nachgesagt, daß sie in sich vollkommen geschlossen sei, doch bedürfen einige Punkte weiterer Klärung, und ein wichtiger Punkt ist die Frage der Kausalität. Ferngehalten von aller Philosophie, ist die Kausalität in der Individualpsychologie ein Hemmnis gewesen, das überrannt wurde. Wir betrachten den Menschen so, als ob nichts in seinem Leben kausal bedingt wäre und jede Erscheinung in seinem Leben auch hätte anders sein können. Alles menschliche Denken, Fühlen und Handeln beruht auf einem Irrtum, und wir können diesen Irrtum durch seine Aufdeckung beeinflussen. Diese Auffassung ist nicht neu; wir finden sie bei *Kant*, beim Pragmatismus, in der Philosophie des »als ob«, sie ist aber praktisch nie berücksichtigt worden, und doch ist das ganze praktische Handeln darin begründet. Eine Krankheit, die kausal bedingt ist, können wir nicht beseitigen; was wir beseitigen können, ist die irrtümliche Stellungnahme. Dem kausalen Geschehen in der Natur können wir keinen Irrtum zuschreiben, aber im Psychischen, im Seelenleben, können wir nicht von Kausalität sprechen oder von Determination. Wir denken nicht an eine Erhaltung der psychischen Energie, weil wir wissen, daß die Kausalität, die wir antreffen, von der betreffenden Person erst hineingelegt wurde: Der Mensch macht etwas zur Ursache und etwas zur Folge und verbindet dann beides. (...)

Vieles scheint kausal bedingt, trotzdem die Kausalität erst hineingelegt wurde; das geht so weit, daß auch Organminderwertigkeiten nur soweit wirken, als man will; die Menschen können die Organminderwertigkeiten zu Rang und Würden erheben, sie zu einer Ursache machen. Eine große Zahl von Menschen können diesem Hang

sicht und sucht im Leben, freilich meist zu stürmisch und voll Mißtrauen, die Liebe, die man ihm bisher vorenthalten hat. Ein drittes Kind in ähnlicher Lage sucht sich durch List zum Herrn der Situation zu machen und verrät uns dadurch sein gesunkenes Selbstvertrauen. Wieder ein anderes macht aus seinem Gefühl der Schwäche und Ohnmacht eine Waffe, die Waffe des sich schwach Fühlenden, gibt Selbstbewußtsein und Verantwortlichkeit auf, demonstriert mit seiner Unfähigkeit, schafft sich ein System von Gegengründen gegen jede Aktion und zwingt damit seine kleinere oder größere Umgebung, die Sorge für ihn zu übernehmen. Es wird im weitesten Sinne *neurotisch.*

Betrachten wir den Aktionsradius des Neurotikers von der Kindheit an bis zum Ende seiner Tage, so fällt uns vor allem seine Aggressionshemmung ins Auge. Weder im »Guten« noch im »Bösen« sind nennenswerte Leistungen zu verzeichnen. Ein *letzter Rest* von Aktivität tobt sich oft auffallend und ungebärdig nach einer oder beiden Richtungen aus, kann dem Nervösen zuweilen, wo er sich einer tragenden Idee angeschlossen hat, den Schein von Größe, Erhabenheit oder Niedrigkeit verleihen, ohne sich dauernd fruchtbar oder wertvoll zu gestalten. Die wenigen großen, im Wahnsinn aufbrüllen-

nicht widerstehen. Ein Kind, mit schweren Fehlern zur Welt gekommen, wird dem Leben gegenüber eine ängstliche, feindselige Haltung einnehmen. Das ist aber nicht kausal bedingt, weil wir wissen, daß das vorübergehen kann, wenn man dem Kinde Verschiedenes erleichtert. Wir haben es hier mit einer Beschränktheit menschlichen Denkens zu tun, wir sind nicht mehr Herr der Zusammenhänge. Wir haben ein Ziel vor Augen, das dirigierend ist, aber aus irgendwelchen seelischen Ursachen müssen sich die Folgen nicht erklären. Wenn das eine große Rolle spielt bei den praktischen Versuchen, den großen Irrtum aufzuheben, kleinere Irrtümer einzuschalten und auch das soweit abzuschwächen, bis sie nicht mehr zum Schaden führen, so wird das bei unserer Grundauffassung scharf hervortreten. Ein Beispiel: Ein Kind ist verzärtelt worden und nimmt dann diese Ausdrucksformen an, mit all seinen Nachteilen. Das Kind wird größer, und wenn es sich klar wird über das Unheil, dem es entgegensteuert, das es erwartet, bis ein anderer kommt, der alles für dasselbe macht, wenn ein solches Kind fragt, wer ist schuld, dann sagt die ganze Welt: die Mutter. Wir laufen oft Gefahr, dem zuzustimmen und auch der Mutter die Schuld zu geben; das bricht aber zusammen, wenn wir fragen, was geschieht, wenn das Kind durch eigene oder fremde Hilfe sich anders verhält, nicht mehr diese Fehler macht? Die Mutter ist nur solange schuld, als das Kind Fehler macht, wenn das Kind aber keine Fehler macht, ist die Mutter auf einmal nicht mehr schuld? Da kann man doch nicht von Kausalität sprechen.

Das spielt natürlich eine große Rolle im Erziehungswesen, wenn man den Eltern gegenübertritt, ohne an Schuld zu denken. Das Kind eines Alkoholikers kann ein Alkoholiker werden, aber wenn es sich nicht dem Trunke ergibt, dann ist doch der Vater nicht schuld. [Anmerkung d. Hrsg.]

den Genies waren immer nur Besessene, im Schlepptau einer sich unaufhaltsam vorwärtswälzenden Idee, und standen dort, wo traditionelle Hemmungen einen Nachteil bedeuteten. Oder sie trugen ihre Neurose wie Pfunde im Sattel, die sie den anderen vorgeben konnten, und trugen sie als Erinnerungszeichen und Narben aus Kämpfen und Schwierigkeiten der Kindheit, die sie im Gegensatz zu anderen erfolgreich, unter Kräftigung ihres Selbstvertrauens und unter Hebung ihres Mutes, bestanden hatten.

Wie einer, der auf die eine Seite zu fallen fürchtet, kraftlos sich wehrt oder sich fallen läßt, während andere mit mehr oder weniger Elan sich auf die andere, meist entgegengesetzte Seite werfen, fast keiner von ihnen aber ein Ebenmaß der Bewegungen zeigt –, so fehlt fast immer den durch Lieblosigkeit gebeugten Kindern das Gleichmaß und die Harmonie ihrer seelischen Entwicklung. Aus diesem großen Kreise stammen Schwächlinge, Sonderlinge, Neurotiker, Einzelgänger, Straffällige und Künstler jeder Art. In ihnen allen gärt unstillbare Unzufriedenheit, und nur dem Künstler und Philosophen gelingt die Versöhnung mit den gesellschaftlichen Daseinsformen, der notwendigen Voraussetzung jeder fruchtbaren Arbeit und jeder wertvollen Umgestaltung des menschlichen Zusammenlebens.

Ganz ähnlich verläuft, wenn auch auf anderen Wegen, der seelische Entwicklungsprozeß bei verzärtelten Kindern. Die verschmähte und verweigerte Liebe treibt die einen in die Isolierung, in die Unzufriedenheit und nötigt sie zur Ausschaltung der üblichen Lebensformen, behindert sie in der Lösung ihrer gegebenen Lebensfragen. Die verzärtelten Kinder in ihren verschiedensten Varianten haben im allgemeinen die Vorbereitung für ein selbständiges Leben versäumt, sind auf eine Anlehnung, in der Regel an die Mutter, erzogen, die es später um so weniger gibt, je mehr sie von diesen Kindern verlangt und erwartet wird. Ihre mangelhafte Vorbereitung für die Gesetzmäßigkeiten der Schule, der Kameradschaft, der Gesellschaft, des Berufes und der Liebe bringt unausgesetzt Enttäuschungen herbei, die der Entfaltung eines normalen Lebensmutes hinderlich im Wege stehen, ihn immer wieder beeinträchtigen und zermürben. Je nach der Situation, in der das Kind aufwächst, je nach den Vorbildern, nach den Milderungen oder Verschärfungen auf seiner berechenbaren Bahn und der daraus entspringenden größeren oder kleineren Irrtumsfähigkeit, je nach der Gunst oder Ungunst seines gesellschaftlichen Standortes erwächst ihm sein Schicksal, verständlich aber unverstanden, da »Ursache« und »Wirkung« zu weit für den menschlichen Scharfblick auseinanderliegen. Auch wie einer etwas zur Ursache und etwas zur Wirkung macht, ist dem menschlichen Verständnis noch allzusehr entrückt. So kommt es, daß jeder von ihnen die Schläge, die er empfängt, viel eher seiner eigenen Schwäche, seiner eigenen Minderwertigkeit, lieber noch dem bösen Willen der anderen, den Umständen zuschreibt, als daß er seinen Irrtum aufgreift und beseitigt, zu dem er durch eine fehlerhafte, kindliche Situation verlockt wurde.

Die ungeheure Zahl von irregehenden Menschen, die diesen beiden Gruppen entstammen, zeigen alle schon auf die große Verbreitung der Neurosen- und der Verbrechensbereitschaft hin. Sie gleichen sich 1. in dem Gefühl der Unzufriedenheit und Verkürztheit, 2. in ihrer mangelhaften Anschlußfähigkeit, ihrem gedrosselten Gemeinschaftsgefühl, in ihrer Rücksichtslosigkeit gegenüber den andern und gegenüber der Gesellschaft, in der mangelhaften Vorbereitung für eine soziale Rolle, 3. in ihrer egoistischen Perspektive und ihrer seit der Kindheit trainierten egoistischen Schablone ihrer Lebensform, 4. in ihrem unbändigen Drang, sich über ihr Niveau nicht durch mutiges Handeln, sondern durch Tricks, List oder Überrumpelung des andern zu erheben, 5. durch die starke Einengung ihres Aktionsradius. Alle diese Erscheinungen, die, wie leicht zu sehen, untereinander zusammenhängen, finden sich gleichmäßig in der Struktur der Neurose wie des Verbrechens.

Wodurch sie sich *psychologisch* unterscheiden, scheint auf den ersten Blick nicht sehr bedeutungsvoll. Der Schaden für Umgebung und Allgemeinheit, den die Neurose verursacht, seelische und materielle Schädigungen der andern, Fehlen der gesellschaftlich notwendigen Leistungen, steigert sich nicht selten bis zur Zerstörung des Lebensglückes, der Lebensfreude, ja selbst des Lebens Nahestehender. Aber diese Erfolge treten nie mit bewußter Absicht, immer in ihrem Zusammenhang mit der Situation des Patienten, wie spontan und sich von selbst ergebend auf. Auch wo es sich um Mord und Totschlag in der Psychose handelt, um Lustmord, Diebstahl,

Verleumdung, Hochstapelei, wird stets die mangelhafte Vorbereitung, das Sinn- und Zwecklose in die Augen springen, das nur im neurotischen System sinnvoll und zweckmäßig erscheint, vom Ziel und von der Endabsicht des Nervösen aus gesehen. Es mangelt diesen schädigenden Leistungen auch der logisch und gesellschaftlich begreifliche Nutzen, der immerhin bei reinen Verbrechensformen in die Augen springt. So erschlägt ein Kranker im jugendlichen Irresein seinen Wärter, weil es sein Wahnsystem verlangt, daß er sich verfolgt glaubt und genötigt, sich zur Wehr zu setzen. Ein junger Mann, der irrigerweise den Glauben an seine Leistungsfähigkeit verloren hat, das düstere Geheimnis seiner Minderwertigkeit aber um jeden Preis zu verschleiern trachtet, sucht einen Rettungsbalken und findet ihn im Kokainismus und Alkoholismus. Diese Neurose und ihre Folgezustände bringen die Eltern um Hab und Gut, verbittern ihr Leben und greifen auf die Umgebung weiter, Schaden und Unheil stiftend. Alle Schädigungen ergeben sich nahezu mit mathematischer Sicherheit aus der irrigen Grundanschauung des Erkrankten und aus seiner falschen Lebensmethode. Der Mut für die Norm ist verlorengegangen –, der Kranke flieht vor seinen Lebensaufgaben, ist nur um den Schein besorgt und sucht seine Schwachmütigkeit und seine vermeintliche Wertlosigkeit zu verhüllen. Wie immer er über seinen Zustand denkt und spricht, solange seine Feigheit währt, hält ihn die Krankheit fest: *er benimmt sich wie ein Mensch, der sich für den letzten Mist hält.* Erst mit der Auflösung dieses tiefst sitzenden Irrtums und nach seiner Beseitigung kommt wieder der Mut zur Bewältigung der normalen Aufgaben des Lebens. Bei der individualpsychologischen Untersuchung des Nervösen findet man das Training des Verzagenden auf ein sicherndes, seine vermeintliche Minderwertigkeit verdeckendes, neurotisches Symptom. Dabei ergeben sich Schädigungen anderer nahezu von selbst, ohne Verantwortlichkeit des Kranken, zumeist entgegen seiner Einsicht, entgegen seinem Gefühl. Das ganze Gebiet der sexuellen Perversionen ist das Fluchtgebiet der mutlos Gewordenen. Was dabei zutage kommt, wenn der Sexualtrieb in Bewegung kommt, läuft immer auf Schädigungen der andern hinaus. Von dieser Schädigung bleibt der Blick weggewendet. Sie ergibt sich wie bei einem Fahrlässigkeitsverbrechen, bei dem niemand »daran gedacht« hat. Die gleichen seelischen

Kräfteverhältnisse finden sich bei allen anderen Neurosen und Psychosen. Die Endabsicht des Erkrankten ist immer: den Aufgaben des Lebens, den sozialen, beruflichen, erotischen, auszuweichen, ihre Lösung auszuschalten. Bei diesen charakterologisch und personell gewordenen, automatisch und schablonenhaft verlaufenden Ausweichtendenzen ergeben sich von selbst die Neurosen als Symptome und die Schädigungen der eigenen Person und der Umgebung als unvermeidliche, unausweichliche, meist widerwillig empfundene Kosten, die der einmal eingeschlagene Irrweg auferlegt.

So beispielsweise ist es immer den Untersuchern aufgefallen, mit welcher Naivität und wie wenig vorbedacht die Fehltritte der sogenannten »moral insanity«, bei Kleptomanie, bei Lustmord, bei rein sadistischen Handlungen zu geschehen pflegen. So traurig derartige Exzesse auch oft enden, man empfindet sie als Mimikry, als ob einer, dazu schlecht vorbereitet, Verbrecher spielte. Die Handlung ist schlecht inszeniert, es fehlt die eigene Überredung zum Verbrechen, ja es fehlt die ganze Vorgeschichte, es mangelt die Anstrengung, erleichterte Bedingungen zu schaffen. Oft kann man eine stärkere Affektbeimischung feststellen, unerklärlich aus dem Bezugskreis, in dessen Mittelpunkt das Verbrechen steht, aber wohl verständlich innerhalb des Bezugskreises Neurose, der auf eine Ausbiegung vor den Lebensaufgaben, auf die Schaffung mildernder Umstände für die Ausreißerei und von Ausreden vor sich und den andern hinzielt. Während aber der Verbrecher sozusagen ehrlich bestrebt ist, sich aus Haß, Neid, Wut oder Furcht vor drohenden Nachteilen in Vorteil zu setzen, seinen Schritt auch vor sich und anderen durch solche Hinweise in milderem Lichte erscheinen zu lassen trachtet, während er durch den exakten Versuch einer Lösung des vorliegenden Verbrechensproblems in der Vorgeschichte belastet erscheint, sieht man den Neurotiker, nahezu unbekümmert um Nutzen oder Schaden, von ganz anderer Seite her getrieben als auf der Suche nach Vorteil, viel mehr im Gefühle seines Rechtes als den Verbrecher.

In einem unzerstörbaren Gefühl der *Verantwortlichkeit* vor sich und der Gemeinschaft wird der Verbrecher stets in seinem Gefühl der Not, seines Hasses, seines Neides, seiner Rachsucht eine notdürftige Deckung suchen. Dieses Gefühl

der Verantwortlichkeit mangelt dem Neurotiker bei seiner Schädigungsabsicht. Zum Teil deshalb, weil seine Aufmerksamkeit von ganz anderen Dingen – im allgemeinen durch seine Furcht vor seinen Lebensaufgaben – in Anspruch genommen ist. Sicherlich zum Teil, weil sein Zugehörigkeitsgefühl gegenüber der Gesamtheit noch dürftiger geworden ist als beim Verbrecher. Größtenteils aber deswegen, weil der Neurotiker auf diesem Wege seine Endabsicht erreicht, sich der Norm einer Lebensbetätigung zu entschlagen. Hinter den Wirrnissen und Benachteiligungen, die ihm seine Handlungsweise einträgt, blinkt ein Stern: die Enthebung von den Aufgaben des Lebens. Ja selbst gesellschaftliche Ächtung und gerichtliche Strafen nimmt er williger in Empfang, weil sie ihn wieder um ein größeres Stück vom normalen Leben der Menschen absperren, das er fürchtet, in dem er immer nur Erniedrigungen erwartet.
In einem Punkt scheinen sich die Verfehlungen von Verbrechern und Neurotikern zu gleichen: sie haben ihren Opfern gegenüber immer die größeren Chancen voraus. Aber auch an diesem Punkt unserer Betrachtung wird man als Differenz feststellen müssen, daß die Opfer von Neurotikern meist allzusehr im Nachteil sind. Wir finden unter ihnen Angehörige, die durch ernstgenommene Verpflichtungen gebunden sind, Kinder, leichtgläubige Toren, oder es erfolgen Angriffe blitzartig und so überraschend, daß eine Gegenwehr ausgeschlossen ist. Oder es bietet sich zufällig eine Gelegenheit, bei der es den sicheren Anschein hat, daß niemand einschreiten kann. Alle diese scharf ausgeprägten Erscheinungen weisen darauf hin, daß der Neurotiker auch in seiner abwegigen Sphäre einen dauernden Mangel an Mut aufbringt. Einen planmäßig arbeitenden Einbrecher wird man unter den Neurotikern nur mit allergrößter Mühe finden.
Die individualpsychologischen Einsichten und Erfahrungen gestatten uns, die Ausdrucksformen auf eine einheitliche Linie zu bringen, sie wie eine Melodie zu erfassen, um von ihr auf den Autor zu schließen. Am sinnfälligsten gelingt dies bei Neurotikern und Verbrechern. Die Ausbiegungen und Sicherungen gegenüber den gesellschaftlich durchschnittlichen Aufgaben des Lebens sind bei ihnen scharf und deutlich genug, so daß sie uns wie im Relief erscheinen. Die Anfänge dieser Linie stammen aus verstärkten Minderwertigkeitsge-

fühlen, aus unzweckmäßiger Verzärtelung oder Strenge und – wie wir noch hinzufügen müssen – aus schwer und übel empfundenen Organminderwertigkeiten und Schwächen der frühesten Kindheit, die sich zuweilen auch auf mangelhafte Entwicklung der Drüsen mit innerer Sekretion zurückführen lassen. Aber nicht einmal diese Mängel und oft vorübergehenden Schwierigkeiten wirken sich unmittelbar und kausal aus, sondern sie können unter bestimmten Umständen, bei denen die Hauptrolle der Abstand des Kindes von der Macht oder von dem Machtgefühl seiner Umgebung spielt, zu einem verschärften Minderwertigkeitsgefühl Veranlassung geben. Nun stellt das Kind künstlich eine neue Kausalität her: es benimmt sich so, als ob seine Minderwertigkeit eine unumstößliche Tatsache wäre, verfällt in einen schweren Pessimismus, verliert den Glauben an seine Kraft, traut sich nicht mehr die Leistungen zu, die man von ihm verlangt oder erwartet, und begibt sich bei der ersten Niederlage oder bei einem Anschein derselben auf die Flucht. Diese Flucht geht abseits von der Norm mit ihren Forderungen, denen das Kind sich nicht gewachsen glaubt, und der Weg in die Neurose oder in die Isolierung oder in Verwahrlosung und Verbrechen liegt nun offen. Entscheidend für die weitere Wahl wird nun: wieviel an Gemeinschaftsgefühl und an Mut das Kind im Moment der Abbiegung zur Verfügung hat. Form und Inhalt einer Neurose ergeben sich im reinsten Falle unter dem Gesichtswinkel der nahezu völligen Aussichtslosigkeit, durchzudringen bei einigermaßen erhaltener Anerkennung und Heiligung der Gemeinschaft, der Logik des menschlichen Zusammenlebens, durch Ausnützung ihrer Verpflichtungen gegenüber Schwachen und Kranken, und unter fortwährender Inanspruchnahme eines milderen Maßes für die eigenen Leistungen.

Der Lebensmut ist nicht ganz erschöpft. Dadurch grenzt sich die Neurose gegen die Psychose, vor allem gegen die Dementia präcox und gegen den Selbstmord ab. Aber er ist soweit herabgesetzt, daß die Krankheit auf der Flucht vor den Aufgaben des Lebens wie ein Rettungsbalken festgehalten wird, wenngleich unter fortwährenden Klagen über die Kosten einer so schlechten Lebensmethode. Die Endabsicht, vor den Entscheidungen des Lebens stehen zu bleiben, wird zur höchsten und ausschließlichen Aufgabe. Ihr gegenüber haben alle

Pläne, alles Wollen, alle Einsicht so viel Wert, als etwa ein Zuspruch einem Hasen gegenüber, er möge sich doch vor den Hunden nicht fürchten. Und wie der Hase alles vom Hasenstandpunkt aus betrachtet, austastet und prüft, wie er sein ganzes Leben darauf einrichtet und in allen seinen Bewegungen verrät, daß er ein Hase ist, so der Neurotiker, der seine Form, Linie, Melodie bekommt, und, unbekümmert um unsere Logik, kraft seiner neurotischen Logik und Weltanschauung seinen neurotischen Weg nicht nur geht, sondern ihn unausgesetzt vorbereitet und trainiert. *Sein Training und seine Arrangements gehen auf Abkehr vom Leben, und alle Schädigungen, die er verursacht, ergeben sich als Unterstützung dieser Abkehr oder als ihre Notwendigkeiten.*

Der deutlich erhaltene Rest seines Gemeinschaftsgefühls zeigt sich in der übertriebenen Furcht vor Konflikten mit der Gemeinschaft. Nur wenn ein solcher Konflikt zur verstärkten Abkehr notwendig wird, wird er gesucht und geübt. Sein ganzes Verhalten weist nicht mehr in die Richtung der Überwindung des anderen, sondern in die Richtung der Loslösung des Ich vom Du. Reiner als sonst zeigt sich die neurotische Lebensführung nach einer entscheidenden Niederlage im Leben, vor Prüfungen und Entscheidungen, aber gelegentlich auch bei Besserungen in seinem Befinden und aufkeimenden Erwartungen. Die Furcht vor neuen Niederlagen bringt alle neurotischen Erscheinungen dann zu schärferer Ausprägung.

Die Schwere und Bedeutung einer Neurose kann nur an dem Grad der Entmutigung gemessen werden, niemals an ihrer Form oder an ihrem Inhalt. Alle Maßnahmen, die, wenngleich ahnungslos, den Mut stärken, alle Wunderkuren, Suggestionen, Autosuggestionen und alle medizinischen Eingriffe wirken nur soweit, als sie den Mut des Kranken heben können. Sicheren Erfolg verspricht nur ein Traitement, das dem Neurotiker das Gefühl der Gleichwertigkeit gibt, indem es die Irrtümer der Kindheit von einer mangelhaften Befähigung zerstört.

Zuweilen findet man in den Gedanken und Phantasien von Neurotikern eine spielerische Beschäftigung mit Verbrechen oder Furcht vor einer solchen Neigung. Immer weist der Zusammenhang darauf hin, daß es sich nur um meist überflüssige Regungen des Gemeinschaftsgefühls handelt, das in dieser Weise seine Warnungen ertönen läßt, oft nicht ohne die Loslösung von der Gemeinschaft zu verstärken, was durch die Endabsicht des Kranken erfordert wird. Auf dieser Linie findet man auch im Verlaufe der Loslösung kleinere oder schwerere Schädigungen. Der oben erwähnte, an jugendlichem Irresein erkrankte Anstaltspatient übt seine Abkehr von den Menschen, indem er alle als Feinde sieht, und erschlägt *bei der Gelegenheit* seinen Wärter.

Vergleichen wir die Linie des Neurotikers mit der des Verbrechers, so finden wir den gleichen Ausgangspunkt: das Minderwertigkeitsgefühl. Auch die unvermeidlichen und vermeidbaren Mißerfolge, begreifliche Folgen der schlechten Vorbereitung für die Schule und fürs Leben, sind beiden gemeinsam. Aber die entscheidende Entmutigung und die Abkehr von den gesellschaftlich durchschnittlichen Lebensfragen tritt im zweiten Falle in einer seelischen Situation ein, wo in der seelischen Vorbereitung noch Mut genug und in der Richtung übrig ist, *andere überwinden zu wollen.* Die Überwindung freilich ist weder kulturell gedacht und gewollt, noch geschieht sie aus einem Gefühl der Kraft. Sie soll vielmehr eine Beruhigung des peinigenden Schwächegefühls ermöglichen, soll den Schein einer Heldentat erschleichen, trägt im Grunde aber alle Kennzeichen der Feigheit an sich. Immer geht die verbrecherische Aktion vor sich in der Linie eines vermeintlich geringeren Widerstandes. Diese Feststellung gilt nicht bloß für listige, sondern auch für tätliche Verbrechen. Im Zeitpunkt des Verbrechens zeigt sich der gleiche Mangel an Mut, der schon Veranlassung zur Abkehr von normalen Lebensbetätigungen war.

Dagegen ist die Beziehung zwischen Ich und Du wesentlich stärker*. Diese bessere Beziehung zur menschlichen Gesellschaft zeigt sich nicht nur in der Bandenbildung mit ihrem oft ritterlichen Einschlag. Auch der Besuch von Schenken, der Umgang mit dem anderen Geschlecht, Pflege von Freundschaften und Geselligkeit treten viel deutlicher hervor als bei den Neurotikern. Diese Erscheinungen liegen alle innerhalb des Zusammenhanges mit dem Überwinderwillen. Auch die Schonung und Milde gegenüber ausgesprochen schwachen

* Auch die *Verbrechersprache* weist auf das erhaltene Gemeinschaftsgefühl hin. Eine Sprache der Neurotiker ist undenkbar.

und armen Menschen deutet in diese Richtung. Freilich tritt in ihrem geselligen Verkehr gegenüber allen anderen Erscheinungen die List unverhältnismäßig stark zutage, als Zeichen eines geistigen Trainings, wie man es bei weniger mutigen und selbstbewußten Menschen findet. Die einander widerstreitenden Tendenzen: Überwinderwillen und Minderwertigkeitsgefühl ergeben im Strom des Lebens eine lose Verknüpfung gesellschaftlicher Art, stark genug, um sich immer wieder im Kontakt mit Menschen durchzusetzen, nicht so stark aber, um die normalen Aufgaben zu erfüllen. Die Furcht, in letzteren zu unterliegen, läßt diese Menschen nach Leistungen suchen, die immer ihrer Feigheit entsprechen, ihnen aber doch *den Schein von Siegern* verleihen. Bei Mord, Raub, Totschlag, Einbruch und Diebstahl ist ihnen immer die Niederlage des Gegners wenigstens in sicherer Aussicht.

Als weiteres Zeichen ihrer Feigheit, die manchmal durch eitlen Wagemut überdeckt erscheint, oder im Augenblick einer Gefahr in Tollkühnheit ausartet, ist Kennern der Verbrecherseele der weitverbreitete *Aberglauben* bekannt. Er ist unter allen Umständen als ein Notanker anzusehen, als Stütze für die tiefsitzende Schwachmütigkeit dieser Menschen. In die gleiche Richtung weist uns die Eitelkeit und Prahlsucht, mit der sie ihr Minderwertigkeitsgefühl zu verschleiern trachten.

Es kommt zuweilen vor, daß Gewohnheitsverbrecher nach dem 30. Jahre ihre Laufbahn verlassen, ein Weib nehmen und einen Beruf ergreifen. Folgende Betrachtung gibt im Zusammenhang mit den obigen Erörterungen eine Erklärung ab: jeder Verbrecher hat den Hang, der aus seinem Überwinderwillen stammt, sich vor seinen Genossen auszuzeichnen. Dies gelingt aus natürlichen Gründen den Jüngeren viel leichter. Die revoltierende Art des jugendlichen Verbrechers bestreitet dem älteren unnachgiebig jede Geltung. So um seine Sicherheit gebracht, sucht der ältere Genosse wieder aus seiner Gilde herauszufinden.

Die Analogien in den seelischen Bewegungen von Verbrechern und Neurotikern liegen in ihrem frühkindlichen, verschärften Minderwertigkeitsgefühl, in ihrer niedrigen Selbsteinschätzung normalen Aufgaben gegenüber, in ihrem allzu raschen Abbruch der Bemühungen nach Enttäuschungen und Niederlagen und in ihrer mangelhaften Entfaltung des Gemeinschaftsgefühls.

Die schwerwiegenden Unterschiede finden wir in einer unverstandenen Umgehung des Gemeinschaftsgefühls beim Neurotiker und im richtig erfaßten, wenn auch nicht in seiner Tragweite verstandenen Durchbruch desselben beim Verbrecher. Umgehung wie Durchbruch bedürfen eines Trainings und sind wohl vorbereitet. Der Verbrecher sucht seine billigen Siege, der Neurotiker träumt von ihnen und hindert sich durch sein Leiden daran. Beide suchen nach erleichternden Bedingungen, der Neurotiker für sein Stück Leistung im Leben, der Verbrecher für seinen Entschluß zur Tat und für die Tat selbst.

Im folgenden wollen wir aus der Laufbahn gut studierter Verbrecher obige Feststellungen erweisen.

Eine klassische Schilderung der seelischen Vorgänge, die zum Verbrechen führen, finden wir in Dostojewskis *Raskolnikow*. Der Dichter, ein scharfer Beobachter und Kenner von Verbrechern, läßt seinen Helden einen Monat lang im Bette den Mord vorbereiten. Dann erst erfolgt der Durchbruch des Gemeinschaftsgefühls. Die erleichternden Bedingungen findet Raskolnikow darin, daß sein Opfer eine alte Wucherin ist, zu nichts nütze, und daß er selbst nicht feige sein dürfe, nicht eine Laus, sondern ein Napoleon. Seine Ausbiegung beginnt, als er sich völlig von Geld entblößt findet, und seine Schwester in der Gefahr, sich an einen ungeliebten Mann verkaufen zu müssen. Gegen Schwache und Arme ist er stets hilfsbereit.

Aus unseren Ausführungen geht hervor, daß wir unter Berücksichtigung der individualpsychologischen Forschung viel größere Sicherheit in der Beurteilung, ob Neurose oder Verbrechen, erlangen könnten als bisher. Freilich fordern wir auch ein genaueres Eingehen in die Vorgeschichte und in die Lebensart des Untersuchten. Dabei wird die Wahrnehmung der obigen Gesichtspunkte sich als unumgänglich notwendig herausstellen. Nun sind wir in der schwierigen Lage, aus bereits vorliegendem Material unsere Feststellungen herauslesen zu müssen. Man ist überrascht von der Fülle der übereinstimmenden Tatsachen, die sich dabei ergeben.

Der berüchtigte Einbrecher *Breitwieser* begann seine Verbrecherlaufbahn, als er sich um die Früchte einer von ihm gemachten Erfindung betrogen glaubte. Er hatte geselligen Verkehr, nahm sich gelegentlich der Armen an und war auch

in erotischer Beziehung unauffällig. Immer kampfbereit, wenn er angegriffen wurde, fiel er in einer Schlacht mit Polizeiorganen.
Aus der äußerst wertvollen »Aktenmäßigen Darstellung merkwürdiger Verbrecher« von Anselm v. *Feuerbach:*
Josef *Auermann,* tadelloser Mensch, Bürger, Familienvater, schuldet seinem Knecht 400 Gulden. Dieser bedrängt ihn in der erbarmungslosesten Weise. Alles Hilfesuchen bleibt vergeblich. Der Gedanke, sich seines Peinigers zu entledigen, gewinnt Raum, erscheint ihm geradezu als einziger Weg. Fühlt sich von allen verlassen. Findet die erleichternden Gedanken in der Erwägung: »Wenn der Knecht noch bei mir ist und um das Geld mich quält, wozu er in meinem Hause kein Recht hat, zumal die Zahlungszeit noch nicht vorüber ist, so erschlage ich ihn. *Er ist nicht mehr wert.*« Trinkt mehr als sonst in verschiedenen Wirtshäusern, um sein Gemeinschaftsgefühl, sein Gefühl der Verantwortung zu betäuben. So gelingt ihm der Durchbruch. Er erschlägt den Knecht beim nächsten Streit, gesteht seine Schuld nachher, stellt sich dem Gericht. Als er die Braut des Erschlagenen sieht, sucht er sich zu verstecken.
Konrad *Kleinschrot* erschlägt mit Hilfe eines Knechtes seinen Vater, der ein wüstes Leben führt, seine Familie grausam behandelt, und als sie einmal zurückschlagen, sie bei Gericht anzeigt. Der Gerichtsvorstand sagt: »Ihr habt einen bösen, streitsüchtigen Vater, Euch ist nicht zu helfen!« Die Familie sann vergeblich auf Abhilfe. Der Vater lebte mit einer Dirne und drängte die Söhne, das Haus zu verlassen. Ein Tagelöhner, der einer Leidenschaft huldigte, Hühnern die Augen auszustechen, und dem auch in 20jähriger wüster Soldatenzeit das Training zu Mord und Totschlag erleichtert war, riet ihnen, den Vater zu erschlagen. Darüber fanden *lange Beratungen* statt. Zuerst versuchte man es mit einem Zaubermittel. Als dieses versagte, erschlug Konrad gemeinsam mit dem Taglöhner den Vater.
Margarete *Zwanziger,* die deutsche Brinvillier, wuchs als *Kostkind* auf, war *klein und verwachsen,* und deshalb eitel, gefallsüchtig und kriecherisch höflich. Nach mehrfachem Mißgeschick, wo sie der Verzweiflung nahe ist, versucht sie dreimal durch Vergiftung von Frauen in den Besitz von deren Ehegatten zu kommen. Spiegelt in *listiger Weise* Schwanger-

schaften und Selbstmordversuche vor. Äußert in ihrer Selbstbiographie: »So oft ich nachher etwas Böses tat, dachte ich, mit dir hat kein Mensch Mitleid gehabt, so habe denn auch kein Mitleid, wenn andere unglücklich sind.« Arbeitet also auf das Verbrechen hin und sucht nach Milderungsgründen.

Matthias *Lenzbauer*, schlechte Erziehung, durch *Vernachlässigung* an einem Fuße *lahm*. Vertritt an seinem jüngeren Bruder Vaterstelle, treibt aber in roher Weise seine Mutter zum Betteln an mit den Worten: »Geh' nur wieder, du altes Luder, *warum hast du mich krumm gemacht!*« Kann lange Zeit keine Arbeit finden, wird geschlechtskrank und hat kein Geld, um als Geselle freigesprochen zu werden. Erschlägt den Bruder auf dem Heimweg nach vergeblicher Arbeitssuche, um dessen kleines Erbe zu gewinnen.

Andreas *Bichl*, der Mädchenschlächter, verheiratet, ist als Dieb, als feig und grausam bekannt. Lockt Mädchen unter abergläubischen Vorgaben in einen Keller, wo er sie tötet und ihrer Habseligkeiten beraubt. *Versetzt sich dabei in einen erotischen Zustand, durch den er sich sein Vorhaben erleichtert und rechtfertigt.*

Simon *Stigler*, schlecht vorbereitet fürs Leben. Kann nicht lesen noch schreiben. Vater wegen Diebstahls im Zuchthaus. Macht das Training im Elternhaus durch, wo er den Eltern mit Erstechen droht, sobald sie ihm nicht den Willen tun. Später wird er gegen Fremde tätlich, die ihn an seinem Willen hindern, droht Gegnern mit dem Erstechen, gerät immer leicht in Raufhändel und tötet mehrere Menschen. Auf der Anklagebank leugnet er. Bricht in die Worte aus: »Was frage ich danach, ob mein Leben weg ist!« Erwartet also nichts vom Leben, und findet darin eine Erleichterung für den Durchbruch des Gemeinschaftsgefühls.

Jakob *Talreuter*, unehelich, frühzeitig verwaist, kommt zu einer Pflegemutter, die ihn unglaublich verzärtelt. Lernt wenig, schreibt ganz schlecht, ist sehr geschäftskundig und strebt unausgesetzt danach, allen Leuten zu imponieren. Von seiner Pflegemutter, die sich in späteren Jahren in ihn verliebt, darin unterstützt, wird er zum Lügner, Prahlhans und Hochstapler, der, wo er kann, den Leuten Geld herauslockt. Brüstet sich, da seine Pflegeeltern von kleinem Adel, mit hocharistokratischer Abkunft. Vergeudet das ganze Geld seiner Pflegeeltern und treibt sie zum Schluß aus dem Haus. Frühzeitig als Genie gepriesen, sieht er, von ehrlicher Arbeit durch die schlechte Vorbereitung und durch die Verzärtelung abgetrieben, seine Lebensaufgabe nur darin, seinen Überwinderwillen durch Lug und Trug zu befriedigen. Dadurch wird ihm jeder andere zum Gegner, den er zu überlisten trachtet. Beginn des Trainings in der Kindheit, gefördert durch die Pflegemutter, die ihn hoch über ihre eigenen Kinder und über den Mann stellt, und so Erwartungen auf ihn häuft, unter denen er zusammenbricht. Seine hochstaplerische Perspektive, alle andern zu überlisten und dies als Sinn des Lebens zu setzen, erleichtert ihm seine Verbrechen. Seine geringe Selbsteinschätzung, sein Mangel an Mut und Selbstvertrauen zeigen sich im Lügen, in der Prahlerei, in der Ausbiegung vor normalen Leistungen und in der Hochschätzung der List.

Ludwig Christian v. *Ohnhausen*, Zweitgeborener, der mit Macht emporzukommen trachtet – bei Zweitgeborenen und kleinem Adel häufig –, sieht sich durch seinen älteren Bruder, der lässig, zu Diebstahl geneigt ist und ihn durch seine Skepsis in seinem mangelhaften Selbstvertrauen erschüttert, in seiner Karriere gehemmt. »Entweder mußt du, Bruder, zugrunde gehen oder ich, oder wir beide!« sagt er sich, nimmt eine Pistole zu sich und erschießt den Bruder auf einem Spaziergang, als sich der wieder mit verletzenden Zweifeln von den Plänen des Jüngeren abwendet. Längeres Training gegen den Bruder, der ihn durch seine Lebensweise kompromittiert. Dessen fortgesetzte Weigerung, auf seine Pläne einzugehen, raubt ihm den Rest seines Selbstvertrauens. Er gewinnt einen erleichternden Standpunkt durch die Formel: du oder ich! Er hat nicht so viel Mut und Stärke, trotz des Bruders vorwärts zu gehen. Nach der Tat meldet sich sein Gemeinschaftsgefühl: es ist ihm, als erblicke er schreiende, große Raben. Er läuft davon. Beim Verhör verschweigt er seine Tat, weil der Justizamtmann erklärt, er sähe ihm zu rechtschaffen aus, um eine solche Tat zu begehen. Die ersten Bekenntnisse erfolgen lakonisch, abgerissen, abweisend. Vor einer besonderen Kommission für Adelige gesteht er alles.

Lorenz *Simmler* sieht seinen älteren Bruder im Besitz des väterlichen Hofes, während er als Knecht dienen muß. Im Verlust seines Selbstvertrauens verfällt er ins Spielen, Trinken und Vagabundieren. Geht in Kriegsdienste. Stößt einmal einem Spielkumpan das Messer *von rückwärts* in die Lunge. Der Bruder kümmert sich nicht um ihn. *Öfters* äußert er sich, er werde dem Bruder das Haus über dem Kopf anzünden. »Du mußt auch noch betteln gehen!« Als ihm dieser wieder einmal etwas abgeschlagen hat, betrinkt er sich und zündet das Haus an. Feigheit, Training und erleichternde Bedingungen zwecks Durchbruch des Gemeinschaftsgefühls liegen klar zutage.

Kaspar *Prison* entläuft einer strengen Stiefmutter. Er ist *krumm*, »an den Hüften gelähmt und hat zu kurze Finger«. Große Eitelkeit. Ist einem Juden Geld schuldig. Lockt ihn in den Wald und erschlägt ihn. Ist tagelang vor der Tat sehr aufgeregt. Hört warnende Stimmen. Eine Eule schreit. Er ruft ihr zu: »Was schreist du denn, du Aas, schrei, wie du willst, ich tu es doch!« Erleichtert sich die Tat durch fortwährende Gedanken, daß es sich nur um einen Juden handle.

Maler *Franz* leidet an Fallsucht. Ist verheiratet, hat ein Kind und lebt mit seiner Frau, die faul ist wie er, in Schulden und Not. Ernähren sich kümmerlich von Bettel und Diebstählen. *Lange* sinnt er auf einen größeren Diebstahl oder Mord. Tötet endlich eine alte Frau, die er vorher vergeblich angebettelt hatte. Als er verdächtigt wird, geht er zu Gericht, um sich zu beschweren, fällt aber dort auf die Knie und gesteht. Die Verweigerung seiner Bitte erleichtert ihm den lange vorher trainierten Mordplan. Sein überraschendes Geständnis ist durch das wiederkehrende Gemeinschaftsgefühl erzwungen.

Der Durchbruch des Gemeinschaftsgefühls ist, wie wir sehen, keine leichte Sache. Wer an seine Grenze gerät, spürt die mächtige Erschütterung.

Ein Arzt erzählte mir folgendes Erlebnis: »Ich war im Kriege meiner Gutmütigkeit wegen bekannt. Die Soldaten meines Lazaretts konnten immer auf meine Nachsicht rechnen. Eines Tages sollte ein Student an die Front abgehen. Seiner, allerdings geringfügigen, nervösen Beschwerden wegen schlug ich ihn zu leichtem Dienst vor. Da bat er mich, darauf Rücksicht zu nehmen, daß er seine Eltern durch Stundengeben erhalten müsse, und das könne er nur, wenn er gänzlich frei käme. Eine so weitgehende Rücksichtnahme war mir in meiner Gebundenheit versagt. In der Nacht träumte ich, ich sei ein Mörder, und irre, von Gewissensbissen gequält, in der Dunkelheit der Nacht in den Straßen umher. Ich erwachte in Schweiß gebadet. Mir fiel Raskolnikow ein. Dann aber erriet ich, daß es meine Bedenken wegen des Studenten waren, die mir im Traume die schwärzesten Konsequenzen vor die Seele stellten.«

Wie viele mögen im Kriege mit sich gekämpft und gerungen haben, bis sie das Training fertig hatten! Freilich verfügten sie auch über die bedeutsamsten Erleichterungen. Und wenn die Unterstützung zum Durchbruch durch die Grenze des Gemeinschaftsgefühls auch nur soweit geht, wie wir es in einer Bemerkung des großen Kenners der Seele, *Balzac* (»Le medecin de campagne«), finden: »Wir großen Mörder wollen, daß unsere Opfer sich wehren, denn dann rechtfertigt der Kampf wenigstens den Mord.«

Stefan *Lukszits,* der zwei Menschen in grausamer Weise ermordete, schrieb vor seiner Tat folgende Sätze nieder: »Vom Leben niedergetreten, von den Verwandten verstoßen, Gegenstand des Ekels und der Verachtung (er litt an Stinknase), beinahe zugrunde gerichtet durch das große Elend, hält mich nichts zurück. Ich fühle, daß ich nicht mehr lange aushalte. In meine Vernachlässigung könnte ich mich vielleicht noch fügen, aber der Magen, dem Magen kann man nicht befehlen. *Es wurde mir prophezeit, daß ich Hungers sterben werde,* in einem Graben neben irgendeiner Landstraße, und da kam mir der *furchtbare Gedanke, es sei alles eins, ob ich Hungers sterbe oder mein Leben am Galgen beende.* Ich kümmere mich nicht um die Folgen, ich muß ja ohnehin sterben und bin nichts, keiner will etwas von mir wissen, und die, mit der ich verkehren möchte, meidet mich (Gretchen, du Süße). Es ist alles eins, es wird meine Erlösung sein oder mein Untergang. Das ganze ist für Donnerstag geplant, das Opfer ist schon erkoren, ich muß nur noch auf die Gelegenheit warten. Wenn sie da ist, wird das kommen, *was nicht jeder Mensch tun könnte* (»Überwinderwillen«). *Schrecklich, wenn man nur daran denkt, erschauert man.*«

Nach der Tat schrieb er: »Wie der Hirt die Herde, treibt der Magen den Menschen zu den dunkelsten Verbrechen. Möglich, daß ich den Morgen nicht mehr erlebe. Ich kümmere mich aber nicht darum. Das Furchtbarste ist, wenn man vom Hunger geplagt wird (»Erleichternde Ausrede«). Ich bin auch wegen meiner unheilbaren Krankheit erbittert. Auch sie

treibt mich aus der Gesellschaft fort, und ich hatte deswegen schon viele Unannehmlichkeiten. Die letzte Unannehmlichkeit werde ich haben, wenn man über mich zu Gericht sitzen wird. Ein sündiger Mensch wird für seine Sünden büßen müssen. Aber einmal muß man ja sterben, und es ist alles eins, wie man stirbt. Das wird vielleicht noch der schönere Tod sein als der Hungertod. Denn, wenn ich vor Hunger verrecke, *schaut keiner auf mich, und so wird das viele, viele Publikum anwesend sein,* und vielleicht wird einer von den Zuschauern Mitleid mit mir haben. Die Polizei wird mich bald als Mörder verhaften, denn es ist ja schon geschehen, was ich beschlossen habe. Ich habe eine aufregende Nacht durchlebt, *und noch nie hat sich ein Mensch so gefürchtet, wie ich mich diese Nacht gefürchtet habe.*«
Bei seinem Verhör erklärte Lukszits, freilich ohne den Kern der Sache treffen zu können: »Ich habe gemordet. Ich weiß, daß ich dem Henker verfallen bin. Ich kümmere mich nicht darum. Ich mußte es tun. Der junge Herr hatte sehr schöne Kleider, und ich wußte, daß ich nie solche haben werde. Der Gedanke, daß ich diese Kleider haben muß, wurde zur fixen Idee in mir. Deshalb habe ich gemordet.«
Daß er die schönen Kleider zur Ursache macht und ihnen die Folgen folgen läßt, wird ihm wohl nie klar werden.

In meinen Untersuchungen über das abnorme Seelenleben stoße ich immer wieder auf das frühkindliche Verhalten und auf die mangelhafte Vorbereitung fürs Leben in dieser Zeit. Wir befinden uns da mit allen Seelenforschern mehr oder weniger im Einklang. Was aber die für unser Problem so schwerwiegende Tatsache des Gemeinschaftsgefühls anlangt, so erscheint uns immer bedeutsamer für seine Entfaltung und Pflege die Rolle der Mutter. Und dies deshalb, *weil sie dem Kinde das Bewußtsein der unbedingten Verläßlichkeit eines Menschen vermittelt.* Fehlt die Mutter oder verfehlt sie ihre Rolle, so wird es in unseren Zeitläuften schwer sein, einen vollgültigen Ersatz zu schaffen. In der Tat finden wir, wie auch aus den obigen Beobachtungen hervorgeht, daß unser Material auffallend in dem Punkte gelitten hat, weil es ohne Liebe oder verzärtelt aufgewachsen ist. Beide Lebensformen führen die Kinder von der Gemeinschaft weg, die erstere, indem sie die Vorbereitung schuldig bleibt, die andere, weil sie das Gemeinschaftsgefühl an eine einzige Person bindet. In beiden Fällen mangelt es den Kindern an der fürs Leben nötigen Sicherheit und an Selbstbewußtsein. Die Kinder finden sich bald wie in Feindesland, schätzen ihre eigene Kraft und Fähigkeit allzu niedrig ein und zeigen die Ausdrucksformen der Entmutigung und des Minderwertigkeitsgefühls. Körperliche Mängel der mannigfachsten Art zerstören weiter den Glauben an die eigene Kraft und schaffen so Ausgestaltungen von Lebensformen, in deren großem, nur allzu großem Kreis wir auch den Verbrecher und den Neurotiker entdecken.

Eine Kritik der verschiedenen Behandlungsformen von Neurose und Verbrechern hat mit diesen Gesichtspunkten zu rechnen.

Kritische Erwägungen über den Sinn des Lebens*

Verstünden wir den Sinn des Lebens, so wäre der zielbewußte Aufschwung des Menschengeschlechtes nicht mehr aufzuhalten. Wir hätten ein gemeinsames Ziel, und alle würden ihre gesamte Kraft in den Dienst der Aufgabe stellen, diesen Sinn zu erfüllen. Wir wüßten auch um den Weg, wenn auch nicht mit unumstößlicher Sicherheit. Aber selbst die vielen Irrtümer, die uns dabei unterliefen, wären alle getragen von dem Streben, einer absoluten Wahrheit näherzukommen, einer Wahrheit, von der wir wissen, daß sie eine »unendliche Aufgabe« ist, ewig unerreichbar, aber ewig lockend. Unser Gefühl für den Irrtum in unserem Leben würde sich steigern und schärfen, und aus unserer Betrachtung eines waltenden Zusammenhanges von Weltall, Erde, Ich und Du ergäbe sich leichter und früher die Möglichkeit einer Korrektur. Der Sinn unseres Lebens wäre der Kompaß für unser Streben. Die kurzatmige Teleologie, die uns heute noch auf nächstliegende Ziele weist, wiche einer von ferne wirkenden, unsere Fahrt beeinflussenden Leuchte, und die Scheinwerte unserer Tage, kurz und rasch verblühend, brächen zusammen vor dem sicher wägenden Urteil unseres gesteigerten Selbstbewußtseins.

Solange wir dieses Sinnes nicht habhaft sind, erscheinen uns die Vielheiten des Sinnes unserer Tage, weniger dem Verstande als dem Gefühle, schwankend und leicht austauschbar. Wir wechseln unsere Tracht, unsere Gesinnung, unseren Beruf, unsere Männer und Frauen, unsere Freunde und suchen Werte in ihnen, die wir ein andermal selbst verwerfen. Hat die Menschheit diesen Sinn des Lebens einmal verstanden? Ist er ihr später abhanden gekommen? Können wir ihn einmal wenigstens beiläufig erraten?

* Zuerst erschienen in: *Der Leuchter* Bd. 5 (1924), Verlag Reichl, Darmstadt, S. 343–350. Hier abgedruckt nach der Fassung in: *Internationale Zeitschrift für Individualpsychologie*, Jahrg. 3 (1925), S. 93–96.

Das Tier, noch mehr die Pflanze, haben ihre »Formel«. Wenn wir »Hase« sagen, so kennen wir die meisten der seelischen und körperlichen Bewegungsgesetze dieses Wesens. Aber auch dem Tiere ist schon eine gewisse Wahlfreiheit in seinen Bewegungen gegeben, und ich kannte einmal einen mutigen Hasen, der der Schreck seiner Umgebung war. Man könnte annehmen, daß die »natürliche Auslese« im Tierreich auf einen inneren Widerspruch zwischen Lebewesen und Daseinsbedingungen hinweist, daß die Entstehung der Arten einen Fehlschlag, einen Irrtum entlarvt, der der Zeit und den Veränderungen auf der Erde nicht standhalten kann. Vielleicht ist der Fortschritt in jeglicher Richtung durch diesen Irrtum gegeben und führt über die Gegenwart hinaus zu einem Menschengeschlecht, das dem Bezugssystem Mensch–Erde besser angepaßt ist als das heutige.
Vielleicht haben wir damit mehr als einer Phantasie Raum gegeben. Vielleicht türmen sich die Schwierigkeiten unserer Tage so riesengroß, weil wir die »absolute Wahrheit« allzusehr verfehlen. Vielleicht sind der einzelne und ganze Massen viel mehr von der Ausrottung bedroht, als wir es wissen wollen, und dies, weil sie den Sinn des Lebens nicht kennen und in die Irre gehen.
Ergibt sich da nicht wieder die oft gesehene Perspektive, die einmal Nemesis, dann aber Kausalität, Vergeltung, Gott heißt und ihre Warnungen, ihre Drohungen und Strafverheißungen wie unverwüstliche Wegweiser vor uns hinstellt? Wegweiser in der Unendlichkeit von Raum und Zeit, im Chaos des Lebens, als wüßten sie etwas von der Ordnung im Weltall, vom Sinn des Lebens, der uns noch verschlossen ist.
In der Verschlungenheit unserer Gegenwart setzt sich das Laissez-faire mit solcher Inbrunst durch, als müßten wir im Gefühl unserer Schwäche und Minderwertigkeit auf eine bewußte Führung des Lebens endgültig verzichten. Unser Gegenwartsbewußtsein glaubt sich nicht fähig, hält uns für zu schwach, das Bezugssystem Mensch–Natur zu verstehen und zu meistern. Es macht aus der Not eine Tugend, überläßt Gott, dem Zufall oder dem Kampf aller gegen alle die Führung der Menschheitsgeschichte. Unter größeren Opfern und Verheerungen, durch Ausrottung einzelner und ganzer Gemeinschaften dürfte zustande kommen, was die Logik des menschlichen Zusammenlebens erfordert. Der Sinn des Lebens setzt

sich durch und schleudert Menschen und Einrichtungen in den Orkus, sobald sie ihm widersprechen. Uralte Ahnungen der Menschheit begleiten uns auf diesem Martergang, aber unser Verstand hält sich an die einzelnen aufeinanderfolgenden Takte, begreift noch nicht die ganze Melodie.
Unser Zeitalter war nicht so wie vergangene, primitive Epochen imstande, das Weltgeschehen im Zusammenhang zu sehen. Deshalb gab es seit *Kant* und außerhalb *Marx'* keine Möglichkeit einheitlicher Leitlinien. Unsere ethischen und ästhetischen Formeln entstammen längst vergangenen Zeiten und stehen fast ausschließlich im Dienste des persönlichen Machtstrebens. Die Entwicklung der Wissenschaft und der Technik nimmt meist ihren Lauf in der Richtung des Eigennutzes einzelner und der Habsucht einflußreicher Gruppen und stört die Harmonie des Zusammenlebens oft mehr als sie sie fördert. Meist fehlen die großen Gesichtspunkte; der Augenblickserfolg und einseitige Nutznießung, nicht Hebung des Lebensniveaus sind die landläufigen Resultate. Dem allen entspricht eine lächerliche, mit viel Geschrei und wenig Berechtigung durchgeführte Anpreisung selten weittragender Betrachtungen des irdischen Geschehens, die sich rasch hintereinander ablösen und von Cliquen und Koterien lebhaft bejubelt werden.
Aber die Unruhe, mit der heute mehr als je die menschliche Gesellschaft nach einer Zusammenhangsbetrachtung drängt, um sich den Sinn des Lebens klarzumachen, das Haschen nach jedem Rettungsbalken und die Begeisterung, die aufflammt, wenn irgendein neues Wort gesprochen wird, zeigen deutlicher als alles andere, daß noch immer jede befriedigende Lösung fehlt. Es wäre Vermessenheit, Endgültiges sagen zu wollen. Nur Winke und bescheidende Hinweise, wie sie sich aus einer reichen individualpsychologischen Erfahrung ergeben, sind am Platze.
Aus guten Gründen vermeidet es die Individualpsychologie, den isolierten Menschen zu studieren. Sie sieht ihn immer nur im kosmischen und sozialen Zusammenhang. Arg bedrängt von der Natur und erheblichen körperlichen Schwächen unterworfen, weist ihn sein denkendes Gehirn auf den Zusammenschluß. Dieser Prozeß einer Vereinigung, selbst wieder eine Folge der persönlichen Schwäche und Unsicherheit, zeigt auf eine Voraussetzung hin, deren Erfüllung in

jeder Betrachtung gesichert sein muß, ebenso wie der Wille zum Leben, ja das Leben selbst stillschweigend angenommen werden muß: der Mensch als soziales Wesen. Anders ausgedrückt: Der Mensch und alle seine Fähigkeiten und Ausdrucksformen sind untrennbar verknüpft mit der Existenz anderer Menschen, so wie er verknüpft ist mit den kosmischen Tatsachen und mit den Bedingungen der Erde.

Solange die obigen Voraussetzungen gelten, ergeben sich Richtungslinien für die Daseinsform des Menschen. Er sorgt in mehr oder weniger zweckmäßiger Weise für die richtige Instandhaltung seiner körperlichen Bestände. So zwingen ihn zum Beispiel der Wandel von Tag und Nacht, die Schwerkraft, die atmosphärischen Verhältnisse zu bestimmten Lebensbetätigungen, deren Richtigkeit oder Mangelhaftigkeit durch das Bezugssystem Mensch–Erde vorausbestimmt ist. Vorausbestimmt ist auch die Abänderung der körperlichen und seelischen Entwicklung des Menschen durch diese Anspannung, und jeder Fortschritt, der so als zwangsläufig erscheint, weil er eine Anpassung an dieses Bezugssystem bedeutet und weil seine Verhinderung zur Erschwerung des Lebens, zu erhöhten Lasten und Mühen, zur Ausrottung führt, ist nur eine notwendig gewordene Korrektur vorhandener Fehler. Auch die Abstammung der Arten, die Natural selection, vollzieht sich unter dem Druck, der in dem Bezugssystem Lebewesen–Erde herrscht.

Aus dieser Gebundenheit, die eine absolut richtige Lösung als »unendliche Aufgabe« stellt, wird sich eine der Richtungslinien aufbauen müssen, die zum Sinn des Lebens hinüberleitet. Eine zweite Gebundenheit liegt in der Zweigeschlechtlichkeit.

Der Zusammenhang beider Bezugssystem ist leicht zu verstehen. Faßt man größere Zeiträume ins Auge, so ist die letzte Variation der Lebewesen der kleinste Irrtum. Und auch hier gilt wieder: Die Zweigeschlechtlichkeit steht als Aufgabe vor dem Menschen, deren Lösung im Einklang mit den anderen grundlegenden Faktoren des menschlichen Lebens zu erfolgen hat. Beide Gebundenheiten, irdisch-menschliches Bezugssystem und Zweigeschlechtlichkeit, grenzen die vielen Möglichkeiten der Lebensführung ab und geben dem Leben Sinn und Richtung. Der Sinn des Lebens kann nunmehr nicht aus Kausalitäten hergeleitet werden, schon gar nicht aus phantastischen Privateinfällen, sondern, ähnlich wie bei einer Rechenaufgabe, aus dem Verfolgen eines Zieles, aus dem Suchen nach einer Lösung, die in der Rechnung kraft ihrer Bedingungen drinnensteckt. Das Finale des menschlichen Werdens wird so zur treibenden Ursache.

Eine dritte, tief determinierende Gebundenheit liegt im Gruppen- und Gemeinschaftsleben der Menschen. Und wieder beobachten wir die innige Durchdringung des so geschaffenen Bezugssystems mit den Ergebnissen der vorher abgeleiteten Spannungen. Nur diese Erde konnte den homo sapiens erzeugen, nur die von ihr für ihn geforderte Zweigeschlechtlichkeit konnte ihm infolge der konstanten, durch die Inzestscheu weiter geförderten Blutmischung Gleichartigkeit und Gleichwertigkeit versprechen. Seine soziale Abgestimmtheit ist solange bedroht, als die Gleichwertigkeit des einzelnen in Frage gestellt wird, solange eine Unterwertung des »Niederen«, eine Minderwertigkeit der Frau dogmatisch erzwungen wird. Aber der Mensch in seiner körperlichen und seelischen Eigenart liegt ewig verhaftet in sozialer Gebundenheit, und in der Lösung der Frage einer suffizienten Einrichtung der Gemeinschaft gipfelt die Schicksalsfrage des Menschengeschlechtes.

Derart eingespannt in mindestens drei Verknüpfungen bewegt sich das Menschengeschlecht von Irrtum zu immer kleinerem Irrtum reisend, der Lösung einer uns gegebenen, ewig unverstandenen aber ewig pochenden und drängenden Aufgabe zu. In dieser Aufgabe liegt eine absolute Wahrheit verborgen. Was von ihr stärker abweicht, ist von der Ausrottung bedroht. Das Suchen des einzelnen ist durchströmt von dem unverstandenen Willen der Gesamtheit, ist ein winziger Bruchteil der treibenden Kraft der Menschheit. Es fällt nicht ins Gewicht, was er von diesem Strom des Lebens, den auch er treibt oder hemmt, zu verstehen glaubt. Nur seine Leistung kommt in Rechnung.

Das Leben des einzelnen und der Gesamtheit ist immer ein Zielen in die Zukunft. Unsere Gegenwart, ein Durchschnittspunkt in der ewigen Entwicklung, trägt Lasten und Mühen eines unfertigen, noch allzusehr irrtümlichen Versuches einer Anpassung. Der Mensch als Mittelpunkt des irdischen Geschehens ist unrettbar. Wir sind die Antwortenden, und der Sinn unseres Lebens liegt innerhalb unserer Gebundenheit und deren Antwort heischenden Folgen.

Die Ehe als Gemeinschafts-Aufgabe*

Man wird einer Erscheinung des sozialen Lebens und der Persönlichkeit erst gerecht, wenn man sie in ihrem Zusammenhang beläßt und dort betrachtet, und wenn man ihren Stellenwert innerhalb einer fortschreitenden Entwicklung, im Fluß der Ewigkeit, nicht ganz vergißt. Kurzlebige individuelle Intelligenz versucht freilich immer wieder in einen engeren, kurzfristigen Interessenkreis zu bannen, um rasche Vorteile einzuheimsen, was sich ewigen Normen nur fügt. Wir können uns bei dieser Betrachtung nicht an Worte oder althergebrachte, heilige Begriffe binden. Was uns alle meistert und zwingt, ist schließlich immer wieder das unerschütterliche Bezugssystem Mensch–Erde, das uns ewig mit einer Aufgabe belastet, dessen eherne Gesetzmäßigkeiten als unerbittliche Winke in jedem menschlichen Erlebnis auftauchen, bald als Belohnung, bald als Strafe. Ein Mensch wird in kurzsichtiger Verblendung ermordet – und die Welt gerät aus ihren Fugen. Tausende von Jahren zittert die Erregung nach, sobald das Sehnen der Menschheit nach Harmonie mit dem All in einem Erlebnis und dessen Wirkung Gestalt gewinnt. Wir andern ahnen nur das Wunder, Gefühle und Stimmungen überwältigen uns, bis einer kommt wie der vor dem Mord schauernde *Shakespeare*, der uns zeigt, daß geschändeter Sinn des Lebens sich rächt und rächen muß.
Wer Bäume pflanzt, bedenkt wohl Boden und Klima und läßt sich nicht durch Eigensinn und Eitelkeiten führen. Im übrigen ist es recht bedeutungslos, was er bei seiner Leistung denkt oder fühlt oder will. Nur der Einklang seiner Tat mit Notwendigkeiten der Entwicklung kann ihn rechtfertigen. Er schafft für die Allgemeinheit und für die Nachkommen, auch wenn er nur sein eigenes Wohl dabei im Auge hat, sogar wenn er

* Zuerst erschienen in: H. KEYSERLING (Hrsg.): *Das Ehe-Buch: Eine neue Sinngebung im Zusammenklang der Stimmen führender Zeitgenossen.* Celle (Verlag Kampmann) 1925, S. 308–315.

gegen die Gemeinschaft und gegen die Zukunft zu handeln gewillt ist.

Kann sich jemand einer Leistung, einer Tat entsinnen, die aus anderem Grunde schön, groß, edel genannt wäre, als weil sie der Gesellschaft, der zukünftigen Entwicklung der Menschheit förderlich war? Trägt nicht jeder das Maß für solche Wertung in sich? Gibt es einen vollsinnigen Menschen, der nicht zu entscheiden wüßte zwischen gut und böse?

Der Standpunkt einer Betrachtung aller menschlichen Beziehungen und Einrichtungen ist demnach gegeben. Wert und »Richtigkeit« sind in erster Linie bedingt und abhängig von der Eignung für die Gesamtheit. Wenn da manches für das Denken kontrovers ist – ein Widerspruch mit der Logik der Tatsachen wird sich immer fühlbar machen. Er macht sich auch geltend, wenn niemand den Zusammenhang überblickt. Die Behendigkeit, mit der wir Menschen Anschuldigungen erheben, erspart uns meist die Mühe der Erforschung des Zusammenhangs. Auch, daß Irrtum und Folgen immer weit auseinanderliegen, erschwert die Einsicht und läßt fruchtbare Erfahrungen für das Individuum und für die Nachkommen kaum zu. Das tausendfältige Erleben der Vielen scheint sich einheitlicher Betrachtung schwer zu fügen. So rollt das Leben von Generationen ab, ohne haltbare Traditionen zu schaffen. Und jeder einzelne setzt noch seinen Stolz darein, seine eigenen dürftigen Erkenntnisse oft in schrullenhafter Weise zum Ausbau tragender, lebenswichtiger Beziehungen zu verwenden, nicht achtend, daß er tausendfältige Irrtümer wiederholt und Zielen nachjagt, die eigenes und fremdes Lebensglück zerstören.

Dreifach verknüpft ist das Schicksal des Erdenmenschen. Sein Leib und seine Seele haften an der Mutter Erde, an kosmischen und tellurischen Bedingungen, sind an ihnen herangebildet und suchen mit ewig erneuter Stärke Ausgleich und Anpassung, lebendige Harmonie mit den Gesetzmäßigkeiten der Natur. Kultur und Hygiene des Körpers und des Geistes entstammen diesem Zwang. Alle Schönheit bezieht aus ihm seine lockende Kraft.

Im Begriffe »Mensch« ist der »Mitmensch« unabänderlich eingeschlossen. Alle Vorbedingungen seiner körperlichen und geistigen Entwicklung liegen in der Gemeinschaft und sind nach ihren Bedürfnissen geschaffen und großgezogen. Sprache, Verstand, Kultur, Ethik, Religion, Nationalität, Staatlichkeit sind soziale Gebilde und wirken sich im einzelnen aus als ein Deposit der Allgemeinheit. In allen diesen Lebensformen liegt ein wirkender Abglanz des Erdendaseins, stark und unerschütterlich wie im Zwang zur Gemeinschaft. – Nicht frei von diesen Voraussetzungen kann sich das Menschenschicksal entfalten. Die dritte Schranke bildet die Zweigeschlechtlichkeit. Aber das Suchen der Geschlechter, vielleicht vor Äonen vorwiegend triebhaft gestaltet, trachtet nach einer Form, die den Widerspruch mit den obigen Bedingungen vermeidet. In der harmonischen Ausgestaltung der Erotik liegt ebensoviel Triebhaftes als Gemeinschaftsgefühl. Und in der beglückenden Ekstase der Liebenden entfaltet sich gleicherweise beglückende Schöpferkraft, willig tributerfüllend und irdisches Leben bejahend. – Betrachtet man das Liebesleben der Menschen von dieser Aussichtswarte, so sieht man es von Gesetzmäßigkeiten erfüllt, die nicht von ungefähr kommen, die auch nicht ohne große Bedenken zu umgehen sind. Die Logik der Tatsachen ist grausam, viel grausamer als wir Menschen. Wir wären gerne geneigt, durch die Finger zu schauen. Und wir machen uns nicht zum Anwalt härtester Vergeltungen, wenn wir auf die Unerbittlichkeit waltender Kräfte hinweisen. Nur zu warnen ist unsere Aufgabe, schwerwiegende Folgen zu mildern, der Gegenwart und künftigen Geschlechtern Geschehnisse im Zusammenhang zu zeigen, die sonst nicht als Abfolgen, vielmehr als zusammenhanglose, fatale Ereignisse gebucht werden.

Unser gegenwärtiges Dasein zeigt uns den Durchgangspunkt zu einer zukünftigen Entwicklung des Menschengeschlechtes. Diese Tatsache drückt so sehr auf unseren Lebensprozeß, daß sich, ohne daß wir es merken müssen, unsere Liebesbeziehungen sub specie aeternitatis abspielen. Der oft übergroße Wert, den wir der Schönheit zusprechen, gilt für die Zukunft der Gesundheit und vermehrter Anpassung. Die Treue und Aufrichtigkeit, die wir verlangen, das Ineinandergreifen zweier Seelen, das wir anstreben, entstammt der treibenden Sehnsucht nach stärkerem Gemeinschaftsgefühl. Desgleichen der Wunsch nach Kindern, deren Zugehörigkeit das Ideal einer Gemeinschaft widerspiegelt, die uns zugleich ein Unterpfand der Ewigkeit bedeuten. Treue und Wahrhaftigkeit, vor allem Zuverläßlichkeit, Grundpfeiler menschlicher Gemeinschaft,

deuten wohl auch auf die Zukunft menschlicher Gesittung und auf Ziele der Erziehung von Kindern.
Daß in der Liebes- und Ehesituation alle diese Forderungen zusammentreffen, sich dort verdichten und zu bindenden Gesetzmäßigkeiten werden, ist nur aus dem unlösbaren Zusammenhang historischer und organischer Entwicklung verstandesgemäß zu erfassen. Ebenso, daß jede willkürliche oder irrtümliche Abweichung im ganzen Bezugssystem des Lebens nachzittert und die günstigen Entwicklungstendenzen schädigt. Schädliche Erbfaktoren wirken sich aus, ob nun die Wissenschaft Klarheit geschaffen hat oder nicht. Inzest verfällt dem Banne des Gemeinschaftsgefühls, weil er ebenso wie Blutsverwandtenehen zur Isolierung und nicht zur gemeinschaftfördernden Blutvermischung führt, und weil leichter als sonst durch eine doppelseitige organische Belastung die Erbmasse in ungünstigem Sinne beeinflußt werden kann. Auch der mutig und hoffnungsvoll in die Zukunft gerichtete Blick, unumgänglich, um allen Schwierigkeiten einer Familiengründung entgegenzutreten, die Verknüpftheit mit der Gesellschaft, Vorbedingung, um nicht in Isolierung und mutlos seine Kräfte bloß im engen Rahmen einer Familie unfruchtbar auszugeben, scheinen stets bei Verwandtenehen zu fehlen. Und die andern, obenerwähnten Wesenszüge leiten wohl leicht und unmerklich den Partner, die Kinder in die gleiche Richtung, während ihr Mangel eine mißtrauische, ewig unsichere Stimmung schafft, eine Familienluft, in der nur kämpferische, feindselige Tendenzen gedeihen.
Es ist nur eine andere Seite derselben seelischen Dynamik, die wir zu finden erwarten, wenn wir am Maße des richtigen Mitmenschen messen. Sein ewig unerschütterliches Grundgesetz auf dieser armen, rauhen Erdkruste heißt: geben! Alle profane und heilige Weisheit führt zu dem gleichen Schluß. So ist mit Recht in der Liebe und Ehe mitbeschlossen: mehr an den andern zu denken als an sich, so zu leben, daß man dem andern das Leben erleichtert und verschönert! Wie viele – oder wie wenige – es treffen, ist hier nicht zu untersuchen. Sicher ist, daß es zu viele Nehmende und Erwartende in unserer Gesellschaft gibt gegenüber den Gebenden. Zu sehr scheint die Menschheit in die Liebes- und Eheformel verfangen: Weil ich dich liebe, so mußt du mir folgen!
Was den Menschen derzeit noch an Mitmenschlichkeit fehlt,

äußert sich auch in der Spannung der Geschlechter. Das Streben nach persönlicher Überlegenheit, erwachsen aus einem tiefsitzenden, meist unerkannten Minderwertigkeitsgefühl, treibt Mann und Frau zumeist, den Schein ihrer Macht in demonstrativer Weise zu überspannen. Meist benehmen sich Eheleute so, als ob sie fürchteten, man könnte es gewahr werden, daß sie die Schwächeren seien. Trotz, Eigensinn, Negativismus und oft auch erotische Ablehnung, polygamische Neigungen und Untreue, auch nervöse Erkrankungen kommen der Eigenliebe zu Hilfe, um den Standpunkt des eigenen Machtdünkels verfechten zu können. Der Mann hat durch eine längst fällige allgemeine Tradition einen kleinen Vorsprung, den er eigensüchtig, aber zum eigenen Schaden festzuhalten trachtet. Wer unseren Standpunkt teilt, für den ist der Herr der Familie gewesen. Er sieht die Ehe als eine Zweisamkeit, in der beide Teile eine gemeinsame Aufgabe gemeinsam zu lösen suchen, nicht entlang irgendwelcher Eigenmächtigkeiten, sondern nach all den Gesetzmäßigkeiten, die ihrem Problem innewohnen. Die organische und historische Entwicklung der Menschheit zur monogamischen Ehebereitschaft ist, besonders wenn man die einzigartigen Möglichkeiten einer Erfüllung wertvollster erotischer Erwartungen ins Auge faßt, Bürgschaft genug, daß jeder imstande wäre, diese Aufgabe zu lösen. – Gemeint ist immer die Ehe als Schöpfung des Gemeinschaftsgefühls, als gesellschaftliche Form des Liebeslebens, als Hort und Vorschule der Kinder in ihrer Entwicklung zum Mitmenschen. Abseits von diesem Wege liegen konventionelle Ehen, Geld- oder Spekulationsheiraten, deren Verlauf sich immer auf Rutschterrain abspielt. Denn auch den Kindern muß die Ehe der Eltern vorbildlich sein, sonst tragen sie, oft trotz besseren Wissens und trotz guter Vornahme, die schlechte Tradition in ihr neues Heim hinüber. Herrschsucht oder Härte des Vaters kann Mädchen so sehr erschrecken, daß sie künftig jeden Zug des Gatten mißtrauisch belauern und mißdeuten, kann sie auch mit so hochgespannter Sehnsucht nach Wärme erfüllen, die hienieden unerfüllbar bleiben muß. Kann sie untauglich zur Ehe machen oder zur Erziehung der Kinder, weil sie den Glauben an sich verloren haben. Söhne harter Mütter fliehen die Frau und sind einer Gemeinschaft schwerer zugänglich. Dies liegt an einer bisher mangelhaft erkannten Funktion der

Mutter: das Verständnis für grenzenlose Verläßlichkeit dem Kinde aufgehen zu lassen und Vorbild edler Weiblichkeit zu sein. Muttersöhnchen wieder können nicht geben. Sie suchen statt Gemeinsamkeit mütterliche Wärme, die einzig im Leben nur in der kindlichen Situation ihren richtigen Platz hat. Die Wahl von älteren, mütterlichen Gattinnen hat meist in diesem Irrtum ihren Grund.

Polygamische Neigungen, Perversionen und Vorliebe für sittlich tiefstehende Personen und Prostituierte erklären sich immer aus ihrer Tendenz zur Ausschaltung und Entwertung des passenderen Partners, also aus der Furcht, vor dem andern Geschlecht nicht zu bestehen. Wie sehr dabei der Sinn und die Aufgabe der Liebe und Ehe verfehlt ist, kann man aus dem Überhandnehmen der Geschlechtskrankheiten ersehen. Was immer ihr Ursprung gewesen sein mag, ihre Ausbreitung verdanken sie einzig dem Mißbrauch und den Irrwegen der Erotik. Es gibt nur ein Heilmittel, nur einen Schutz vor diesen Seuchen: gegenseitige Liebe.

Die Verknüpfung der Ehe mit den wichtigsten gesellschaftlichen Notwendigkeiten läßt uns verstehen, daß sie nicht, wie wohl die meisten meinen, eine Privatangelegenheit bedeutet. Das ganze Volk, die ganze Menschheit ist daran beteiligt. Und jeder, der eine Ehe schließt, erfüllt dabei, auch wenn er nichts davon weiß, ein Mandat der Gesamtheit. Zu den bedeutsamsten Vorbedingungen einer Eheschließung gehört deshalb ein Beruf und Erwerb, an dem beide beteiligt sein können, und der der Familie den Lebensunterhalt sichert. Auch der Beruf ist Forderung der Gesellschaft, Beteiligung an der Produktion. Der Beitrag zur Erhaltung der Menschheit ist gleichfalls nicht Privatangelegenheit und muß durch die Ehe gefördert werden. Auch die Leistung der Hausfrau, derzeit mit Unrecht tiefer gewertet, kann vollgültige Werte schaffen, wenn sie durch gute Handhabung oder künstlerische Ausgestaltung der Arbeitsfähigkeit des Mannes Vorschub leistet. Berufung auf ökonomische Schwierigkeiten zwecks Ablehnung der Ehe ist oft ein Vorwand der Schwachmütigen.

Es ist ein weitverbreiteter Aberglaube, daß die Ehe auch Übel, Verwahrlosung, Krankheiten heilen könne. Liebe und Ehe sind keine Medikamente. Man schafft meist nur neuen Schaden, ohne den alten zu beheben. Der gleiche Unfug herrscht in der Anschauung von der Heilwirkung der Schwangerschaft. Die Lösung der Ehefrage soll, wie die aller andern Lebensfragen, aus Stärke, nicht aus Schwäche geschehen.

Auch davon droht der Ehe Unheil, wenn Menschen heiraten, die sich dabei als Opfer fühlen. Es kann nicht ausbleiben, daß sie es den andern fühlen lassen und ihn stetig um sein Glücksgefühl betrügen. Mängel in den ehelichen Beziehungen, Vernachlässigungen, Frigidität, Untreue sind die häufigen Folgen. Die Zielsetzung der Ehe, am Glück des andern teilzunehmen, wird so oft gleich anfangs zerstört. Denn die Ehe ist kein ausgebautes Land, dem man sich nähert, kein Fatum, dem man entgegengeht, sondern Aufgabe der Gegenwart und Zukunft, eine schöpferische Leistung in rasch verfließender Zeit, eine Aufgabe, in das Nichts der Zukunft gesellschaftliche Werte zu bauen. Man wird in ihr immer nur finden, was man in sie hineingeschaffen hat.

Wir haben bisher wesentliche Hauptbedingungen genannt, die einer festen, dauerhaften Ehe zugrunde liegen müssen. Wir fürchten, daß im Gedränge des Alltags manche dieser Notwendigkeiten dem Gedächtnis allzu leicht entschwinden könnten. Es scheint uns wünschenswert, nach einer kürzeren Formel zu suchen, die trotz ihrer Kürze alle Aufgaben der Ehe in sich schließt. Ob diese Formel nicht hieße: ein richtiger Mitmensch zu sein?

Der Entschluß zur Ehe sollte wohl ganz dem Streben nach Mitmenschlichkeit entspringen. Aber dieser Entschluß und die Ehe decken sich noch nicht mit diesem Streben. Erst wenn sie in diesem Sinne erfolgen, sind sie imstande, ihre Aufgaben in der Richtung auf allgemeine Nützlichkeit zu lösen. Der Mitmensch als Sinn des Lebens muß also vorausgehen, und die Ehe bedeutet dann einen weiteren Schritt der Vollkommenheit entgegen.

Wie immer man den Mitmenschen denken mag, immer wird man auf Parolen und Maximen und Imperative stoßen, die wenigstens besagen: sich nützlich machen – mehr an den andern als an sich denken – andern das Leben erleichtern und verschönern. – – Es sind auch die Imperative der Ehe. So schrumpft unsere Frage nach der »Ehe als Aufgabe« zusammen in die Frage: Wie wird man ein Mitmensch?

Über die körperliche Eignung als einer Selbstverständlichkeit können wir hinwegsehen. Das gleiche gilt von der geistigen Reife. Sie fehlen so selten, daß sie aus der Rechnung ausscheiden können. Anders die seelische Reife. Es ist um sie in der menschlichen Gesellschaft trotz aller Bemühungen schlecht bestellt. Die individualpsychologische Forschung hat die Gründe hierfür ausgiebig dargetan. Die meisten Menschen beginnen mit einem falschen Start. Ein allzu großes Minderwertigkeitsgefühl drängt sie zu egoistischen, demonstrativen Ausdrucksformen, in denen sie ihr Herrseinwollen zu finden glauben. Oder sie ergeben sich einem tatenlosen Pessimismus, unter dessen Druck sie sich wie unter einer Bremswirkung bewegen. Hochmut aus Schwächegefühl oder Mutlosigkeit aus Ehrgeiz kennzeichnen ihren Weg. Sie sind bestenfalls für ein Einzelleben, nie aber für ein Leben zu zweit oder in der Gesellschaft richtig vorbereitet. Wer in ihre Nähe gerät, wird zum Objekt auserkoren. Sie müssen in der Ehe scheitern, weil ihnen die seelischen Organe für Gemeinsamkeit fehlen.

Die Ehe als Aufgabe zielt aber auf Einordnung in die Forderungen der Gemeinschaft, des Berufes und der Erotik.

Rettung der Menschheit durch Psychologie*

Was kann die Individualpsychologie tun, um den Untergang unserer Kultur zu verhüten, von dem manche der gegenwärtigen bedeutendsten Denker glauben, daß er als Folge der Überentwicklung der wissenschaftlichen Technik auf Kosten der Moral droht?

Minderwertigkeitsgefühle und Gemeinschaftsgefühl

Es wird allgemein anerkannt, daß die Kontrolle des Menschen über die Naturkräfte weit über seine Fähigkeit, sie anzuwenden, hinausgewachsen ist und daß dadurch für unsere Zivilisation die größte Gefahr droht. Der letzte Krieg [hier: der I. Weltkrieg; Anm. d. Hrsg.] hat uns die Möglichkeit der wissenschaftlichen Ausrottung in Aussicht gestellt. Wenn die Welt – unsere Welt – gerettet werden soll, muß der Mensch offenbar auf ein Niveau gehoben werden, auf welchem er nicht wie ein Kind, das mit einem geladenen Revolver spielt, dauernd Gefahr läuft, sich durch Mißbrauch der eigenen Macht selbst zu zerstören. Es ist schwer zu sehen, wo diese neue Erziehung herkommen soll; jedenfalls nicht von jener neuen Psychologie, die beansprucht, Ordnung in das Chaos der im Unbewußten des Menschen blindlings ringenden Kräfte zu bringen.

Die Individualpsychologie behauptet dagegen, daß der wichtigste Schlüssel zum Verständnis der Einzel- sowie der Massenprobleme im Minderwertigkeitsgefühl oder im sogenannten Minderwertigkeitskomplex und in dessen Folgen liegt. Dies wird heute von allen Richtungen der Psychologie und Psychiatrie als wahr anerkannt. Nach unserer Auffassung

* Interview mit EUGENE BAGGER in der *New York Times* vom 20. September 1925; übersetzt von HEINZ L. ANSBACHER nach dem Nachdruck in: *Internationale Zeitschrift für Individualpsychologie,* Jahrg. 3 (1925), S. 332–335. Die Untertitel sind der Originalveröffentlichung entnommen.

stellt jede geschichtliche Tatsache, jede Phase der kulturellen Entwicklung einen manchmal erfolgreichen und manchmal vergeblichen Versuch dar, das Gefühl der Minderwertigkeit eines einzelnen oder einer Gruppe zum Verschwinden zu bringen; die Ansätze von einzelnen und Gruppen weisen oft in dieselbe Richtung.
Der Individualpsychologie zufolge ist das zweite Grundprinzip, das jede historische Entwicklung durchdringt, das Gemeinschaftsgefühl [im Original hier: sense of solidarity[1]], das jeder menschlichen Gesellschaft angeboren ist. Der Grad, in dem dieses Gemeinschaftsgefühl in einem Menschen entwickelt ist, bestimmt nicht nur seine Wünsche, sondern mehr noch seine Handlungen. Dasselbe gilt von Gruppen.
Die Geschichte beurteilt menschliche Handlungen nach dem Grad von Gemeinschaftsgefühl, das in ihnen zum Ausdruck kommt. Ohne Ausnahme werden solche Taten und Ereignisse als groß und wertvoll anerkannt, die von Gemeinschaftsgefühl durchdrungen sind und die Wohlfahrt des Ganzen fördern. Mangel an Gemeinschaftsgefühl [im Original hier: sense of solidarity[2]], der immer auf ein verstärktes Minderwertigkeitsgefühl [im Original hier: sense of inferiority[3]] zurückzuführen ist, treibt den einzelnen zur Neurose oder zum Verbrechen und stürzt Gruppen und Nationen in den Abgrund der Selbstvernichtung.

Die Gruppe und der einzelne

Die Motive, welche eine Masse bewegen, sind immer in Dunkelheit gehüllt und werden von denen, die von einer Massenströmung erfaßt sind, immer als Lösungen ihrer eigenen Bedürfnisse und Schwächen wahrgenommen und gedeutet. Dieser Vorgang wird natürlich dadurch gefördert, daß das Verhältnis von großen Gruppen zum Leben einheitlich ist und daß der Druck des Minderwertigkeitskomplexes der Gruppe sich auf irgendeine Weise in jedem einzelnen bemerkbar macht, wenn auch auf verschiedene Weisen und in bezug auf verschiedene persönliche Probleme. In einem kleinen Essay,

[1] [2] [3] In seiner Schrift »Psychoanalyse und Ethik« (München bei Reinhardt) spricht CARL FURTMÜLLER im Jahre 1912 von einer »Art Solidaritätsgefühl« (S. 10). [Anm. d. Hrsg.]

»Die andere Seite: eine massenpsychologische Studie über die Schuld des Volkes«[4], habe ich dargelegt, wie die imperialistischen Tendenzen der großen Finanzmächte die Völker anderer Länder unter Druck gesetzt haben. Dieser Druck zeigte sich im Leben der einzelnen in den Schwierigkeiten, ihren Lebensunterhalt zu verdienen, in den schlechten Lohnverhältnissen, in ungenügenden erzieherischen und kulturellen Einrichtungen, in der Abneigung junger Leute zu heiraten, in der Abneigung verheirateter Paare, Kinder zu haben, in einer freudlosen Existenz, in dauernder Gereiztheit und Nervosität, usw.

Alle diese Momente steigern das Minderwertigkeitsgefühl, verursachen eine übertriebene Empfindlichkeit und spornen den Menschen an, »Lösungen« zu suchen. Jeder Eingriff von außen erscheint einem Menschen in solcher Geistesverfassung als eine Bedrohung seiner Sicherheit und regt ihn zu aktiver oder passiver Selbstverteidigung an. Die jungen Männer, die den österreichischen Thronfolger ermordet haben, waren mit sich selbst uneins. Die Massen, die daraufhin im Krieg die einzige Lösung sahen, und die noch größeren Massen, die den Krieg als eine Lösung hinnahmen, bestanden ebenfalls aus Menschen, die mit sich selbst uneins waren.

Haßmotive findet man am deutlichsten in den Wirtschaftskrisen unserer Zeit. Der Klassenkampf wird von Massen geführt, die aus Menschen bestehen, deren Streben nach einer innerlich und äußerlich ausgeglichenen Lebensweise vereitelt worden ist. Andererseits verursachen diese Massenbewegungen weitere störende Motive in den einzelnen.

Massenbewegungen vertreten immer fest und entschlossen ihre zerstörerischen Ziele, denn Zerstörung bedeutet für die Massen eine Befreiung von Umständen, die als unerträglich empfunden werden, und erscheint ihnen deswegen als eine Vorbedingung für die Besserung.

Das Streben nach Macht in den Massen wie beim einzelnen ist der Ausdruck des Gefühls der Minderwertigkeit, der Ungleichwertigkeit. Deswegen können Massenbewegungen nur aus der Perspektive der Individualpsychologie richtig verstanden werden. Diese zeigt, wie das Aufwärtsstreben, das die

[4] Geschrieben und veröffentlicht im Jahre 1919 in Wien, Verlag Leopold Heidrich, 16 Seiten [Anm. d. Hrsg.].

ganze Menschheit durchdringt, im einzelnen seinen Ursprung hat. In seinem Ringen um größere Sicherheit hat der Mensch immer irgendwie Recht, selbst wenn seine Methoden unzulänglich sind.
So kommt in der »Bubikopf«-Mode das Verlangen der Frau zum Ausdruck, einen äußerlichen Unterschied zwischen ihr und dem Mann zu beseitigen; sie hat ihren Ursprung im sogenannten »männlichen Protest« der Frauen, also in dem Bestreben von Frauen, den Männern gleichwertig zu sein und sich ihnen ebenbürtig zu fühlen. Die einzelne Frau mag gute persönliche Gründe für ihren Haarschnitt finden; sie mag sich sagen, ihr Bubikopf erspare ihr Mühe oder lasse sie netter aussehen, oder darauf verweisen, »daß das jeder so macht«, oder vielleicht möchte sie auch einfach nur ihren Ehemann ärgern: unbewußt folgt sie so oder so der Linie des männlichen Protests.

Führungsqualitäten

Wenn sich die Lebenstendenzen eines Menschen vollkommen oder beinahe vollkommen mit der Richtung einer Massenbewegung decken, wenn die Sehnsucht der Massen durch ihn verkörpert wird, wenn er seine Stimme und seinen Arm dem dumpfen und dunklen Streben seines Volkes oder seiner Gruppe leihen kann, ist er ein auserwählter Führer von Menschen. Alle großen Leistungen der Menschheit haben ihren Ursprung in der sozialen Genialität von Individuen. Die Fragen einer Generation verlangen nach einer Antwort und finden sie in einem Mann. In ihm wiederholt sich der Kampf der Menschheit nach Erlösung, nur mit einer größeren Deutlichkeit und Intensität als in anderen Menschen. Der eigentliche Kern seines Wesens ist dieser Kampf, und deshalb kann er nicht in die ererbten Formen des Lebens passen. Sie engen ihn ein, und er versucht, sie zu sprengen. Um sich dem Dasein anzupassen, muß er es umorganisieren. Aber er kann nur dann Erfolg haben, wenn sein Streben mit einer Massenströmung zusammenfällt, wenn es dem Vorwärtskommen und der Höherentwicklung der Gruppe dient. Die Macht des individuellen Führers, des »großen Mannes«, ist durch die Vorbereitung der Gruppe, deren Fähigkeiten sich ihm anzuschließen, begrenzt.

Welchen persönlichen Anforderungen muß ein solcher Führer gerecht werden? Die erste überhaupt ist ein stark entwickeltes Gemeinschaftsgefühl. Ein optimistischer Ausblick und ein ausreichendes Selbstvertrauen sind ebenso notwendig. Der Führer muß die Fähigkeit besitzen, schnell zu handeln; er darf kein Träumer oder Zuschauer sein; er muß mit Menschen leicht Kontakt aufnehmen können, und er muß genügend Takt besitzen, damit er nicht die Zustimmung anderer verhindert. Seine Vorbereitung und sein Training müssen über dem Durchschnitt liegen. Er muß, mit einem Wort, ein wirklicher Mensch sein, der Mut und Fertigkeiten besitzt. In ihm wird das Wirklichkeit, wovon andere Menschen träumen.

Diese Erfordernisse sind alle das Resultat der Erziehung im Elternhaus, in der Schule und im Leben. Die Kindererziehung ist heute von vielen Fehlern belastet. Die Individualpsychologie weist auf diese Fehler hin und stellt eine bessere Vorbereitung für den Lebenskampf zur Verfügung. Für die Erziehung von normalen wie auch vernachlässigten und nervösen Kindern schlägt sie Maßnahmen vor, die das Gemeinschaftsgefühl stärken, dem Minderwertigkeitsgefühl entgegenwirken und es in eine Quelle von Fleiß und Anstrengung verwandeln, die darüber hinaus Mut machen und die ganze Ausstattung von Geist und Körper verbessern.

Kann die Individualpsychologie jedes Kind in einen Führer verwandeln? Natürlich nicht. Ganz abgesehen von allen anderen Betrachtungsweisen, erheben wir nicht den Anspruch, eine unfehlbare Trainingstechnik zu besitzen. Wohl aber behaupten wir, daß wir fähig sind, die Zahl derjenigen, die sich zu Führerschaft eignen, zu vergrößern, bessere Ausgangsbedingungen im Wettstreit des Lebens für alle zu sichern und die Verschlechterung von menschlichem Material zu verhindern, die unvermeidlich das Niveau aller Leistung herabsetzen würde.

Anwendungen

Die Individualpsychologie beansprucht, die Normen der Leistungsfähigkeit von einzelnen und Gruppen zu erhöhen. Wir können bereits auf eine lange Reihe von Erfolgen hinweisen bei der Rettung von vernachlässigten, nervösen und unterentwickelten Kindern in der Schule und bei der Wiederhinführung einer großen Zahl von Neurotikern zu einer normalen Lebensroutine und Lebensfreude. Die Anwendung unserer erzieherischen Prinzipien im großen würde innerhalb weniger Jahre einen sehr wesentlichen Unterschied machen.

Die meisten Methoden, die heute angewandt werden, um die drückenden Probleme von Völkern und Gruppen zu lösen, sind veraltet und unzureichend. Sie beruhen meistens darauf, nationalistische und religiöse Leidenschaften anzufachen und führen zu Unterdrückung, Verfolgung und Krieg. Eine Erziehung, die auf den Prinzipien der Individualpsychologie beruht, würde diese Täuschungen von Egoismus und Torheit beseitigen und durch eine allgemeine Begeisterung für die gemeinsame Wohlfahrt ersetzen. Die Individualpsychologie könnte alle die verborgenen, angeborenen Kräfte zum Guten bei den Massen zusammenscharen, so wie sie bereits solch verborgene Kräfte bei einzelnen Menschen zusammenschart. Krieg, Nationalhaß und Klassenkampf, diese größten Feinde der Menschheit, wurzeln in dem Wunsch von Gemeinschaften, ihrem erdrückenden Minderwertigkeitsgefühl zu entrinnen oder es zu kompensieren. Die Individualpsychologie, die einzelne Menschen von den üblen Folgen dieses Minderwertigkeitsgefühls heilen kann, könnte zu einem sehr mächtigen Instrument entwickelt werden, um Nationen und Gruppen von der Gefahr ihrer kollektiven Minderwertigkeitskomplexe zu befreien.

Was ich in bezug auf Haß und Eifersucht unter Nationen und Gruppen gesagt habe, gilt auch für den erbitterten Kampf zwischen den Geschlechtern, ein Kampf, der Liebe und Ehe vergiftet und der immer von neuem aus der Geringschätzung der Frau erzeugt wird. Das idealisierte Bild der überbewerteten Männlichkeit drängt sowohl dem Jungen als auch dem erwachsenen Mann die Verpflichtung auf, sich der Frau überlegen zu zeigen, auch wenn er es nicht ist. Dies veranlaßt ihn, gegen sich selbst mißtrauisch zu sein, seine Forderungen an das Leben und seine Erwartungen vom Leben zu übertreiben, und das vermehrt sein Gefühl der Unsicherheit. Auf der anderen Seite empfindet schon das kleine Mädchen, daß es geringer eingeschätzt wird als ein Junge, und dies kann es entweder dazu anregen, seine Unzulänglichkeit durch übersteigerte Anstrengungen auszugleichen und wirkliche oder scheinbare Geringschätzungen auf allen Seiten zu bekämpfen, oder es kann dazu führen, daß es sich seiner angeblichen Minderwertigkeit unterwirft.

In dieser geistigen Atmosphäre ist es unmöglich, befriedigende Lösungen für die Probleme von Liebe und Ehe zu finden. Darüber hinaus bleiben die Leistungen von Frauen oft hinter dem Niveau ihrer eigenen Möglichkeiten zurück, da Frauen unter dem Druck von Tradition und Vorurteil dazu neigen, sich zu unterschätzen.

Leider wurzeln diese Tradition und dieses Vorurteil so tief in beiden Geschlechtern, daß es mindestens zwei Generationen dauern wird, bis sie endlich und endgültig beseitigt sein werden. Auch auf diesem Gebiet hat sich die Individualpsychologie als sehr wirksam erwiesen, eine Besserung herbeizuführen.

Liebesbeziehungen und deren Störungen*

Um einen Menschen ganz kennenzulernen, ist es notwendig, ihn auch in seinen Liebesbeziehungen zu verstehen... Wir müssen von ihm aussagen können, ob er sich in Angelegenheiten der Liebe richtig oder unrichtig verhält, wir müssen feststellen können, *warum* er in einem Fall geeignet, im anderen Falle ungeeignet ist oder sein würde. Es gesellt sich uns dann ganz von selbst die weitere Aufgabe: wie wir es denn anstellen könnten, in Liebesbeziehungen irgendwelche Fehlschläge zu verhindern. Wenn man bedenkt, daß ja von der Lösung des Liebes- und Eheproblems vielleicht der größte Teil des menschlichen Glückes abhängig ist, wird uns sofort klar, daß wir eine Summe der allerschwerstwiegenden Fragen vor uns haben.

Eine Schwierigkeit taucht bei Erörterung dieser Fragen gleich *anfangs* auf – die meisten sprechen sie sofort aus. Die Menschen seien nicht alle gleich, und vielleicht hätten zwei Menschen unter anderen Umständen glücklicher sein können, wenn beispielsweise jeder einen anderen Partner gefunden hätte. Diese Möglichkeit soll gerne zugegeben werden, sie sagt jedoch nichts anderes aus, als daß die Betroffenen eine schlechte Wahl getroffen haben. Ob das Scheitern am Liebesproblem in der schlechten, irrtümlichen Wahl zu suchen ist, oder ob wir Fälle betrachten, in denen einer unter *allen* Umständen am Liebesproblem gescheitert wäre, weil er aus tieferen Gründen scheitern *mußte*, in vielen Fällen wird uns die Kenntnis der menschlichen Seele und ihrer bewegenden Kräfte vor Fehlschlägen bewahren können.

Die Frage der Liebesbeziehungen ist eine Teilfrage des menschlichen Lebens. Ihr Verständnis ist nur möglich, wenn wir den Zusammenhang mit allen übrigen Lebensfragen beachten. Das Leben stellt uns drei große Aufgabenkomplexe, von deren Lösung unsere Zukunft, unser Lebensglück abhängig ist.

* Zuerst erschienen in Wien/Leipzig (Verlag Moritz Perles) 1926.

Die erste Lebensaufgabe ist die *gesellschaftliche* Aufgabe im weitesten Sinne. Das Leben verlangt von jedem ein bestimmtes Verhalten und eine weitestgehende Kontaktfähigkeit unseren Nebenmenschen gegenüber, ein bestimmtes Verhalten innerhalb der Familie und eine Formulierung seiner sozialen Einstellung. Es ist für das Schicksal eines Menschen nicht gleichgültig, nach welcher Richtung er sich zum Beispiel eine soziale Ordnung zum richtunggebenden Ziel setzt, wieweit er bei seinen Handlungen an das eigene Wohl und wieweit er an das Wohl der anderen denkt. Seine innere Wahl ist hierbei in seinen äußeren Entschlüssen oft schwer zu finden, oft kann er sich in Fragen einer sozialen Stellungnahme überhaupt nicht entscheiden, und oft ist sein Standpunkt in anderem Sinne zu verstehen, als es äußerlich den Anschein hat. Auch von der politischen Stellungnahme gilt ähnliches. Selten trifft man Menschen, die mit ihrer Partei zufrieden sind, sehr oft aber solche, die man eigentlich einer anderen Partei zurechnen möchte. Immer spielt ihr Verhalten zur menschlichen Gemeinschaft, ihr Verhalten zum Nebenmenschen im weitesten Sinne die größte Rolle, nicht, was er oder andere davon denken.

Eine weitere Lebensaufgabe, die unserer Lösung harrt, ist die *Berufsfrage*, das ist die Art und Weise, wie einer seine Kräfte der Allgemeinheit dienstbar machen will. Die Lösung dieser Frage beleuchtet außerordentlich scharf das Wesen eines Menschen. Wenn wir zum Beispiel von einem jungen Manne hören, daß ihn jeder Beruf anwidert, so werden wir ihn vorerst nicht für einen geeigneten Mitmenschen halten, entweder weil er für die Gesellschaft *noch* nicht reif ist oder weil er ohne Belehrung von selbst auch gar nicht reif werden wird. Zur Ergreifung eines Berufes führen unbewußte Zusammenhänge, die bei der weit überwiegenden Mehrzahl der Menschen eingreifen. Unbewußt sind diese Zusammenhänge, weil niemand, wenn er einen Beruf ergreift, daran denkt, daß er einen Schritt zum Nutzen der Allgemeinheit unternommen, daß er sich einen Platz in der allgemeinen Arbeitsteilung gesucht hat. Freilich kommt es weiters auch darauf an, *wie* er sich in seinem Beruf betätigt. Es gibt ja Menschen, die wohl bis zu einer Berufswahl gelangen, innerhalb ihres Berufes aber versagen oder nach einiger Zeit erkennen, sie hätten eigentlich etwas anderes werden sollen. Wir werden aus einem häufigen Wechsel der Berufe schließen, daß wir Menschen vor uns haben, die eigentlich gar keinen Beruf haben möchten, sich vielleicht für jeden Beruf als zu gut, also zu schlecht dünken und nur so tun, als ob sie mitgingen.

Die *dritte* Lebensfrage, die jeder Mensch lösen muß, ist nun die Liebes- und Ehefrage, die wir hier besonders betrachten wollen. In diese Frage wächst das Kind nach und nach hinein. Seine ganze Umgebung ist erfüllt von Liebes- und Ehebeziehungen. Es ist nicht zu verkennen, daß das Kind schon in den allerersten Lebensjahren zu dieser Frage Stellung zu nehmen und sich eine Richtung zu geben versucht. Was wir von dieser Tatsache in Worten hören, ist nicht entscheidend, denn sobald es auf Liebesfragen zu sprechen kommt, bemächtigt sich seiner oft eine ungeheure Scheu. Es gibt Kinder, die es ganz dezidiert aussprechen, daß sie über dieses Thema nicht reden können. Es gibt Kinder, die ihren Eltern sehr zugetan sind, es aber nicht zustandebringen, mit ihnen zärtlich zu sein. Ein vierjähriger Knabe hat Küsse, die man ihm geben wollte, mit Schlägen ins Gesicht beantwortet, weil ihm das Gefühl einer zärtlichen Regung unheimlich war, ihm beängstigend, geradezu demütigend schien. Auch bei einem Rückblick in unser eigenes Leben wird es uns nicht entgehen können, daß jede Zärtlichkeitsregung von einer Art Schamgefühl begleitet wird und von dem Eindrucke, als würde man dadurch schwächer werden oder im Werte sinken. Dies ist sehr merkwürdig und bedarf einer Erklärung. Wir wachsen in der Stimmungslage auf, als ob eine zärtliche Regung eine Schande wäre. Diese Stimmungslage stimmt überein mit der einheitlichen Richtung unserer Kultur nach einem männlichen Ideal. Dementsprechend werden unsere Kinder in Schule, Literatur und jeder Umgebung fortwährend in der Richtung erzogen, in der Liebe eine Art Unmännlichkeit zu erblicken, und sie drücken das manchmal auch deutlich aus. Manche gehen darin so weit, daß man von ihnen als von *gefühlsscheuen* Menschen sprechen kann.

Die ersten Zärtlichkeitsregungen des Kindes treten schon sehr frühzeitig in Erscheinung. Wir können aus der Entwicklung derselben sehr leicht feststellen, daß sie alle Regungen des *angeborenen Gemeinschaftsgefühles* sind. Daß das Gemeinschaftsgefühl angeboren ist, erhellt aus der Regelmäßigkeit seines jedesmaligen Auftretens. Der Grad seiner Entfaltung gibt uns die Möglichkeit, die Stellung zum Leben zu überblikken. Im Begriff »Mensch« liegt bereits unser ganzes Verständnis für das Gemeinschaftsgefühl, wir könnten uns einen Menschen, der es verloren hätte und dennoch als Mensch bezeichnet werden sollte, nicht vorstellen. Auch in der Geschichte finden wir isoliert lebende Menschen nicht. Wo immer Menschen angetroffen wurden, fand man sie in Gruppen vor, wenn die einzelnen Menschen nicht etwa künstlich oder durch Wahnsinn voneinander getrennt waren. *Darwin* weist im Tierreiche nach, daß jene Lebewesen in Gruppen leben, die der Natur gegenüber eine ungünstigere Position haben. Die Vitalität, die Lebenskraft dieser ungünstiger gestellten Tiere wirkt sich dahin aus, daß diese Tiere sich zu Gruppen zusammenschließen, unbewußt einem Prinzip der Selbsterhaltung folgend. Wir können ferner verstehen, daß alle jene vereinzelt lebenden Tiere, denen in ihrer stiefmütterlichen Ausbildung das Gemeinschaftsgefühl gemangelt hat, zugrunde gehen mußten. Sie fielen einer natürlichen Auslese zum Opfer. Das Prinzip der natürlichen Auslese ist auch dem Menschen gegenüber gefährlich, da er der Natur gegenüber körperlich am stiefmütterlichsten ausgestattet ist.

Die Situation der Minderwertigkeit und Unzulänglichkeit des Menschengeschlechtes entwickelt im ganzen und im einzelnen einen fortwährenden Antrieb und Zwang, der uns so lange forttreibt, bis ein ungefährer Ruhezustand erreicht ist und ein Bestand gesichert erscheint. Auf diesem Wege befinden wir uns auch jetzt noch, und es ist heutzutage vielleicht der schönste Trost des Menschen, wenn er sich bewußt ist, daß unsere heutige Situation nichts anderes ist als ein *Durchgangspunkt*, eine augenblickliche Phase menschlicher Entwicklung. Ihn wird in allen Fragen des Lebens natürlich der am besten durchschreiten, der mit den tatsächlichen Verhältnissen in Einklang steht, der der Logik der Tatsachen gerecht wird, während naturgemäß ein unerbittliches Geschick diejenigen trifft, die sich dieser Logik widersetzen. Im tiefsten Sinne aber ist das Gefühl für die Logik des menschlichen Zusammenlebens *Gemeinschaftsgefühl*.

Die ganze Entwicklung des Kindes verlangt dessen Einbettung in eine Situation, in der Gemeinschaftsgefühl vorhanden ist.[1]

[1] Vgl. dazu ADLERS Ausführungen in seiner Schrift »Erörterungen zum Paragraphen 144« in: *Internationale Zeitschrift für Individualpsychologie*, Jahrg. 3 (1925), S. 339/340:

Sein Leben und seine Gesundheit sind nur dann gewährleistet, wenn Menschen vorhanden sind, die sich für das Kind einsetzen. Ein neugeborenes Kalb kann zum Beispiel schon in kurzer Zeit Giftpflanzen von anderen unterscheiden. Der neugeborene Mensch jedoch ist infolge der Minderwertigkeit seines Organismus auf das Gemeinschaftsgefühl der Erwachsenen angewiesen, man muß das Kind lange betreuen, belehren und erziehen, bis es selbst die Fähigkeiten erwirbt, sich zu erhalten.

Auch wenn wir *die* Fähigkeiten betrachten, die unseren Stolz ausmachen und uns den Vorrang vor anderen Lebewesen sichern, wie Vernunft, Logik, die Sprache, unser Verständnis und unsere Vorliebe für alles Schöne und Gute, so können wir in ihnen auch nur Vorzüge erblicken, die der *einzelne* Mensch nie hätte hervorbringen können, weil sie gewissermaßen erst aus einer Massenseele geboren werden konnten. Wir befriedigen damit Bedürfnisse, die den einzelnen nie bedrückt

Soll man nun eine solche Frau, die sich mit solcher Kraft ablehnend gegen ein Kind verhält, zwingen, gegen ihren Willen zu gebären? Für den Gesetzgeber mag das Problem mit der Geburt des Kindes enden. Wir aber wissen, daß es damit eigentlich erst beginnt, daß eine solche Frau sich mit der unerwünschten Tatsache ihrer Mutterschaft keineswegs ohne Protest abfindet. Was für eine Mutter wird sie ihrem Kinde sein?

Wie kann sie eine so schwere, ihr gegen ihren Willen aufgezwungene Aufgabe erfüllen? Man behauptet gerne, daß mit der Geburt des Kindes die Mutterliebe sich fast mit der Unbedingtheit einer chemischen Reaktion einstellt. Der Psychologe aber weiß, daß dies durchaus nicht immer der Fall ist, daß genug Frauen ihre Kinder auf hundertfältige Weise fühlen lassen, daß sie unerwünscht zur Welt gekommen sind und daß auch das Bewußtsein, ein ungewolltes Kind zu sein, das Leben vieler Menschen vergiftet, die Wurzel zu schwerer seelischer Zerrüttung legt, oft das Grundübel ist, dem die verwahrlosten Kinder entspringen und alle jene »Psychopathen«, die den Fluch einer liebeleeren Jugend ihr Leben lang nicht los werden. Schon im Interesse dieser Kinder – denn vor allem im Hinblick auf die Kinder beurteilen wir diese Frage – bin ich dafür, jeder Frau deutlich zu sagen: Du brauchst keine Kinder zu bekommen, wenn du nicht willst! (...)

Gegenüber diesem Argument: *daß nur eine Frau, die das Kind will, ihm eine gute Mutter sein kann*, treten alle anderen zurück.

Es wird von mancher Seite gerne behauptet, daß die Abschaffung des Mutterschaftszwanges die ohnedies genug im argen liegende Moral noch weiter verschlimmern würde. Der Tiefstand der Moral hat aber so viele andere, tiefergehende Gründe – vor allem unsere ganze, so wenig auf das Gemeinschaftsgefühl und so sehr auf persönlichen Ehrgeiz gerichtete Erziehung –, daß es ein Unding ist, gerade an dieser Stelle den sittlichen Hebel ansetzen zu wollen, wo ein Teil der Menschheit vor allen anderen so schwer getroffen wird. Wir werden uns wohl alle in die große Verantwortung für das sittliche Zusammenleben der Menschen teilen müssen, anstatt die schwerste Last auf die schwächsten Schultern abzuwälzen.

[Anm. d. Hrsg.]

hätten, die erst in einer menschlichen Gemeinschaft lebendig wurden. Für einen *einzelnen* Menschen, der keinen Zusammenhang mit einer Gemeinschaft hätte, wäre die bewußte, bewußt überwachte Logik gänzlich gleichgültig, er müßte nicht sprechen, es wäre einerlei, ob er gut oder böse ist, ja diese Begriffe verlören mangels ihrer Beziehung zu einer menschlichen Gemeinschaft, zu einem Nebenmenschen, wie bei einzelnen Tieren, jeden Sinn. Alle Qualitäten des menschlichen Seelenlebens, alle Leistungen des menschlichen Geistes sind nur in einem Zusammenhang der Menschen untereinander denkbar.

Und für diesen Zusammenhang sorgen nicht nur die Not, nicht nur die drängenden Bedürfnisse des Tages, sondern auch unsere sexuelle Organisation. Die Teilung der Menschheit in zwei Geschlechter bildet durchaus keine Separation, sondern sie bedeutet einen ewigen Zwang zueinander. Sie gebiert das Gefühl des gegenseitigen Verwandtseins, weil in den Adern eines jeden gemeinsames Blut fließt, weil jeder Fleisch ist vom Fleisch des anderen. Die Ehegesetze der Völker sind nur unter dem Gesichtspunkt zu verstehen, daß sie die Liebe als ein gemeinsames Band der Gruppe betrachteten. Sie verboten daher Eheschließungen und den Sexualverkehr unter Angehörigen einer Familie, weil dies zu einer Isolierung der Familien geführt hätte. Dichter, Religionen, die heiligen Gebote wenden sich gegen die Inzucht und versuchen sie auszutilgen. Die gelehrtesten Menschen haben sich den Kopf zerbrochen, worin eigentlich die natürliche Abwendung der Familienmitglieder gegeneinander begründet sei. Wir verstehen sie ganz leicht auf der Basis des sich in jedem Kinde entwickelnden Gemeinschaftsgefühles, das alle Möglichkeiten ausschaltet, die zu einer Isolierung der Menschen führen könnten.

Nun sind wir schon zu jenem Punkte gelangt, von welchem aus wir bereits verstehen können, daß das, was wir im eigentlichen Sinne *Liebe* nennen, die Beziehung der Geschlechter, immer mit dem Gemeinschaftsgefühl zusammenhängt und von ihm nicht zu trennen ist. Die Liebe als eine Beziehung zu zweit hat als ein Teil des Gemeinschaftsgefühls ihre eigenen Gesetze und ist als notwendiger Bestandteil der Erhaltung der menschlichen Gesellschaft aus der Gemeinschaft nicht wegzudenken. Wer die Gemeinschaft bejaht, bejaht notwendigerweise auch die Liebe. Wer Gemeinschaftsgefühl besitzt, muß

für die Ehe oder eine ihr gleich- oder höherwertige Form der Liebe eintreten. Derjenige dagegen, dessen Gemeinschaftsgefühl gedrosselt ist, der zu keiner freien Entfaltung seines Wesens innerhalb der Menschheit gekommen ist, wird auch eine absonderliche Form seiner Liebesbeziehungen aufweisen.
Wir können nun zurückblickend eine Anzahl von Schlüssen ziehen, die uns die Übersicht über das große Gebiet der Liebesbeziehungen erleichtern und uns das Dunkel plötzlich ein wenig erhellen. Wir können feststellen, daß ein Mensch, dessen soziale Entwicklung Schaden gelitten hat, der keine Freunde hat, kein richtiger Mitmensch geworden ist, der eine Weltanschauung sein eigen nennt, wie sie dem Gemeinschaftsgefühl widerspricht, der auch vielleicht seine Berufsfrage nicht gut lösen konnte, also wieder der, der für die Gemeinschaft ganz oder nahezu ganz verloren ist, in seinen Liebesbeziehungen Schwierigkeiten haben muß, ja kaum imstande sein wird, die erotische Frage zu lösen. Die so gearteten Menschen werden absonderliche Wege einschlagen, Schwierigkeiten schaffen und, wo sie sich ihnen darbieten, wie nach einer sichernden Ausrede nach ihnen greifen. Diese Schwierigkeiten wollen wir nun etwas genauer betrachten, wobei wir in das ganze Problem eine tiefere Einsicht gewinnen werden. Wir werden feststellen können: auch in den Liebesbeziehungen eines Menschen schwingt seine *ganze Persönlichkeit* mit. Es ist uns sowohl möglich, aus seinen Liebesbeziehungen seine Persönlichkeit mitzuverstehen, als auch aus dem Verständnis seiner Gesamtpersönlichkeit heraus die dazu passende Eigenart seiner erotischen Ansprüche zu erraten.
Überaus häufig finden wir innerhalb der erotischen Beziehungen sehr verbreitete, wenn auch irrtümliche Voraussetzungen, daß Liebe den anderen Teil verpflichte.
Wenn wir ein wenig ins Leben hineinhorchen und uns hierbei ein wenig selbst beobachten, so können wir uns davon überzeugen, daß wir sehr oft den Irrtum begehen, zu glauben, die geliebte Person sei durch die Tatsache, geliebt zu werden, bereits verpflichtet. Dieser Irrtum scheint irgendwie in unserer ganzen Anschauungsform enthalten zu sein. Er stammt aus der Kindheit und aus den Beziehungen innerhalb der Familie, in welcher in der Tat die Liebe des einen nahezu die Verpflichtung des anderen ist. Wir tragen nur einen Rest dieser kindlichen Anschauung in uns, wenn wir diese Verhält-

nisse ins Leben übertragen wollen. Die hieraus entstehenden Ausartungen gruppieren sich etwa um den Gedankengang: »*Weil* ich dich liebe, mußt du das und das tun.« Hierdurch kommt auch oft in Beziehungen von Menschen, die sich wirklich zugetan sind, ein viel härterer Einschlag hinein, und das Machtbedürfnis des einzelnen, der, gestützt auf die Betonung seiner eigenen Liebe, den anderen in sein Schema, in seine Schablone hineinziehen will, fordert, daß Schritte, Mienen, Gebärden, Leistungen etc. so erfolgen, wie er will, nur aus dem Grunde, »weil er diese Person liebt«. Dies kann leicht zur Tyrannei ausarten. Eine Spur hiervon finden wir vielleicht in jeder Liebesbeziehung.
Wir sehen so jenen Faktor das Liebesleben der Menschen durchziehen, der auch sonst immer zu Störungen des Mitmenschentums führt: das Streben nach Macht und persönlicher Überlegenheit. In einer menschlichen Gemeinschaft muß man die Freiheit der persönlichen Individualität so weit achten, daß man ihr das freie Ermessen anheimstellt. Wer nach persönlicher Überlegenheit strebt, verhindert seinen Anschluß an eine Allgemeinheit. Er will nicht seine Einfügung in das Ganze, sondern die Unterordnung der anderen. Damit stört er natürlich die Harmonie im Leben, in der Gesellschaft, unter seinen Mitmenschen. Da kein Mensch so geartet ist, daß er imstande wäre, sich dauernd ein Joch auferlegen zu lassen, müssen solche, die auch in ihren Liebesbeziehungen Macht über den anderen Teil erstreben, übergroße Schwierigkeiten antreffen. Wollen sie ihre Neigung zu Überhebung und Überlegenheit ins erotische Problem hineintragen, so müssen sie sich entweder einen Partner suchen, der sich ihnen scheinbar unterwirft, oder aber sie nehmen den Kampf mit einem Partner auf, der ebenfalls in der Erotik Überlegenheit oder Sieg sucht oder dazu verleitet wird. Im ersten Fall erleben wir die Umwandlung der Liebe in Sklaverei, im zweiten Fall sehen wir einen dauernden, gegenseitig aufreibenden Kampf um die Macht voraus, der nie irgendwelche Harmonie verspricht.
Die Wege, die hierbei beschritten werden, sind außerordentlich mannigfach. Es gibt herrschsüchtige Naturen, die dermaßen für ihren Ehrgeiz, um ihre Macht zittern, daß sie nur einen Partner suchen, vor dessen Überlegenheit sie sicher zu sein glauben, der sich immer unterzuordnen scheint. Es han-

delt sich hierbei keineswegs bloß um wertlose Ehrgeizlinge, sondern die Besessenheit von diesem Streben nach Macht ist in unserer Kultur ein allgemein vorherrschender Zug, dessen ungemessenen Schaden für die Entwicklung der ganzen Menschheit die Forschung der Individualpsychologie in seinen beiläufigen Grenzen aufgezeigt hat. Wollte man zum Beispiel das Liebesleben *Goethes* in dieser Richtung überprüfen, so würde man mit Staunen auf die außerordentliche Unsicherheit stoßen, in die dieser ehrgeizige Mann in seinen Liebesfragen geraten ist.

Wir können so jene Merkwürdigkeiten verstehen, die uns öfters im Leben begegnen, daß Menschen in ihrer Liebeswahl in ein viel tieferes und ungeeignetes soziales Milieu hinabsteigen. Man findet es zum Beispiel nicht zu selten an, daß ein Mann, der sich nur mit den höchsten Fragen der Menschheit beschäftigt, die Mitwelt damit überrascht, daß er etwa seine Köchin heiratet. Wir, die wir die Gleichwertigkeit der Menschen so sehr betonen, sind darüber nicht etwa entrüstet, aber wir sehen hier ein aus der Art fallendes Verhalten und wollen es vom Standpunkte des *Handelnden* verstehen lernen, indem wir seine Endabsicht erforschen. Uns schwebt als Norm vor, daß sich Menschen finden, die sozial und kraft ihrer Vorbildung und Lebensvorbereitung mehr zueinander passen. Sehen wir uns die Liebeswerber an, die eine Wahl getroffen haben, welche von der allgemein erwarteten abweicht, so finden wir in den meisten Fällen Menschen, die dem Liebesproblem außerordentlich zaghaft und mit Vorurteilen gegenüberstehen, vor dem geschlechtlichen Partner Furcht empfinden und deshalb einen Partner suchen, bei dem sie weniger Macht und Kraft vermuten. Es ist wohl möglich, daß jemand aus dem Gefühl von *Stärke* von der beiläufigen Norm abweicht. Wir sehen aber in den meisten Fällen, daß es aus Schwäche geschieht.

Somit scheint eine solche Wahl manchen vorsichtigen Naturen ein außerordentlich glücklicher Griff zu sein, wenngleich sie ihre Endabsicht nicht verstehen, ihre tieferen Beweggründe mit Liebe und Erotik überdecken und überzeugt sind, daß hier nur Gott Amor seine Hand im Spiele habe. Der Verlauf derartiger Beziehungen ist aber in der Regel schlecht. Es erweist sich, daß diese Art, einer Konkurrenz der Geschlechter auszuweichen, mit mannigfachen Nachteilen behaftet ist. Die

Nachteile entstehen nicht etwa daraus, daß der intellektuell oder sozial Höherstehende enttäuscht würde, oder daß sich Schwierigkeiten gesellschaftlicher Natur einstellen, wenn der »niedrigere« Partner gewissen Forderungen nicht genügt und so Schwierigkeiten in das Familien- und Gesellschaftsleben bringt. Diese und andere äußere Faktoren wären eliminierbar und überbrückbar, wenn sich auch die Endabsicht des höherstehenden Partners verwirklichen lassen könnte. Aber es ergibt sich die merkwürdige Tatsache, daß der auf der tieferen Stufe stehende Partner es nicht lange *verträgt*, seine Schwäche mißbraucht zu sehen. Wenn er auch nicht versteht, um was es sich handelt, so wird er doch das *Gefühl* nicht los, daß hier mit seiner Mangelhaftigkeit ein Unfug getrieben wurde. Er schreitet aus diesem Gefühl heraus zu einer Art Rache, er wird zu zeigen versuchen, daß er nicht weniger ist als der andere.

Auffällige Fälle dieser Art gibt es viele. Oft wirft sich ein junges, kultiviertes, an Geist hervorragendes Mädchen in die Arme eines unbedeutenden, oft sogar lasterhaften Menschen, vielleicht manchmal mit der Idee, den zu retten, den sie zu lieben scheint, ihn den Klauen des Alkoholismus, des Spielteufels, der Indolenz zu entreißen. Noch nie sind solche Menschen durch Liebe gerettet worden – die Aktion mißlingt fast regelmäßig. Der tieferstehende Teil spürt unter allen Umständen die Bedrückung, die daraus erwächst, daß er niedriger klassifiziert wird. Er läßt sich nicht lieben und nicht retten, weil die bewegenden Kräfte seiner Lebenshaltung ganz andere und dem gewöhnlichen Verstande, dem »common sense«, nicht erkennbar sind. Er hat vielleicht schon längst die Hoffnung aufgegeben, daß aus ihm noch etwas werden könnte und sieht in jeder Situation, die ihn als Mitmensch *beansprucht*, eine neue Gefahr, in der seine vermeintliche Minderwertigkeit deutlich zutage treten könnte.

Wir kennen auch eine große Anzahl Menschen, die eine anderen Betrachtungen unerklärliche Neigung gerade nur für körperlich mangelhafte Liebespartner haben. Es gibt junge Mädchen, die nur für alte Männer schwärmen, und genauso häufig finden sich die umgekehrten Möglichkeiten. Diese Tatsachen fallen mit Recht auf und reizen unser Erklärungsbedürfnis. Sehen wir uns dann die einzelnen Menschen an, so finden wir wohl manchmal eine in besonders gearteten Verhältnissen begründete natürliche Erklärung, immer aber entspricht diese Neigung auch dem sonstigen Lebensstil dieser Menschen, die *Linie des geringsten Widerstandes* einzuschlagen.

Wir finden ferner Menschen, die fast nur zu solchen Partnern Liebesneigung zeigen, die bereits vergeben sind. Diese merkwürdige Tatsache kann verschiedene Absichten verraten. Sie kann unter Umständen soviel bedeuten wie ein »Nein« auf die Forderungen der Liebe, Unmögliches anzustreben, zuweilen ein unerfüllbares Ideal. Sie kann aber auch den Zug des »Wegnehmenwollens« verraten, der von manchen Menschen in die Erotik hineingetragen wird und durch ihren sonstigen Lebensstil determiniert ist. Wir wollen zuerst jene Unzahl von Fällen betrachten, in denen der Liebeswerber gewillt ist, der erotischen Lebensaufgabe auszuweichen und es auf diesem nicht mehr ungewöhnlichen Wege versucht.

Es gibt Menschen, die für irgend jemand geschwärmt haben, ohne zu wissen, ob er überhaupt existiert. Diese Haltung spricht deutlich die Endabsicht aus: sie wollen von Liebe und Ehe überhaupt nichts wissen und schwärmen dort, wo ihre Schwärmerei aller Wahrscheinlichkeit nach niemals realisiert werden kann. Das gleiche gilt in der überwiegenden Mehrzahl aller Fälle von der dauernd *unglücklichen Liebe*. Sie ist in den meisten Fällen das Mittel, das zu realisieren, was von vorneherein das Lebensziel war: sich vom Leben, von der Welt, nun mit einem Schein von Recht, abzukehren. In diesen Fällen kann eine unglückliche Liebe gar nicht unglücklich genug sein, soll sie diesen Zweck erfüllen. Sie trifft jene Personen, die immer schon am Sprung waren, vor den Fragen des Lebens und besonders vor der Liebe Reißaus zu nehmen. Diese Bereitschaft zum Reißausnehmen erfährt manchmal durch einen Trick, einen Kunstgriff eine willkommene Verstärkung. Dieser ist nicht immer aus der Luft gegriffen, sondern heftet sich an irgendeine richtige Beziehung des Lebens und sieht nunmehr gar nicht wie ein Kunstgriff aus, sondern gleicht dem selbstverständlichen Ergebnis einer Erfahrung. Ungeheuer viele Menschen sind für die Gesellschaft noch nicht ganz reif geworden, erblicken in den Liebes- und Ehebeziehungen eine Gefahrenzone und bringen ihre unreife Ansicht in mannigfacher, aber äußerlich oft unverständlicher Weise zum Ausdruck. Hört man sie über diese sie ständig

bedrängenden Fragen sich äußern, so vernimmt man Allgemeinheiten, die wohl in irgend einem Zusammenhang wahr sein können und nicht Windbeutelei bedeuten müssen. Wenn zum Beispiel ein auch ansonsten Zaghafter meint, er heirate nicht, »denn das Leben sei jetzt so schwer«, so ist wohl jedes Wort wahr für die, die nicht heiraten, aber gleichzeitig auch für die, die heiraten. Diese Wahrheiten werden aber nur von jenen geäußert, die auch ohne diese Wahrheiten »nein« gesagt hätten, nur hätten sie dann andere »Wahrheiten« aufgegriffen. Es wäre nicht diplomatisch, eine vorgefaßte Absicht mit schlechten Gründen stützen zu wollen, wenn gute Gründe überall zu haben sind. Wer Gelegenheit gehabt hat, sich von der erschreckenden Häufigkeit jenes Typus von Menschen zu überzeugen, der vor der Lösung von Lebensfragen Reißaus nimmt, wird sich über die Einkleidung dieses Zuges in die Erotik nicht wundern.
Für Ausreißer ist ein Kunstgriff besonders zu empfehlen, der vielfach erprobt ist. Man schaffe sich eine neue Idee, ein besonderes Ideal. An diesem Ideal messe man nun alle Menschen, die einem über den Lebensweg laufen. Dies hat zur Folge, daß sich *keiner* als geeignet erweist. Alle weichen vom Ideal ab, und wenn wir sie ablehnen und ausschalten, so sieht unser Tun nur vernünftig und wohlbegründet aus. Erst wenn wir den Einzelfall herausnehmen und betrachten, so finden wir, daß die so vernünftig wählenden Menschen auch ohne ihr Ideal von vorneherein gewillt waren, »nein« zu sagen. Im Ideal finden sich wünschenswerte Ziele von Offenheit, Wahrheitsliebe, Mut usw. Sie stellen Begriffe dar, die wir nach unserem Belieben so lange dehnen und strecken können, bis sie jedes menschliche Maß überschreiten. Wir haben es daher in der Hand, uns etwas zu wünschen, das wir vorher unerreichbar »gemacht« haben.
Der Kunstgriff, dadurch nicht lieben zu müssen, daß man etwas Unerreichbares liebt, findet verschiedene Möglichkeiten der *Konkretisierung*. Wir können einen Menschen lieben, der einmal eine kurze Zeit da war, Eindruck machte, verschwand und nun nicht mehr zu finden ist. Man müßte die ganze Welt durchsuchen, um ihn zu finden. Im ersten Moment werden wir gerührt, wenn wir von einer so innigen und treuen Liebe hören. Die Bedingung aber, die hier der Verwirklichung der Liebe auf Erden gestellt ist, nämlich die ganze Welt zu

durchsuchen, um ihn zu finden, ist übermenschlich und fordert unseren bereits geweckten Argwohn heraus.

Wir können uns auch einen Menschen unerreichbar »machen«. Oft hat der Liebeswerber schon im Anfang seiner Werbung den Eindruck, daß er hier nicht gut ankommen werde. Dieser Umstand wird sogleich der Ausgangspunkt einer größeren Aktion. Er glaubt, ohne die geliebte Person nicht leben zu können, bewirbt sich um sie, obwohl jeder objektive Zuseher es für unwahrscheinlich halten müßte, daß er jemals Gegenliebe finden werde. Er sagt es sich auch selbst. Oft kann man auch beobachten, daß solche Bewerbungen in einer Form geschehen, die für sich allein schon imstande ist, den Widerspruch des anderen herauszufordern, indem sie z. B. auffallend vehement erfolgt oder zu einer Zeit, in der irgendwelche Garantien für ein Zusammenleben noch gar nicht möglich und gegeben sind.

Derlei Bewerbungen sind *abgezielt auf unglückliche Liebe*. Die Unzahl von Menschen, die bei ihren Bewerbungen auf das Ziel: unglückliche Liebe zusteuern, ist geradezu überraschend. Man sollte doch denken, wenn man an diese Dinge von außen herantritt, ein solches Verhalten liege gar nicht in der menschlichen Natur. Wir sehen es aber diesen Menschen von außen gar nicht an, daß wir hier durchwegs »Ausreißer« vor uns haben. Die individualpsychologische Durchleuchtung macht dann klar, daß eine unglückliche Liebe für diese Art von Menschen ein ausgezeichnetes Versteck bedeutet. Denn wenn ein Unglücklicher seine unglückliche Liebe fünf oder zehn Jahre mit sich herumträgt, so ist er eigentlich während dieser ganzen Zeit vor allen anderen Lösungen dieser Frage in Sicherheit. Er hat wohl gelitten, hat für die Durchsetzung seiner Absicht Kosten erbracht, aber sein Ziel, das ihm selbst unbewußt blieb, das er selbst nicht verstand, nämlich sich von der Lösung der Liebes- und Ehefrage fernzuhalten, hat er damit bei gutem Gewissen und gerechtfertigt völlig erreicht. Daß dieses Ziel und diese seine Lösung, die eigentlich *keine* Lösung ist, sich mit den Gegebenheiten unserer Erde und der Logik des menschlichen Zusammenlebens nicht verträgt, ist eigentlich seine tiefste Tragik, und erst diese letzte tiefste Einsicht vermag hier korrigierend einzugreifen.

Liebesneigungen zu Menschen, die bereits eine andere erotische Wahl getroffen haben, müssen nicht immer ein »Nein«

bedeuten. Die Geschichte bedeutender Menschen kann uns darüber belehren, daß die Menschen in unserer so komplizierten Kultur mit einer außerordentlichen Begierde des Raubens, des Wegnehmens heranwachsen. Das Verlangen nach verheirateten Frauen hat immer erneute Aktionen im Gefolge, sich des Liebesobjektes zu bemächtigen, wenn diese Aktionen auch äußerlich oft die edelste Form wahren. Einer dieser Typen scheint Richard Wagner gewesen zu sein, in dessen dichterische Schöpfungen fast immer der Sinn eingewoben, die Komplikation hineingetragen ist, daß der Held eine Frau begehrt, die schon zu einem anderen gehört. Auch das Leben Richard Wagners zeigt diese Linie.

Allgemein bestimmt das Unsicherheitsgefühl viele Formen der Erotik. Es gibt junge Männer, die nur für ältere Frauen Sympathie empfinden, in irgendeiner irrtümlichen Meinung, daß hier die Schwierigkeiten des Zusammenlebens geringer wären. Auch verraten sie ihr Gefühl der Schwäche durch ein gewisses Bedürfnis nach mütterlicher Fürsorge, sie gehören zu den meist verzärtelten Menschen mit großem Anlehnungsbedürfnis, von denen man sagt, daß sie »noch eine Amme brauchen«. Sie bereichern jenen Typus, der dem anderen Geschlecht gegenüber nie genug Sicherungen haben kann und in höchste Unruhe versetzt wird, wenn er dem anderen Geschlecht gegenübersteht. In unserer Kultur gibt es eine erschreckend große Zahl solcher unsicherer Menschen, sie tragen den Schönheitsfehler unserer Entwicklungsphase stark ausgeprägt mit sich: *die Furcht vor Liebe und Ehe.* Dies ist keine Ausnahmeerscheinung, sondern ein allgemeiner Zug der Zeit. Es wimmelt in unserer Gesellschaft von Ausreißern. Sie sind aus irgendeiner unglücklichen und irrigen Stellungnahme heraus immer wie auf der Flucht, kommen sich immer wie gejagt und verfolgt vor. Es gibt Männer, die sich isolieren und verstecken – es gibt Mädchen, die sich gar nicht mehr auf die Gasse trauen, überzeugt, daß sich alle Männer um sie bewerben und daß sie immer nur das Objekt von Angriffen wären. Hier treibt die reine Eitelkeit ihr Spiel und vermag das Leben eines Menschen oft völlig zu verpfuschen.

Aus Erfahrungen und Erkenntnissen lassen sich gute und schlechte Nutzanwendungen ziehen. Wir finden unter den schlechten Nutzanwendungen die übertriebene Umkehr eines Fehlers, welche ebenso ein Fehler ist. Das Gegenteil von

Zurückhaltung und Verschlossenheit ist Offenheit, und so finden wir Menschen, die durch Offenheit Fehler begehen. Es gibt Menschen, die immer die Neigung zeigen, sich anderen *anzubieten.* Wenn es auch sehr schön ist, seine Liebe offen zu bekennen, sind wir trotzdem ebenso tief von der Wahrheit durchdrungen, daß man damit in unserer nicht einfach zu nehmenden Kultur einen schweren Fehler macht. Es gibt nämlich keinen Menschen, der dieses Anerbieten glatt vertragen würde, und der Voreilige wird dann nicht nur selbst den Schmerz der Reue und die Last auftretender Hemmungen zu tragen haben, sondern auch den Partner in der unbefangenen Entfaltung seiner Liebesregungen stören, weil dieser, bei dem allgemein herrschenden Mißbrauch, der mit der Liebe getrieben wird, bei der bestehenden Spannung und dem Kampf der Geschlechter untereinander, nie recht im klaren sein wird, ob das Anerbieten echt und wahr gewesen ist oder ob nicht etwa schlechtere Absichten sich dahinter verbergen. Es gibt keine festen Gesetze – wir haben die Aufgabe, die Eigenheit des Partners in Rechnung zu ziehen und uns an die Gegebenheiten unserer Kultur zu halten. Es scheint heute eher empfehlenswert, seiner Neigung ein wenig die Zügel anzulegen.
Eine besondere Rolle spielt die Liebe, sowohl die glückliche als auch, und in höherem Maße, die unglückliche Liebe bei *Künstlern.* Wir können wohl sagen, daß die unglückliche Liebe eine so allgemeine Zeiterscheinung ist, daß es kaum einen geben dürfte, der nicht einmal von ihr und ihren seelischen Beschwernissen heimgesucht worden wäre. Unter den Menschen aber, die mit besonderer Empfindlichkeit dem Leben gegenüberstehen, spielt der Künstler eine außerordentlich prominente Rolle. Er wird schon dadurch auffällig, daß er in seiner Kunst ein Leben »neben dem Leben« sucht, sich nicht in der Realität betätigt, sondern eine Ersatzwelt sucht, von der Wirklichkeit nahezu abgestoßen wird, freilich aber erst dann zum Künstler wird, wenn er seine Schöpfungen so gestaltet, daß sie der wirklichen Welt förderlich werden. Jedes Kunstwerk ist erst dadurch ein Kunstwerk, daß es allgemeinsten Wert besitzt, daß der Künstler in seiner Schöpfung den Weg zur Wirklichkeit und zur Gemeinschaft zurückfand.
In der Abbiegung aus dem realen Leben liegt ein Zug, die Realität des Lebens betonende Einrichtung der Liebe und Ehe als feindlich und störend zu empfinden. Wir begegnen einer

Unzahl von Künstlern, die die Bindungen des Lebens wörtlich als Bindungen, Fesselungen, als Hindernisse auffassen und sie sogar in ihrer Phantasie maßlos ausgestalten. Sie kommen über diese nun als maßlos empfundenen Hindernisse kaum hinweg, befinden sich in ihren Liebesbeziehungen vor einer unlösbaren Aufgabe und zeigen hierbei nicht nur die Bewegungen eines Liebenden, sondern gleichzeitig und in noch viel stärkerem Maße die Bewegungen eines Menschen, der vor der Liebe die Flucht ergreift. Dies drückt sich in ihren Gedanken und Schöpfungen aus, die die Probleme der Menschen in unterstrichener Form widerspiegeln. Der andersgeschlechtliche Partner wird in irgendeiner Weise als übermächtig empfunden, und bald erhält die Liebessphäre den Charakter einer Gefahr. Diesen Gedanken findet man fast wörtlich in Mitteilungen von Dichtern und Schriftstellern. Alle problematischen Naturen haben den gleichen Zug, weil sie alle außerordentlich ehrgeizig und empfindlich sind und jede Beeinträchtigung ihrer Machtvollkommenheit als eine schwere Beleidigung oder eben als Gefahr auffassen. So sagt der Dichter *Baudelaire:* »Ich habe nie den Gedanken an eine schöne Frau fassen können, ohne gleichzeitig die Empfindung einer ungeheuren Gefahr zu haben.«

Der Anblick eines Menschen, der nun einmal die von ihm vermeintliche »Gefahrenzone« betreten hat, bietet uns eine Aufeinanderfolge von Abwehr- und Sicherungsbewegungen. *Hebbel* schildert in einem Briefe, den er als Jüngling seinem Freund sendet, seine Empfindungen ungefähr folgendermaßen: »Natürlich wohne ich hier schon wieder dem schönsten Mädchen der Stadt gegenüber und bin bis über die Ohren in sie verliebt; aber hoffentlich wird sich auch hier bald das Gegengift neben dem Gift finden ... Und wenn ich heute noch sehe, wie ihr Geliebter zu ihr durchs Fenster steigt, so bin ich mit ihr fertig.« Dies ist das Ergebnis eines Eindruckes, von dem wir eigentlich einen anderen Ausgang erwartet hätten.

Die Frau als Gefahr ist ein dauerndes Leitideal der Kunst. Man durchmustere die Bilder des Malers *Rops*, die die Frau als Gefahr, als Schrecken oder zumindest als ungeheure Macht darstellen. Die Kunst ist heute vorwiegend eine männliche Kunst, sie trägt in sich die männliche Tradition, bringt vorwiegend männliche Probleme und hebt die Frau zu jener Zauber- oder Schreckgestalt empor, die sie in den Augen vieler Männer ist. Die Frauen können bei diesem männlichen Zeitideal nicht mithalten und finden in der Ausübung der Kunst Schwierigkeiten, nicht weil sie nicht fähig wären, sondern weil sie dem übertriebenen männlichen Ideal nicht dienstbar sein können. Die Vorrede zu »Tausend und eine Nacht« zeigt uns, wie der Autor besonders erschrocken auf die List und Verschlagenheit der Frau hinweist, die durch eine unglaubliche Erfindungsgabe dem Manne gegenüber ihr Leben rettet. Aber auch die ältesten Gebilde der Kunst, zum Beispiel die Bibel, die ja alle Menschen von den ersten Kindheitstagen mit der ihr eigenartigen Stimmung erfaßt, ist von dem ständig begleitenden Gedanken durchdrungen, daß die Frau eine Gefahr vorstelle, so daß das Kind in Schüchternheit, Unausgeglichenheit, Zaghaftigkeit dem Weibe gegenüber aufwächst. Eines der größten Kunstwerke, die Iliade, malt mit großer Präzision das Unglück aus, das durch eine Frau angerichtet wurde. In allen Dichtwerken, in allen Kunstwerken tönt das Problem der Zeit: Die Frau als Gefahr. *Grillparzer* sagt von sich: »Vor der Liebe habe ich mich in die Kunst gerettet.«

Wir können nicht ohne weiteres voraussagen, wie eine unglückliche Neigung in einem Menschen sich auswirken wird. Seine Gesamtlebenshaltung, seine Lebenslinie ist hierfür maßgebend. Haben wir einen Menschen vor uns, welcher bei auftretenden Schwierigkeiten den Mut verliert und seine Aktivität abbricht, so wird auch der Schiffbruch in der Liebe ihm Schiffbruch des Lebens sein können. In der unglücklichen Liebe selbst ist diese Konsequenz *nicht* enthalten. Derjenige, dem der Plan innewohnt, durch Schwierigkeiten aufgestachelt zu werden, wird sich aus einer unglücklichen Liebe aufraffen und zu großen Leistungen gelangen. Die unglückliche Liebe ist weder Tragik noch Heilmittel, beide Konsequenzen werden aus ihr gezogen werden können, je nachdem, ob die Konsequenz von einem mutigen oder einem niedergebrochenen Menschen gezogen wird. Die vulgäre Psychologie weist öfters auf die großen Leistungen hin, die aus einer unglücklichen Liebe entstehen. Sie empfiehlt sie manchmal als Medikament. Wir kennen Menschen, die auch ohne unglückliche Liebe Großes geleistet haben. Der richtige Kern dieser halben Wahrheit ist, daß der Künstler vom Problem der Liebe in ganz besonderem Maße gepackt und gefesselt wird.

Das Leben *Goethes* ist in dieser Hinsicht besonders lehrreich. Immer erblickte er in der Frau die Gefahr, immer war er vor ihr und vor der Liebe auf der Flucht. Die Leitlinie des »Faust« ist ein ewiges Suchen nach einer Lösung des Liebesproblems. Mit seinen eigenen Spannungen und Regungen und Strebungen baute er seine Welt, unzufrieden mit den Tatsachen des Lebens, und zauberte allgemein Menschliches vor unsere Augen. Es macht die Größe seiner Kunst aus, daß alle Seiten in uns mitklingen, wenn er das ewig neue Lied der Spannung der Geschlechter ertönten läßt, in die befangen die Menschen befürchten, daß Hingabe gleichbedeutend sei mit Verlust der Persönlichkeit, Hörigkeit oder Sklaverei.
Erwähnt sei hier noch *Schleiermacher*, der in einer wundervollen Abhandlung zu erweisen sucht, daß Liebe gar kein so einfaches Ding sei, daß es töricht sei, zu glauben, daß der Mensch, wenn er ins Leben hinaustritt, auch schon etwas von Liebe verstehe. Es müsse eigentlich jeder eine gewisse Vorübung, eine Vorschule leichterer Art durchmachen. Auch dieser Idealist reinsten Wassers, von den religiösesten Menschen hochverehrt, kann sich der Überzeugung nicht verschließen, daß die Menschen in der Liebe nicht so leicht zueinander finden.
In meinen Vorlesungen über Menschenkenntnis, die ständig von zirka 500 Personen besucht werden, gelangen größtenteils Fragen über Liebe an mich, als ein Zeichen, wie sich die Menschen in dieser Frage weniger leicht zurechtfinden, als in denen des Berufs etwa.
Warum es so wenig glückliche Liebesbeziehungen gibt? Wir sind noch nicht die richtigen Menschen, wir sind noch nicht reif zur Liebe, weil wir mit der Mitmenschlichkeit im Rückstande sind. Wir wehren uns mit allen Mitteln, weil wir uns zuviel fürchten. Man bedenke nur, auf welche Schwierigkeiten der Gedanke der gemeinsamen Erziehung der Geschlechter, der Koedukation, stößt welcher ja doch nichts anderes bezweckt, als daß die Geschlechter frühzeitig ihre Scheu und Angst verlieren und bereits von Jugend an Gelegenheit haben, sich besser kennenzulernen.
Für Schwierigkeiten in den Liebesbeziehungen gibt es kein Heilmittel in Form einer festen Verhaltungsregel. Die Erfahrungen der Individualpsychologie zeigen es täglich aufs neue, daß die Absonderlichkeit der Erotik eines Menschen ein

Schnörkel seiner Gesamtpersönlichkeit ist, die es in jedem Einzelfalle zu erfassen gilt. Wir müssen den Zusammenhang aller Äußerungen eines Menschen erfassen, seine Persönlichkeit und deren Beziehung zur Umwelt ändern, um seine fehlgegangene Erotik zu verändern. Die Bewegungslinie eines Menschen wird sich auch in der Liebe geltend machen. Sie wird ihn zwingen, einmal eine unglückliche Liebe zu suchen und darin zu verharren, oder sie wird ihn diese leichter nehmen lassen und ihn zum Aufstieg führen. Sind es Menschen, die, mit Ehrgeiz vollgesättigt, eine Verweigerung irgendwelcher Art nicht zu ertragen vermögen, so wird aus diesem, in einem Gesamtzusammenhang aufklärbaren Irrtum heraus der Selbstmord naheliegend erscheinen und in unserer, die Unterordnung gebietenden Gesellschaft eine Gelegenheit zu einer hochtragischen Situation bieten, mit der Flucht aus dem Leben die Rache gegen die Gesellschaft und gegen einzelne Personen zu verbinden.

Die Liebe kultiviert sich, und die Beziehungen der Liebe verschönern und verfeinern sich mit der Kultivierung und Entwicklung des alle Menschen umfassenden Gemeinschaftsgefühles. Die Beziehungen der Liebe gestalten sich nicht plötzlich, sondern zeigen eine lange Vorbereitung. Die erotische Bindung ist zwischen den Menschen immer vorhanden, es bedarf aber gewisser Bedingungen, um sie als Liebe fühlbar und sichtbar zu machen. Der *Beginn von Liebesregungen* reicht zurück bis in jene fernen Tage, wo sie noch nicht Erotik, noch nicht sexuell gefärbt gewesen sind, sondern wo sich noch der breite Strom des Gemeinschaftsgefühls in den Formen der Anhänglichkeit und Zärtlichkeit ergoß und einzig und allein nur jene allgemein menschliche Beziehung sichtbar war, die (wie zwischen Mutter und Kind) die Menschen sofort verbindet, ohne daß sich jenes dauerhafte der Ewigkeit und dem Bestand der Menschheit dienende Band unter einzelnen bildet, das wir die *Liebe* nennen. Sie ist Band und Verewigung zugleich. Diese Beziehungen kann man nicht eigenwillig gestalten, muß vielmehr ihre Auswirkung zulassen. Das Wissen um diese Dinge ist noch nicht reif, weil der Mensch fähig ist, sich über die Vorgänge in seiner eigenen Seele zu täuschen. Beide Geschlechter geraten nur zu leicht in den Strudel der *Prestigepolitik* und spielen dann eine Rolle, der sie beide nicht gewachsen sind, die dazu führt, die Harmlosigkeit und Unbefangenheit ihres Lebens zu stören und sie mit Vorurteilen zu sättigen, denen gegenüber natürlich jede Spur wahrhafter Freude und jedes Glücksgefühl verschwinden muß.

Wer diese Gedanken in sich aufgenommen hat, wird zwar natürlich nicht fehlerlos auf Erden wandeln, sich aber wenigstens des rechten Weges bewußt bleiben und seine Irrtümer, statt sie zu vergrößern, ständig verkleinern können.

Schwer erziehbare Kinder*

Wenn man einen Fehler bei einem Kinde beobachtet, dann mache man halt und denke nach, worin dieser Fehler seinen Grund hat. Was ist die Ursache? Gibt es nicht irgendwelche Gründe? Oder irgendwelche verlockenden Momente, die die Kinder von der Seite des Nützlichen auf die Seite des Unnützlichen gebracht haben? Und wenn wir diese Gründe fest in der Hand halten, dann gehen wir daran, diese Ursachen zu beseitigen. Diese Aufgabe ist aber nur zu erfüllen, wenn wir mit dem Kinde in einem guten Verhältnis stehen, wenn wir das Kind soweit gewinnen, daß es sich uns eröffnet, uns seine Seele darbietet, damit wir sein Innerstes erkennen können. Dann erst können wir eine fruchtbare Wirksamkeit entfalten.
Daß jemand dasselbe erreicht, wenn er sich auf einen Kampf mit dem Kinde einläßt, halte ich für ausgeschlossen. Immer werden Verfehlungen des Kindes in einer bedrängten Lage entstehen. Man muß darauf verzichten, mit einem geschlossenen Strafsystem vorzugehen und den Satz aufgeben, daß ein Kind, das lügt und stiehlt, sofort gestraft werden müsse. Eltern, die ein schwieriges Kind haben, sagen häufig: »Wir haben es in Güte versucht, es war vergeblich. Wir haben es mit Strenge versucht, es war vergeblich. Was sollen wir tun?« Man soll nicht glauben, daß ich die Güte als ein Allheilmittel betrachte; aber sie ist notwendig, um das Kind zu gewinnen für das, was wir mit ihm vorhaben und was darauf hinausläuft, seine ganze Person zu ändern. Denn die Fehler des Kindes, die zuerst zur Schau kommen, an die man anknüpfen muß, sind nur die Oberfläche. Man hat gar nichts davon, wenn man das Kind wegen einer Lüge straft und es durch die Strafe nur vorsichtiger macht; es wird nun darauf ausgehen,

* Verkürzte Wiedergabe eines Vortrags, gehalten am 3. März 1926 in Chemnitz mit nachfolgender Diskussion. Zuerst erschienen in: OTTO RÜHLE/ALICE RÜHLE (Hrsg.): *Schwer erziehbare Kinder: eine Schriftenfolge.* Heft 1. Dresden (Verlag am Anderen Ufer) 1926, S. 9–40.

vorsichtiger und scheuer zu werden, sich noch mehr zu verbergen und vielleicht an einer anderen Stelle sein Heil durch List und andere unnütze Maßnahmen zu erreichen.
Damit möchte ich auf das kindliche Seelenleben zu sprechen kommen.
Was wir schon in den ersten Tagen des kindlichen Lebens beobachten können, ist das Aufkommen eines Zärtlichkeitsgefühls. Das Kind beginnt Interesse zu bekommen für seine Umgebung, und da ist natürlich die Mutter die erste Person, der dieses Interesse zufließt. Das ist ein bedeutungsvoller Vorgang, denn es bedeutet, daß das Kind aus seiner Isolierung erwacht und sich eine Welt formt, in der auch andere Menschen eine Rolle spielen, daß es sich mit diesen verknüpft und verknüpfen lernt. Es ist nicht allein Funktion der Mutter, das Kind zur Welt zu bringen, sondern es ist ebenso hohe Aufgabe, dem Kind ein Mitmensch, ein Nebenmensch zu werden, auf den sich das Kind verlassen kann und dem es trauen darf, der für das Kind nützlich ist, es unterstützt. So kommt das Kind durch diese Verknüpfung zur Mutter zum Anfang seines Gemeinschaftsgefühls; es bleibt nicht mehr mit seinen Bedürfnissen allein, es tritt in einen Zusammenhang, in einen neuen Bezugskreis, der zum Anfang Kind und Mutter einschließt.
Jetzt können wir schon sehen, wo die künftige Entwicklung einsetzt und die ersten Irrtümer beginnen. Die erste Einheit darf nur eine Vorbereitung sein für die vielen größeren Einheiten Familie und Umwelt. Das ist der Beginn des gesellschaftlichen Menschen.
Der Mensch steht nicht allein, nicht für sich da, er ist nicht abgeschlossen, sondern hat durch die Funktion der Mutter die Überleitung zu finden, sich in Zusammenhang mit der menschlichen Gesellschaft zu setzen und als ein Teil von ihr zu betrachten. Danach müssen sich nun seine Lebensformen entwickeln und einrichten. Diese Überleitung kann mißlingen, wenn das Kind keine Mutter hat, wenn es vielleicht Menschen überantwortet ist, die die Funktion der Mutter nicht übernehmen, wie bei Kostkindern, die mißliebig sind, von einer Hand in die andere gestoßen werden, für welche niemand Wärme übrig hat und die infolgedessen mit Notwendigkeit eine Lebensform suchen, in der sie allein sind, weil sie immer glauben, daß die anderen ihnen feindlich gegenüberstehen. Wir können auch hier schon erraten, welches die

einzelnen Züge eines solchen Kindes sein werden. Selbst immer gestoßen, selbst immer verfolgt, selbst immer hart behandelt, wird ein solches Kind aufwachsen wie im Feindesland; und wenn ich auch nur diesen einen extremen Fall betrachte, so können wir sehr häufig schon bei einer großen Gruppe von Kindern und Menschen aus diesen Verhältnissen sagen: Hier ist die Überleitung zum Gemeinschaftsgefühl nicht gut gelungen.

Das bedeutet außerordentlich viel, denn ein solches Kind wird immer isoliert dastehen, wird den anderen nicht nähertreten, sich ihnen nicht verbinden, und es wird in allen denjenigen Funktionen, die ein entwickeltes Gemeinschaftsgefühl zur Voraussetzung haben, Mangel leiden. Sind das vielleicht unbedeutende Sachen? Es sind die bedeutendsten, über welche ein Menschenkind überhaupt verfügen kann. Nicht allein, daß es keine Freundschaft halten wird, alle Tugenden, wie Treue, Opfer- und Hilfsbereitschaft, Rücksichtnahme auf die Fehler anderer Menschen, werden hier fehlen. Allen denen, die sich mit Kindern befassen, werden hier die großen Zahlen der Kinder auftauchen, die auf dem unrichtigen Boden gewachsen sind. Sie wissen von diesen Kindern, die rücksichtslos gegen ihre Kameraden, ihre Eltern und ihre Lehrer sind, die sich nie einigen können mit anderen, die immer streiten müssen und immer Roheiten verüben. Und wenn man näher nachschaut, dann findet man den Mangel der Mutter, die entweder gefehlt oder ihre natürliche Pflicht und Aufgabe aus irgendwelchen Gründen nicht ausgeübt hat.

Wir dürfen dabei nicht zuviel auf die Mutter allein werfen, sie ist vielleicht durch ihre Arbeit, oft durch ihr ganzes Schicksal nicht in der Lage gewesen, mehr zu tun, und das Kind hat der Mutter entbehrt. Die Mutter hat die Erziehungsgrundlagen durchaus zerstört. Am besten ist es, um in der Welt eines Kindes Haß zu erzielen, es zu züchtigen. Ja, wo ist das Maß dafür, bei welchem das Kind aufhört, diese Verknüpfung mit der Mutter durchzusetzen? Wir haben eine Unzahl von Menschen kennengelernt, nicht nur Kinder, sondern auch Erwachsene, deren Leben verpfuscht worden ist einzig und allein dadurch, daß die Verknüpfung mit der Mutter und mit der Allgemeinheit nicht gelungen ist. Für uns ist das kein Gegengrund, wenn wir annehmen müssen, daß die Mutter ihr Kind liebt, aber sie hat unrecht gehandelt. Es ist ihr auch kein

Vorwurf zu machen, sie hat es nicht anders gewußt. So kommen dann diese einsamen Kinder vor, die eine kämpferische Haltung einnehmen, Spielverderber sind, sich nicht mit anderen einigen können zu einem gemeinsamen Werk, die vielleicht in günstigen Fällen gelegentlich allein für sich leben können, aber unterliegen werden durch die Kälte, die von ihnen ausgestrahlt wird. Das wird wohl nicht von jedem verstanden, aber von jedem verspürt. So kommen diese Kinder zu den weiteren wichtigen Funktionen durchaus schlecht vorbereitet.

Die Entwicklung der Sprache des Menschen z. B. setzt diesen Kontakt zwischen Mensch und Mensch voraus. Sie ist aus diesem innigen Kontakt entstanden und mehr noch, sie ist auch ein neues Band zur Verbindung des einzelnen mit den anderen. Wir werden regelmäßig finden, daß die Sprachentwicklung gestört ist, wenn das Kind nicht richtig angeschlossen ist. Hier setzen die zahlreichen Fälle ein, die wir bei Kindern finden mit langsamer Sprachentwicklung, durch Stottern gehinderte Kinder, bei denen wir immer feststellen können, nicht, daß die Mutter lieblos gewesen wäre, sondern daß der Kontakt mit den anderen nicht geglückt ist. Ich habe genug Kinder gesehen, die wegen ihres Stotterns auch gedrückt worden sind; derartige Erscheinungen werden wir nicht beseitigen können, bevor die Ursachen aufgedeckt sind. Wir müssen den Kontakt dieser Kinder stärker herstellen; aber dazu ist es notwendig, den ganzen Lebenslauf des Kindes aufzurollen, und das wird dem nicht gelingen, der mit derber Faust eingreift, nur dem, der haltmacht und nachdenkt und das Kind für seine Pläne zu gewinnen weiß. Ich habe ein neunjähriges Kind gesehen, das frühzeitig von seiner Mutter weggenommen worden ist und bei einer Bäuerin aufgezogen wurde, die für das Kind kein Verständnis hatte. Als es in die Schule kommen mußte, stellte sich heraus, daß eine Sprachentwicklung fast gar nicht vorhanden war. Es stand den Menschen gegenüber wie ein Feind, es hatte die Vorbereitung nicht gefunden, mit ihnen durch die Sprache in Kontakt zu treten. Es war niemand Freund geworden, es hat für niemand etwas übrig gehabt, und so blieb nichts anderes übrig, als dieses Kind aus seinem bisherigen Aufenthaltsort wegzunehmen und es in eine Gemeinschaft zu versetzen, um dort den Kontakt des Kindes mit den anderen herzustellen.

Es ist nicht die Sprache allein, die durch derartige verhängnisvolle Entwicklung bedroht ist. Das gilt auch für die Entwicklung des Verstandes in eine Funktion, die allgemeine Gültigkeit erfordert. Was ich richtig denke oder zu denken glaube, von dem muß ich voraussetzen, daß jeder vernünftige Mensch genauso denkt. Wo soll ich die Probe machen, wenn ich nicht den Kontakt mit anderen habe? Ich kann es nicht, wenn ich wie ein Feind den anderen gegenüberstehe und die anderen mir. So werden wir bei solchen Kindern finden, daß sie in ihrer Verstandsentwicklung unter dem Durchschnitt stehen.
Für einen Menschen, der allein lebt, ist Moral das Überflüssigste von der Welt. Ein einsamer Mensch braucht keine Moral. Das ist eine Erscheinung des Gemeinschaftsgefühls, eine Funktion der Allgemeinheit, eine Lebensform der Menschen, die untereinander im Zusammenhang stehen. Wenn wir Unmoral bei einem Kinde finden, können wir sicher sein, daß hier der Zusammenhang mit anderen gestört ist. Bevor wir den nicht hergestellt haben, ist es undenkbar, das Kind moralisch zu erziehen.
Das gilt auch für alle ästhetischen Gefühle usw., kurz, alles das, was den Menschen auszeichnet, steht mit der Entwicklung seines Gemeinschaftsgefühls in Zusammenhang.
Betrachten wir einmal die höchst merkwürdige, aber tragische Entwicklung eines solchen Kindes, das sich im Feindesland befindet. Es hat von seiner Zukunft die allerschlechtesten Erwartungen, es ist gedrückt durch seine Verhältnisse. Es fühlt sich immer als das Schwächste und Kleinste und hat nie empfunden, was es heißt, geliebt zu werden. So kommt es, daß es selbst von sich eine Einschätzung macht, die außerordentlich niedrig gehalten ist. Es wird schweres Minderwertigkeitsgefühl in bezug auf seine eigene Person haben. Man wird das daran bemerken, daß es sich nirgends in einen Kreis hineinbegibt, manchmal deutlich die Zeichen der Ängstlichkeit an sich trägt; alle Pädagogen werden leicht die Erfahrung machen können, daß ein solches Kind große Neigungen zur Verwahrlosung hat, auch daß es feig ist. Die Feigheit kann man nicht damit wegdiskutieren, daß es auf Bäume klettert. Das ist kein Mut. Mut gibt es nur auf der Nützlichkeitsseite.
Wenn Sie zuerst an die Betrachtung eines Kindes herantreten, dann machen Sie eine höchst unkomplizierte Zeichnung, ein

einfaches Schema, nämlich einen senkrechten Strich, und dann sagen Sie sich: Auf der linken Seite befinden sich die nützlichen Bewegungen eines Kindes, und auf der rechten Seite die unnützlichen. Auf dieser rechten Seite gibt es keinen Mut und keine Tugend, selbst wenn es noch so aussieht. Wir können unmöglich das Zusammenhalten der Kinder, ihre Ritterlichkeit innerhalb einer verwahrlosten Bande als etwas Nützliches betrachten, sondern ihr ganzer Standpunkt fällt eben in den Bereich des Unnützlichen.

Wenn nun solche Kinder aus der Familie herauskommen, z. B. in die Schule, die ja heute alle Kinder erfaßt und deren Aufgabe es ist, diese Fehler zu erkennen und zu korrigieren – betrachten wir einmal, wie die Kinder sich verhalten. Feindseligkeit, Ängstlichkeit, immer befürchten, daß man ihm Unrecht tut, immer bestrebt, aus der Schule wieder herauszukommen und vielleicht einen Ort aufzusuchen, auf dem man sich so halbwegs geschützt glaubt, immer bestrebt, den Kontakt mit den anderen wieder aufzulösen. Das ist schlechtes Material für die Schule. Mangelhafte Vorbereitung für die Schule in ihrer heutigen Form, die ein starkes Gemeinschaftsgefühl bei den Kindern erfordert und den sicheren Glauben an sich. Diesen Glauben an seine Kraft und an die Zukunft hat ein solches Kind nicht, und das fällt natürlich sofort auf und beeinträchtigt auch die Leistung. Schon in den allerersten Tagen zeigt es sich, daß es zu den Schlechteren gezählt wird. Sehr bald erweist es sich, daß es schlechte Zensuren bekommt, und nun bekommt es eine Bestätigung in die Hand, daß es in der Schule nicht anders ist, als es bisher war. Es wird in seiner Überzeugung bekräftigt, daß dieses Leben ein Jammertal ist, daß man nur durch List, durch Schlauheit usw. den vielen Unannehmlichkeiten entgehen kann und daß es am besten wäre, aus der Schule wieder herauszukommen. Dementsprechend ist auch ihr ganzes Verhalten.

Ich sagte schon vorhin, daß sehr oft ihre Fähigkeiten und ihre Entwicklung stark gelitten haben, nicht durch ihre Schuld. Sie haben nicht gelernt, Ordnung zu halten. Sie haben nicht gelernt, sich zu konzentrieren; nun wird es auf einmal von ihnen verlangt, und wenn sie es nicht leisten können, folgt die Strafe. Dies ist ungefähr so, als wenn einer aus einer Melodie eine Note herausnimmt oder auch einen Takt, und man nun dieses Stück beurteilen wollte. Dieser Takt hat nur seinen

Wert in dem ganzen Zusammenhange. Erst wenn ich die Melodie eines Kindes kennengelernt habe, kann ich verstehen, woher ein Irrtum stammt. Es ist notwendig, in dieser gründlichen Art vorzugehen und nicht zu glauben, daß man die Erziehung eines Kindes, eines Erwachsenen, eines ganzen Volkes dadurch bewerkstelligen kann, daß man ihm irgendwelche Last auferlegt. Alles stammt aus tieferen Gründen und steht im Zusammenhang mit dem ganzen Wachstum des Kindes.

In den extremsten Fällen ist natürlich die Fortsetzung des Lebens dieser Kinder außerordentlich unheilvoll. Sie werden in der Schule wie ein Fremdkörper empfunden. Sie erleben dasselbe, was sie bisher auch erlebt haben. Die Welt scheint für sie keine anderen Ausdrucksformen zu haben als die der Feindseligkeit und des schlechten Verhaltens und der schlechten Behandlung ihrer Person. Wenn dann einer im guten Glauben hingeht und schlägt ein solches Kind, dann ist es das, was das Kind eigentlich erwartet hat, und seine Auffassung von der Welt wird immer wieder bestätigt.

Ich will den Lebenslauf dieser Kinder nicht weiter verfolgen, nur bis zu dem einen Punkt noch, wo es den Glauben an seine Zukunft, die Hoffnung, in der Schule doch etwas zu leisten, verloren hat. Das ist nämlich der Moment, wo es in die Verwahrlosung übergeht, denn es ist nicht möglich, daß ein Mensch dauernd von sich das Gefühl hat, daß er zu nichts taugt, daß er wertlos ist, er muß irgendeinen Ausweg suchen. Deshalb sehen wir die Kinder so weit auf die Seite des Unnützlichen hinüberbiegen, bis wir sie als verwahrlost sehen. Der Vorgang ist immer derselbe. Das leuchtet auch ein. Ich habe kein verwahrlostes Schulkind gesehen, das nicht die Hoffnung auf seine Schulerfolge endgültig aufgegeben hätte. Was folgt für uns daraus? Daß wir die Schule so einrichten müssen, daß das Kind den Glauben an sich nicht verliert. Diese Kinder kommen endlich aus der Schule heraus mit schlechten Zeugnissen, bemängelt, kritisiert, bestraft, mit dem wachsenden Unglauben an ihre eigene Kraft, und nun sollen sie nützlich wirken, sollen sie sich für die Gesamtheit durch ihre Arbeit nützlich erweisen. Diese Kinder haben schon den Glauben verloren, daß sie irgend etwas leisten können. Unterzieht man sie einer Prüfung, zu was sie eigentlich tauglich sind, so wird man finden, daß sie unerfahrener und unentschlossener sind als die anderen. Sie wissen selbst nicht, was sie werden wollen, und wenn sie irgend etwas sagen, so ist es ein leeres Wort. Das sind die Kinder, die bei jeder Berufsberatungsprüfung durchfallen. Sie kommen nirgends an, sie haben den Glauben völlig verloren und sind so schlecht vorbereitet für jede Prüfung, daß in ihnen langsam aber sicher der Gedanke aufkeimt und ein Streben in ihnen wach wird, doch auf irgendeine Weise den andern zu zeigen, daß man nicht der letzte Mist ist.

Etwas, was sie oft gehört haben, was man ihnen schändlicherweise immer wieder an den Kopf wirft: »Du wirst im Kriminal enden, bist zu nichts nütze, du bist nichts und kannst nichts!«, das fällt alles auf fruchtbaren Boden. Das Kind glaubt ja selbst nicht, daß es etwas ist und kann. Das wird immer von allen Seiten verstärkt. Um nun doch ihr Leben fristen zu können, um diesem Gefühl der Beschämung und Erniedrigung zu entgehen, beginnt ihre Flucht in die Unnützlichkeit. Schon in der Schule ist es so, daß sie dieser Institution ausweichen wie dem bösen Feind. Wo sie können, bleiben sie der Schule fern, und das geht sogar so weit, daß die Entschuldigungen gefälscht werden und daß sie ihre Zeugnisse fälschen, und nicht immer kommen die Eltern und Lehrer dahinter. Wenn Eltern und Lehrer sagen: »Mir kannst du nichts vormachen!«, dann weiß das Kind schon: Wie oft bist du nicht dahinter gekommen, ich muß es nur schlau anstellen! Anstatt in die Schule zu gehen, sucht es entlegene Orte auf. Hier findet es andere, die vor ihm schon den Weg gegangen sind und genau erprobt haben, wie man das zu machen hat, die auch schon wissen, wie man sich auf dem Gebiet des Unnützlichen auszeichnen, wie man den Glauben an sich selbst heben und zeigen kann, daß man ein ganzer Kerl ist. Oft ist es so, daß die Jüngsten aufgestachelt werden, die Leiter im Hintergrund bleiben und die Neulinge vorschieben, die dann mit der Polizei zu tun bekommen. Dort erhalten sie immer wieder neue Eingebungen, daß man es noch schlauer anfangen muß. Weil ihm der Weg auf die nützliche Seite gesperrt zu sein scheint, bleibt er auf der unnützlichen Seite. Und das ganze Unglück ist entstanden dadurch, daß sie sich nicht als Mitmenschen gefühlt haben.

Die Behandlung solcher Kinder kann nur so sein, daß man ihnen diesen Kontakt wieder gibt. Wer das einmal getan hat, weiß, wie beseligt ein solches Kind ist, wenn es ein neues Erlebnis hat, wenn ihm jemand entgegentritt, der selbst ein Mitmensch ist, der sich die Mühe nicht verdrießen läßt, sondern unablässig darauf dringt, dieses Kind an den rechten Platz zu stellen und den richtigen Kontakt herzustellen. Oft kann durch kleine Äußerlichkeiten dieser Kontakt verhindert werden, z. B. wenn ein solches Kind nicht frühzeitig genug mit anderen Kindern zusammenkommt und in die Gemeinschaft der Menschen tritt, oder wenn jemand, obwohl er sein Kind lieb hat, sich nicht die Zeit nimmt und selbst ein isolierter Mensch ist. Dann fördert er nicht den Kontakt mit dem Kinde. Da gibt es eine Anzahl Kleinigkeiten im Haus, im Familienleben, die so häufig Verfehlungen werden, wo man ganz leicht ansetzen könnte zum größten Gewinn aller Teilnehmer; z. B. halte ich die gemeinsamen Mahlzeiten innerhalb der Familie für etwas außerordentlich Wichtiges. Nur müssen sie auch verstanden werden als die Gelegenheit, den Kontakt mit den Kindern stärker zu knüpfen. Das geht nicht, indem man ein saures Gesicht macht, man den Stock neben sich stellt, den Kindern alle ihre Verfehlungen vorhält. Wo es nur halbwegs irgendwie geht, dort rate ich, daß man den Tag beginnt mit einem gemeinsam eingenommenen Frühstück, nicht daß jeder um eine andere Zeit zu essen beginnt, daß der eine noch zu Bett liegt, während der andere schon zur Schule geht. Es unterlaufen da auch noch andere Fehler, nicht nur der, daß man den Kindern ihre Gemeinsamkeit dadurch zerstört, daß man gerade am Tisch auszukramen beginnt und von den Sachen spricht, bei denen sich das Kind denkt: Ach, wenn das doch schon vorbei wäre und ich die Leute nicht mehr zu sehen brauchte! Natürlich ist das ein ebenso großer Unfug, wenn da einer bei dem anderen sitzt und die Zeitung herausnimmt und liest. Das geht nicht, weil da das Kind leicht das Gefühl hat: Warum sitze ich eigentlich hier? Natürlich ist es auch nötig, außerhalb der Mahlzeiten den Kontakt mit den Kindern zu pflegen, so weit, bis die Kinder den Kontakt auch auf andere überleiten können. Deshalb erscheint es mir sehr wichtig, daß ein Kind mit drei Jahren in die Gesellschaft eintritt.

Bei der Anknüpfung des Kontaktes, bei dem die Mutter eine so ungeheuer große Rolle spielt, kann noch ein anderer größerer Fehler begangen werden, und das ist der, daß die

Mutter den Kontakt so stark macht, daß dem Kinde nichts mehr übrig bleibt für die anderen Menschen. Da entsteht ein Lebenskreis Mutter–Kind, mit dem alles andere ausgeschaltet wird. Es handelt sich bei dieser Betrachtung um die verzärtelten Kinder. Diese Mutter ist natürlich infolge ihrer Überlegenheit die Stütze für dieses Kind, allezeit hilfsbereit, immer anregend, und wird auch von dem Kinde immer gefordert, ist ihm zu Willen, bewahrt es vor allem möglichen, ist immer ängstlich zur Seite, gestattet dem Kinde nicht seine Funktion, seine Bewegung, sich selbst auszuspielen; und weil die Mutter alles für dieses Kind tut, bleibt diesem Kinde nichts mehr zu tun übrig. Nicht mal zu denken braucht ein solches Kind, nicht zu handeln, weil die Mutter alles besorgt. Da sehen wir, daß die Schwierigkeiten bei einem solchen Kinde fast die gleichen sind wie bei der ersten Art von Kindern. Sie sind auch ausgeschaltet aus der wichtigsten und größten Gemeinschaft. Sie haben nur die Mutter erlebt, die bei der Gelegenheit alle anderen Mitmenschen ausschaltet. Es geschieht sehr oft, daß der Vater diese falsche Entwicklung bemerkt und dem beikommen will, daß er beispielsweise eine härtere Erziehung einführt. Was geschieht? Das Kind schließt sich noch inniger an die Mutter an und schaltet den Vater noch mehr aus. Es will von ihm nichts mehr wissen. Es muß zwischen Vater und Mutter ein Plan besprochen werden, bei dem das Kind nicht noch mehr vom Vater abgedrängt wird. Es ist nicht so schwer für einen Vater, das Kind auch für sich zu gewinnen, nur muß er dabei im Auge behalten, daß damit noch nicht viel gewonnen ist. Man muß dafür sorgen, daß auch andere Menschen an das Kind herankommen.

Das ängstliche Kind stammt aus dieser Gruppe der Verzärtelung, denn die Angst ist nichts anderes als der Notschrei nach einer Hilfe, und das können wir solchen Kindern auf Schritt und Tritt ansehen. Ja, es geht oft so sehr in die ganze Körperlichkeit des Kindes über, daß diese Kinder nicht allein stehen können und sich immer anlehnen; ist die Mutter dabei, dann lehnen sie sich an die Mutter an. Sie schreien, wenn die Mutter sie allein läßt. Natürlich wird das für die Mutter zu einer großen Aufgabe; so rächt sich ein Irrtum in der Erziehung an dem, der ihn begangen hat. Das Kind hat falsche Lebensformen gewonnen, und Anschreien hilft da nichts. Auch nicht in Fällen, in denen das Kind Unfug macht, nicht einschlafen will, die Nachtruhe stört, nur zu dem Zwekke, um die Mutter immer wieder heranzuholen. Im Schlaf kann das Gefühl der Isolierung so stark sein, daß die Kinder an Aufschreien zu leiden beginnen, eine Entwicklungsform, wo sich solche Kinder schon als nervöse Kinder entpuppen. Dann muß der Nervenarzt eingreifen. Bei den Kindern, die ins Bett nässen, liegt nicht selten auch dieser Fehler vor. Dann ist es nichts anderes als ein Anzeichen dafür, daß das Kind mit seinem ganzen Körper, mit seiner Blase spricht und erklärt: Mich darf man nicht allein lassen, auf mich muß man achtgeben, mich muß man immer hüten! Solche Kinder werden oft hart gezüchtigt und immer erfolglos. Wenn man von recht großen Mißhandlungen von Kindern hört, dann handelt es sich meist um Bettnässer. Bei solchen Kindern findet man in der Umgebung stets jemand, der alle Formen der Kultur fallen läßt und die Kinder auf martervolle Weise behandelt. Aber die Sache wäre viel einfacher und menschlicher zu beseitigen. Damit wird das Kind kein anderes, daß es gestraft wird, sondern erst, wenn wir erkennen, die Kinder haben ein so schweres Unsicherheitsgefühl, daß sie auch nachts an die Mutter appellieren, etwas, was nichts anderes ist als beispielsweise die Kinder, die beim Schlafengehen Geschichten machen: man muß ihnen die Decke richtig legen, das Licht brennen lassen, die Tür offenstehen lassen. Diese Kinder sind dann mangelhaft vorbereitet für die Schule. Darf es uns da wundern, daß solche Kinder schlecht bestehen? Wenn diese Kinder mit Zittern, Weinen und Schreien, mit Mühe und Not in die Schule gebracht werden, und sie finden dort einen freundlichen Lehrer, viel freundlicher, als sie erwartet haben, und zufällig beschäftigt sich der Lehrer mit ihnen, dann kann noch alles gut werden. Sonst aber wird es nur schlimmer. Diese Kinder kommen zu spät, haben ihre Aufgaben nicht richtig gemacht, verlieren ihre Bücher, ihre Schultasche, sitzen teilnahmslos da. Prüft man sie, so zeigt es sich, daß sie keine Konzentration haben. Ihr Gedächtnis scheint gelitten zu haben, nicht wirklich, sondern sie haben nur Gedächtnis für ganz andere Dinge, sind konzentriert auf ganz andere Dinge. Sie stehen auch zu ihren Kameraden in einem schlechten Verhältnis und finden nur dort Anschluß, wo jemand ihnen mit größter Wärme entgegenkommt.

Nun kann man solchen Kindern begegnen, bei denen die

Umwandlung aus einem zärtlichen Kinde plötzlich zu einem anderen wird. Nämlich, die Bedürftigkeit solcher verzärtelter Kinder wächst automatisch. Sie wird immer größer, und die Forderungen, die sie an die Mutter stellen, werden oft unerfüllbar. Aber sie wollen ihre Forderung erfüllt haben, und so kommt eines Tages der Moment, wo sie anfangen, die Mutter zu tyrannisieren, sie schreien, sie stampfen. Die Vorbereitung dazu stammt von viel früher, ja nicht selten bekommt man dann Kinder zu sehen, von denen die Mutter sagt: Das war doch ein so zärtliches Kind. Ist dieses Kind ein anderes geworden? Durchaus nicht. Wenn man dem Kinde alle Wünsche erfüllen würde, würde es auch nicht schreien, nur, daß dies jetzt nicht mehr so leicht möglich ist. In der Schule dieselben Erfahrungen wie bei dem anderen Typus. Es braucht eine Schonzeit, innerhalb der es sich entwickeln kann, in der es gleichen Schritt halten kann mit den anderen Kindern. Darauf wird heute noch zuwenig geachtet.

Ich bin überzeugt, daß jeder, der von unserem Aussichtspunkt aus die Kinder betrachtet, zu demselben Schluß kommt, daß man solche Kinder langsam erziehen muß, daß man Geduld haben muß, daß man immer auf den wunden Punkt aufmerksam machen muß in der Weise, daß man danach strebt, sie mit allen Mitteln selbständig zu machen. Sie sind unordentlich, und wenn ich davon höre, dann sehe ich immer eine Gestalt auftauchen, die Ordnung macht. Aber ebenso sehe ich diese Gestalt auftauchen, wenn man von einem lügenhaften Kinde erzählt. Da ist mir immer, als ob ich eine starke Hand um den Kopf des Kindes sehen müßte, der gegenüber das Kind auszuweichen trachtet. Diese Bewegung wird dann in der Lüge manifestiert.

Es gibt noch eine Gruppe von Kindern, die wir hier anschließen müssen. Das sind die Kinder, die mit schwachen, minderwertigen Organen zur Welt kommen. Sie kommen in die gleiche Lage wie die anderen. Sie empfinden alle kleinen Aufgaben als drückend, haben nicht das Gefühl, gewachsen zu sein, sehen und hören nicht gut genug, haben in ihren besten Fähigkeiten gelitten. Ihre Aufzucht und Ernährung machen besondere Schwierigkeiten, sie leiden, haben Krämpfe, sind Tag und Nacht gestört, kommen nicht zu einem ruhigen Schlaf, ihre Lungen sind mangelhaft entwickelt, und ein körperliches Schwächegefühl bleibt. Auch hier wieder kann

durch organische Bedingtheit das Schwächegefühl der Kinder außerordentlich groß werden. Freilich werden alle Gruppen von Kindern ein Streben haben, über diese Schwierigkeiten hinauszukommen. Sie werden auffällig viele Maler finden, die irgendwelche Gebrechen der Augen haben, auffällig viele Musiker, die mit ihren Ohren zu leiden haben und nicht nur mit zufälligen Ohrenerkrankungen, sondern mit angeborener Krankheit. *Beethoven, Bruckner* usw. sind bekannte Beispiele dafür. Aber sie haben die Schwierigkeiten überwunden, haben gestrebt, und in diesem Streben haben sie den Mut nicht verloren. So haben sie aus dem Kampf mit dem Schwierigen neue Kräfte gezogen. Unter den Malern sind viele sogar farbenschwach oder farbenblind, die doch das Größte geleistet haben. Wenn Sie ihre Malerei ansehen, werden Sie finden, daß sie die feinsten Unterschiede beherrschen, und das alles nur, weil sie den Mut hatten, Widerstand zu leisten, sich nicht zu ergeben. Die Mängel des Kindes können unter Umständen ein Vorteil sein, aber nur dann, wenn wir den Mut eines solchen Kindes nicht untergraben. Wenn wir ihn aber untergraben, dann können wir auch das grausamste Schicksal über diesen Menschen verhängen; und wenn Sie nachdenken und sich hier vorstellen, daß all dieses Grundsätzliche nicht nur auf Kinder anzuwenden ist, sondern auch auf Erwachsene, auch auf ganze Gruppen und ein Volk, dann werden Sie eine wundervolle Einheit darin finden.
Wir erwarten von Erziehern und Eltern, daß sie das Streben des Kindes auf die nützliche Seite lenken, daß sie den Mut zu diesem Streben nicht unterbinden. Das sind die zwei Forderungen, die wir an die Erzieher stellen müssen.
Dieses Erdenrund ist nur für mutige, selbstbewußte Menschen erträglich. Es bietet nur dem etwas, der sich im Einklang weiß und der die Schwierigkeiten, die sich ihm bieten, in allen ihren Verzweigungen nicht fürchtet, sondern sie zu überwinden trachtet. Darum leiten sich wohl auch aus dieser unabänderlichen Verknüpftheit Mensch–Erde, Mensch–Mensch, zu der noch eine dritte kommt, die der beiden Geschlechter, offenbar richtige Grundsätze für unser Leben, für unser Wirken, für die Ausstattung unserer Lebensformen, für unsere Entwicklung ab. Wir können nur die Grundsätze gelten lassen, die diese Verknüpfung anerkennen, die geeignet sind, aus einem Menschen einen richtigen Erdenbewohner zu

machen, einen richtigen Mitmenschen innerhalb einer sozialen Organisation, und die mit einer richtigen Lösung ihn seiner Lebensfrage mit weisem Sinn nahebringen.

In der Aussprache, die diesem Vortrage folgte, wurden folgende Fragen gestellt:

1. Ob die Gründe einer Verwahrlosung auch in der Erbmasse eines Kindes liegen können?
2. Können wir unsere Kinder zusammenbringen mit den Schwererziehbaren, ohne daß wir körperliche Züchtigung haben? Ist es richtig, schwer erziehbare Kinder gemeinsam mit den anderen zu erziehen oder in besonderen Klassen zu vereinigen?
3. Ist es richtig, daß wir begabte Klassen aussondern?

Antwort zu 1:
Gäbe es Kinder, die in ihrer Erbmasse bereits so verschlechtert sind, daß man ihnen nicht helfen kann, so daß sie unbedingt verwahrlosen müssen, so würde es kaum recht lohnen, Pädagogik zu betreiben, vor allem nicht an solchen Kindern. Es hat aber noch nie jemand ein Maß der verschlechterten Erbmasse bestimmt, welches zu einem Schluß berechtigen würde, daß hier Hopfen und Malz verloren wäre. Es war immer umgekehrt, immer so, daß, wenn es nicht gelungen ist, ein Kind auf den richtigen Weg zu bringen, der Erzieher sich dann auf die schlechte Erbmasse berufen hat. Ich habe Kinder mit sehr schlechter Erbmasse gesehen, die aber zu den Besten gehört haben, und ich habe Kinder mit sehr guter Erbmasse gesehen, die zu den Schlechtesten gehört haben. Auch wenn ein Erzieher glaubt, daß er wegen der Erbmasse nichts ausrichten könne (dabei sehe ich von defekten Kindern ab), dann möchte ich raten, er möchte es einmal einen anderen versuchen lassen und die Gesichtspunkte hinanbringen, die ich entwickelt habe. Es ist eine sichere Tatsache, daß es schwere Fälle gibt, und wir haben oft genug Blut geschwitzt, aber es ist doch vorwärtsgegangen. Wenn ich auf dem Standpunkt stünde, daß man in gewissen Fällen nichts ausrichten könne wegen der Erbmasse, so würde ich doch um so sicherer davon überzeugt sein, daß es mir gelingen könnte, bei allen Kindern mit guter und schlechter Erbmasse ein annehmbares Ergebnis zu erzielen, kurz gesagt: Ein Kind verderben kann man

immer, ob es eine gute oder schlechte Erbmasse hat. Folglich kann die Erbmasse keine solche bedeutungsvolle Rolle spielen, wie es heute noch zu sein pflegt, insbesondere in der medizinischen Betrachtung, wo jede pädagogische Einsicht in der Regel fehlt. Ein Zusammenhang besteht natürlich und muß deutlich hervorgehoben werden, es ist nämlich der, daß ein Kind mit minderwertigen Organen – das wäre ja die schlechte Erbmasse – leichter als ein anderes in ein Verhältnis geraten kann, in dem es ein starkes Minderwertigkeitsgefühl entwikkelt. Das festgestellt zu haben, ist aber eine Leistung unserer Wissenschaft und ist der Ausgangspunkt für alle unsere Betrachtungen. Wir sehen sehr bald, daß das ein relatives Verhältnis ist, daß nämlich ein Kind mit einer schlechten Erbmasse in günstigen Verhältnissen sich mindestens so verhält wie ein Kind mit einer guten Erbmasse in schlechten Verhältnissen. Kommt nun ein derartig schwach organisiertes Kind auch noch in schlechte Verhältnisse, findet man für dieses Kind keinen Erziehungsplan, der genau geeignet sein muß, so ist es sehr leicht möglich, daß die Erziehung hier zwecklos bleiben kann und immer schlechte Ergebnisse herauskommen. Ich halte es für untunlich, daß ein Pädagoge sich auf diesen Standpunkt stellt, denn er hat vor allem die Aufgabe, den aktiven Optimismus in sich zu tragen und auf seine Kinder weiterzugeben. Bevor man Kinder wegen ihrer Erbmasse zur Seite schiebt, sollte erst unsere Methode probiert werden.

Antwort zu 2:
Ob man schwer erziehbare Kinder in der gewöhnlichen Schule belassen soll oder nicht? In der Familie kann man sich nicht anders helfen. Die Entscheidung hängt vom Grade ab. Für schwere Fälle muß besonders gesorgt werden. Für gewisse Entartungen ist die Schule ein ungeeigneter Aufenthalt. Man muß solche Kinder auch oft aus der Familie herausbringen.

Antwort zu 3:
Wie Sie aus dem Unterton meiner Auseinandersetzung gefühlt haben, glaube ich nicht an die Begabung. Alles ist selbsterarbeitete Schöpferkraft. *Goethe* sagt: Das Genie ist vielleicht nur Fleiß! Was die Schule, was das Leben verlangt, das kann jedes vollsinnige Kind leisten. Wenn man Klassen-

einteilung macht nach dem schönen Schlagwort: »Freie Bahn dem Tüchtigen«, also in Begabte und Unbegabte teilt, dann kommt man zu großen Mißerfolgen, die sich ja bei den ausgeprägten begabten Klassen herausgestellt haben.
Ich möchte auf eine Gefahr aufmerksam machen, der die Erzieher unterliegen, wenn sie gar zu sehr auf die Begabung schwören. Wenn Sie einem Kind beibringen, daß es begabt ist, dann kann es sehr oft geschehen, daß das Kind sich keine Mühe mehr gibt und hochmütig wird. Das ist sozial falsch. Das ist aber noch nicht das Schlimmste, sondern, wenn einem solchen Kinde auf seinem weiteren Gang durch das Leben Schwierigkeiten entgegentreten, dann kann es geschehen, daß es eine Niederlage mehr fürchtet, als es einen Erfolg verlangt; dann beginnt ein Zögern und Zweifeln, und dann stellen sich nervöse Erkrankungen ein, und das Kind bleibt haften und kann nicht weiter. Man denke an die Wunderkinder. Sie haben oft schlecht geendet. Dann gibt es noch eine zweite Seite. Das sind die sog. Unbegabten, an die ich in Wahrheit nicht glaube. Deshalb bin ich dagegen, daß man Begabte und Unbegabte teilt. Ich glaube nicht, daß das in Zukunft irgendwelchen Erfolg zeitigen wird. Ich weiß aber, daß man dadurch den Begabten nichts nützen wird und den Unbegabten schadet.
Man muß lernen, ein Kind als einen gleichwertigen Menschen zu behandeln. Das wird dem leichter gelingen, der die Neigung hat, in dem anderen einen gleichwertigen Menschen zu finden. Wer diese Neigung nicht hat, dem wird das schwer gelingen, sich dem Kinde gegenüber als ein gleichwertiger Kamerad zu fühlen. Das muß vorausgehen. Die ganze Erziehung hat darauf hinauszulaufen, daß man das natürliche Minderwertigkeitsgefühl auf die Nützlichkeitsseite hinlenkt und sich auf das Nützliche erstrecken läßt. Dazu gehört die Gleichwertigkeit. Ich glaube nicht an die Fähigkeit oder Unfähigkeit des Kindes, sondern nur des Erziehers.

Die Individualpsychologie als Weg zur Menschenkenntnis und Selbsterkenntnis*

Ich weiß nicht, ob Sie mir am Schlusse dieses Vortrages dankbar sein werden, wie ich Ihnen für Ihren freundlichen Besuch, wenn jetzt das ganze Rüstzeug der Individualpsychologie vor Ihnen aufmarschiert, und ich glaube nicht, daß es mir gelingen wird, diejenigen zu überzeugen, die vielleicht noch nicht eingeweiht und unserer Aufgabe noch nicht nähergetreten sind. Ich habe oft auch bei wissenschaftlichen Kritikern gefunden, daß sie eigentlich nur das Nebensächliche hervorheben, die Klaviatur unserer Arbeit, unseres Instrumentes kennen und glauben, wenn sie die Klaviatur betrachtet haben, daß sie auch schon ganz verständnisvoll über die Leistungen urteilen können, die auf dieser Klaviatur exhuminiert werden. Das ist aber nicht der Fall. Wenn einer meint, unsere Feststellungen über das Minderwertigkeitsgefühl, das Streben nach Macht, die Kompensationen verschiedener Formen desselben seien die einzigen Aufgaben und Leistungen der Individualpsychologie, so irrt er sich.

Es handelt sich uns darum, die Linien und Wege auf dem weiten Gebiet der menschlichen Seele, die entwickelten Melodien des einzelnen Menschen kennen und verstehen zu lernen, welche klingen wie eine Symphonie, die ein *Komponist* zustande gebracht hat. In diesem Sinne ist jeder Mensch ein Künstler, denn er hat aus irgendwelchen angeborenen Faktoren und Möglichkeiten etwas *geschaffen*. Sein seelisches Bild ist daher auch eine *Einheit*.

Das ist das Eingangstor zur Individualpsychologie, ihre notwendige Voraussetzung. Wir könnten eine weitere fruchtbare Arbeit nicht leisten, wenn wir uns nicht lebendig machten, was jeder seelische Ausdruck uns sagt, wenn wir etwa plötz-

* Nach einem Vortrag, gehalten am 6. März 1926 im Zentralinstitut für Erziehung und Unterricht in Berlin; zuerst erschienen in: JOHANNES NEUMANN (Hrsg.): *Du und der Alltag: eine Psychologie des täglichen Lebens.* Berlin (Verlag Warneck) 1926, S. 211–236.

lich bei unseren Untersuchungen abirren würden und vermeinen könnten, es gäbe vielleicht *zwei* Seelen im Menschen, vielleicht sogar mehrere, vielleicht gar keine. Gäbe es keine Einheitlichkeit in der menschlichen Seele, dann wäre natürlich jedes Streben, Klarheit zu schaffen, von vornherein verwegen. Wir können uns da auf große Zeugen stützen, die zwar die Praxis des Seelenlebens nicht so genau behandelt haben, deren Verständnis aber sicher weiter reichte als das vieler moderner Forscher. Es genügt vielleicht, darauf hinzuweisen, daß bei *Kant* die sichere Festsetzung der Einheitlichkeit der Persönlichkeit zu finden ist, ohne die eine psychologische Untersuchung überhaupt nicht denkbar wäre.

Wir sind nun einen Schritt weiter gegangen und haben in die *Entstehung* dieser Einheit der Persönlichkeit Licht hineingebracht. Freilich gibt es Forschungsrichtungen, die an dieser Einheit zweifeln und eine Zwiespältigkeit der Persönlichkeit einleuchtender finden. Tatsächlich finden wir bei denjenigen, die von einer gut gebundenen Einheit der Persönlichkeit ausgehen, viel leichter Eingang und Verständnis als bei naturwissenschaftlichen Philosophen, die gewohnt sind, einzelne Symptome herauszugreifen und zu betrachten. Sie kommen uns so vor wie einer, der aus einer Melodie eine Note herausgreift, um den Wert der einzelnen Stelle zu beurteilen. Die Bedeutung der Note, des Akkordes, dieses Taktes geht aber nur aus der Betrachtung des Zusammenhanges hervor, wenn wir die Einheit der Melodie zuerst auf uns wirken lassen und aus dieser gefühlten Einheit die Einzelheiten beurteilen.

So sonderbar es manchem klingen mag, es hat nie jemand anders geurteilt, als daß er zuerst das Ganze zu erfassen und in den Einzelheiten wieder die ganze Linie zu entdecken versucht hat, die sich durch das Ganze hindurchwindet, diese Linie, die Bewegungslinie, die uns das Seelenleben vorstellen muß, in dem nichts Ruhendes, in dem jedes Element dieser Bewegung Schluß einer vorhergegangenen Bewegung und Beginn einer neuen ist, etwa, wie auch in einem Film, der sich vor unserem Auge abrollt, jedes Bild nur verständlich wird, wenn wir das Ganze im Auge haben, wenn wir die Bewegungslinie weiter ausziehen, den Blick richten auf das Finale dieser Bewegung, das Endziel, zu dem alles zusammentritt. Dichter, wenn sie Personen und Gestalten schufen, handelten so, daß sie bereits zu Beginn, schon im 1. Akt die Grundlinien legten, die unweigerlich zu einem einheitlichen Ende führen mußten. Die großen Komponisten vereinigten schon in den ersten Takten den ganzen Sinn ihrer Symphonie. Sie gaben uns ein richtiges Bild des menschlichen Seelenlebens.

Das Kind, das mit der Fähigkeit zu Reflexen und einer Anzahl von Bedürfnissen zur Welt kommt, ist sehr bald gezwungen, alle seine Bewegungen irgendeiner leitenden Idee unterzuordnen; wir können es nur beiläufig ausdrücken, wenn wir sagen: Selbsterhaltung, Streben nach Überlegenheit, Zwang zur Verteidigung, aber wir verstehen hierbei: es handelt sich in erster Linie um einen *Schritt*, den dieses Kind machen muß. Seine Naturkräfte folgen natürlich auch dem Prinzip seiner Selbsterhaltung, schaffen ihm Möglichkeiten, wenn es einen derartigen Lebensplan entwirft, aber daneben gestaltet es in jeder Minute seine eigenen Fähigkeiten, im Verhältnis zu seiner Umgebung, aus. Dies ist nicht etwa zufälliges Ergebnis, sondern entspricht gesellschaftlichem Zusammenhang, der schon Richtungslinien in sich trägt, die vom Seelenleben des Kindes in sich aufgewogen, zu dessen Lebensplänen und zu dessen Gestaltung herangezogen werden.

Wenn wir einen Begriff einsetzen wollen, um uns zu orientieren, *wohin* diese Bewegung des Seelenlebens gehen wird, so ist es eine Richtung nach *mehr*, nach einer *Ergänzung*, einer *Verstärkung*, nach Kraft, nach Macht, die dem Kind irgendwelche Sicherheit zu bieten scheint, ohne der Situation der Unsicherheit vollkommen Abbruch zu tun.

Diese Situation erzeugt natürlich eine dauernde Steigerungslage, diese trägt nicht nur das Kind in sich, sondern die ganze Menschheit. Dieser Effekt, der auch Unzufriedenheit heißen mag, drängt unablässig zu Kompensationen, zur Erreichung eines Standpunktes, einer Sicherheit.

Der Blick des Kindes ist natürlich nach einem solchen Du-Punkt gerichtet, nach einer Situation, der alle Kräfte untergeordnet sind, und wer diese Bewegung näher betrachtet hat, der versteht, daß ununterbrochen an der Einheit der Persönlichkeit gearbeitet wird, die bestrebt ist, zu den großen Fragen Stellung zu nehmen.

Ist denn das so sicher, daß wir alle Bewegung sind, unser Leben nur als Bewegung zu fassen ist? – Es hätte gar keinen Sinn, wenn eine festwurzelnde Pflanze eine Seele haben würde, sie könnte damit nichts beginnen, da durch ihre

festwurzelnden Organe jede Möglichkeit zur Verteidigung, zum Angriff genommen ist. Seelenleben finden wir nur bei Organen, die in Bewegung sind. Es ist selbstverständliche Tatsache, daß die Zentren der Bewegungsorgane und das Seelenleben innig miteinander verschmolzen sind, so daß wir von psycho-physischer Neutralität sprechen können.
Da nun auch am menschlichen Körper die Bewegungen dazu dienen, ihn in eine sichere Situation zu bringen, darauf gerichtet, die Einheit der Person zu wahren, so wird klar, daß das Seelenorgan des Menschen ein Verteidigungs- und Angriffsorgan und als solches einem Plan eingeordnet ist, daß sich das ganze Seelenleben in einem Zwang befindet zu Organen, die alle Teilbewegungen sind. Alle Symptome müssen dieser ganzen großen Aktionslinie eingegliedert sein, der Bewegungslinie, der einheitlichen Persönlichkeit. – Das ist nun ein für die Psychologie außerordentlich bedeutungsvoller Standpunkt. Natürlich wird derjenige, der diese Voraussetzungen bezweifelt oder angreift, die weiteren Schritte kaum mittun können und nicht verstehen, wie man aus solcher Betrachtung Schlüsse ziehen kann auf die einzelnen Faktoren des Seelenlebens; er wird es nicht verstehen, daß uns eine Bewegung, eine Bewegung im Symptom, bereits eine Tatsache des menschlichen Seelenlebens in seiner Gesamtheit zeigt.
Das Symptom erscheint uns aber verständlich, sobald wir seine Einordnung kennen, sobald wir die einzelne seelische Bewegung nur als einen Teil des Menschen, als Endpunkt einer vorhergehenden und Anfang einer fortschreitenden Bewegung erkennen. Wir müssen dann zu dem Schlusse kommen: Alles, was wir bei einem Menschen im Seelenleben beobachten können, ist *Vorbereitung für eine Weiterbewegung.*
Dadurch wird uns nahegelegt, daß in allen seelischen Erscheinungen *Tendenzen* vorhanden sind, deren Zielpunkt wir kennen müssen, wenn wir sie verstehen wollen. Alle Charakterzüge können etwas ganz anderes bedeuten, sie können in ihrer Ausübung bei verschiedenen Menschen ganz verschiedene Tendenzen in sich tragen. Wenn wir dieser Bahn folgen, so gibt es keine Charakterzüge mehr, sondern einen tendenziösen Sicherungsapparat. Wir kennen Menschen, die ängstlich sind, einen Schritt weiter zu machen, sich in ein Zimmer

einsperren und diese Angst dadurch verlieren. Wenn man ängstliche Kinder beobachtet, so wird man regelmäßig finden, daß diese Angst eine Tendenz in sich trägt und nicht nur Angst in gewöhnlichem Sinne ist. Wir hören von solchen Kindern oft einen Notschrei, einen Hilfeschrei, der dieses Kind mit anderen Personen verknüpfen soll. Wenn ein Kind beim Fortgehen der Mutter aufschreit, ängstlich wird und sich von andern nicht führen läßt, so sehen wir, wie aus all diesen Erscheinungen etwas hervorwächst, was uns das Gesamtbild charakteristischer, besser zeigt, als wenn wir dem Sinn der Einzelerscheinung nachgehen. Ich will dies heute noch an einem komplizierten Fall nachweisen.
Wenn wir uns nun wieder unserem Hauptthema zuwenden, werden wir natürlich diese Voraussetzungen nicht entbehren können, sondern daran festhalten, daß alle Charakterzüge, gleichgültig, wie wir sie benennen mögen, immer eine Tendenz in sich tragen, einem einheitlichen Ziel näher zu kommen. Wir werden weiter sehr bald darauf stoßen, daß in der Menschheit die Charakterzüge durchaus nicht immer geradlinig auf dieses einheitliche Ziel vorstoßen, sondern daß sich merkwürdige Unterschiede und Nuancen zeigen, die zur Beurteilung des Menschen notwendig sind. Es ist nötig, das *ganze* Lebensspiel eines Menschen zu kennen, ehe wir Schlüsse auf Einzelheiten ziehen können. Wir können z. B. beobachten, daß der eine auf sein Ziel *geradlinig* vorwärts geht und selten abweicht, ein anderer, um sich diesem Ziel zu nähern, an einer Stelle, wo er Schwierigkeiten vermuten könnte, in einem Bogen dahin zu gelangen sucht, ein Dritter aber gar einen so großen Bogen macht, daß er überhaupt nicht zu seinem Ziel kommt.
Damit ist nun ein ziemlich klares Bild des Wesens, des Kernes der Persönlichkeit eines Menschen gegeben. Aber diese Linien sind durchaus nicht zufällig. Wir werden uns dabei nicht beruhigen, daß der eine vor einer schweren Aufgabe nicht zurückschreckt, sie geradlinig zu durchbrechen sucht, oder ein Dritter sein Ziel darüber, daß er sich Ersatzteile schafft, aus den Augen verliert; sondern wir werden mit Recht vermuten, daß die Anlagen für derartige Lebensformen in der Vorgeschichte begründet sein müssen, daß auch hier keine Zufälligkeit vorliegt, sondern ein Stück des wirklichen Lebensplanes, ein Stück, das von Anfang an begründet war. Wir werden

auch in anderen Hinsichten bei denselben Menschen immer wieder dieselbe falsche Bewegung beobachten können.
Sind das an sich – so fragt sich vielleicht mancher – nicht sehr gewagte Schlüsse? Aber, kann da einer anders urteilen, wenn er konsequent genug ist, die Symptome nicht zu unterschätzen? Man wird an den sogenannten Neurosen z. B. regelmäßig beobachten können, daß sich einer in Hoffnungen gewiegt hat und dann vor irgendeiner Schwierigkeit zu zweifeln beginnt. Es gibt viele Menschen, die – wenn sie vor einer Aufgabe stehen – ängstliche Bewegungen machen und von derartigen Erschütterungen ergriffen werden, daß ihnen die Lösung ihrer Aufgabe nicht mehr gelingt. Es gibt bei der Zwangsneurose Fälle, daß einer, statt seine Lebensfrage zu lösen, sich mit ganz anderen Dingen beschäftigt, z. B. mit dem Zählen von Fensterscheiben, mit schwierigen Zahlenmanipulationen, die niemandem irgendwelchen Vorteil bringen, die wir aber verstehen aus der Tatsache: das ist ein Mensch, der vor der Lösung seiner Lebensfrage zurückweicht, ein unsicherer Mensch, entmutigt, der nicht an sich glaubt, keinen Optimismus in sich trägt. Den Betreffenden drängt es, sich irgendwo seitwärts in die Büsche zu schlagen. Das finden wir auch bei allen anderen Formen der Neurose.
Wir finden nebenbei auch in allen diesen abwegigen Lebensformen, die sich dadurch charakterisieren, daß sie den Menschen immer auf der Seite des Unnützlichen zeigen, ein Zeichenspiel dieser Menschen, das Ihnen sagt, daß sie aus irgendwelchem Grunde dem Nutzen der Allgemeinheit auszuweichen trachten.
Nun erwächst uns die Aufgabe zu zeigen, woher derartige Charaktereigenschaften, wie Mutlosigkeit, Zweifel usw., kommen, ferner daß alle diese Erscheinungen schon durch den ganzen Lebensplan durch ein Ziel bedingt sind, das diesem Menschen vorschwebt, daß er, wenn die Fragen des Lebens an ihn herantreten, nicht allein vor ihnen zurückweicht, sondern sich auch mit unnützlichen Dingen herumschlägt. Dies alles geschieht durch den Zwang zur Festhaltung der Einheit dieser Persönlichkeit.
Dadurch werden wir darauf gelenkt, die Anfänge einer solchen Bildung zu untersuchen. Dies führt uns zurück bis in die früheste Kindheit, und wir können behaupten, daß wir den Lebensplan eines solchen Menschen, sein Endziel, auf das er

zugeht, seine einheitliche Persönlichkeit bereits im zweiten Lebensjahr ziemlich eindeutig und klar gestaltet finden. Außerordentlich bedeutsam ist dabei, daß diese einheitliche Persönlichkeit besteht, *ohne daß* sie dem bewußten Denken gegeben wäre, *ohne daß* sie der Kritik bewußt ist. Diese Persönlichkeit ist unter Bedingungen und Situationen zustande gekommen, die nicht ewig andauern können, die sich verändern, die aber mit der dem Kinde eigenen Unfähigkeit und Unsicherheit und infolge irrtümlicher Einwirkungen der Umgebung in ihrer Bedeutung überschätzt und unrichtig erfaßt werden. Es erwächst uns daher die Aufgabe, erst einmal den Gesamtlebensplan zu ergründen, zweitens, wenn wir ihn ergründet haben, dessen Irrtümer zu beseitigen. Als Pädagogen treten wir an schwer erziehbare Kinder mit der *Voraussetzung* heran: Hier liegt ein Lebensplan vor, der auf Irrtümern aufgebaut ist, für die das Kind nicht haftbar gemacht werden kann, weil kein Erzieher bisher diese Irrtümer beleuchtete. Keiner glaube, er müsse die Fehler und Unarten der Kinder bestrafen und mit ihnen einen Kampf führen. Das Resultat wäre traurig und beschämend. Der Lebensplan ändert sich nicht, sein Endziel ändert sich nicht, das Kind wird seine Irrtümer nicht erkennen, es wird nicht imstande sein, sich zu bessern, und wird angesichts der Schwierigkeiten, eine Einordnung in das Zusammenleben der Menschen zu finden, verzweifeln. Wenn dies auch wie eine Schematisierung klingt, wir können anders dieses weite Gebiet nicht übersehen, wenn wir nicht eine Ordnung vornehmen, eine Systematik aufbauen.

Daß es sich hier um vorläufige Begriffe handelt, um ein System von Paragraphen, das gleichsam ein Netzwerk darstellt, an dem wir abmessen können, wo wir die Nuancen rubrizieren, aufstellen können, erscheint selbstverständlich. Wir rechnen damit, daß der Höhepunkt unserer Erkenntnis sicherlich auch mit der gegenwärtigen Kultur zusammenfällt. Wir glauben nicht, daß wir die letzten Dinge erforscht, die letzte Wahrheit ausgesprochen haben, sondern daß dies alles nur ein Bestandteil der heutigen gegenwärtigen Erkenntnis und Kultur sein kann; wir freuen uns auf die, die nach uns kommen.

Um dieses Netzwerk zu vervollständigen, treten wir nun an die Lebensfragen heran. Es scheint, daß es drei Lebensfragen gibt, in die sich alle menschlichen Fragen einordnen lassen. Die Lebensfragen haben die Eigenheiten, daß sie nicht für sich allein bestehen können, sondern nur mit den anderen zusammen.

Die erste Lebensfrage ist die Frage der Beziehung des Menschen zu einem anderen, die Frage der Mitmenschlichkeit also. Wenn einer glaubt, daß ihn diese nichts angeht, so irrt er sich, denn diese Frage löst jeder, auch wenn er sie ablehnt. Auch in der Ablehnung zeigt es sich, wie er zu den anderen Menschen steht. Wir sind in der Entwicklung begriffen. Unser heutiges Verständnis ist nur ein bestimmter Entwicklungsstandpunkt, den wir bis zu gewissen Grenzen überholen können. Auf Starrheit haben wir uns nicht gestellt, und uns genügt es zu helfen, daß alle Kräfte für den Fortschritt entbunden werden. Fragen der Freundschaft, der Kameradschaft, der Gemeinschaft sind Fragen aller Mitmenschen, der gesamten Menschheit. Die Möglichkeiten zur Lösung sind jedem Menschen natürlich mitgegeben, weil die Tatsache der menschlichen Gemeinschaft im Begriff des menschlichen Lebens bereits als Voraussetzung enthalten ist. Wir können uns einen Menschen, losgelöst von jedem menschlichen Zusammenhang, nicht vorstellen. Selbst Robinson ist diesen Zusammenhang auf seiner Insel nicht losgeworden; denn er tritt dort auf als ein Mensch, wie wir ihn nur im Zusammenhang mit anderen Menschen kennen. Wen es interessiert, wie diese soziale Triebfeder, dieser Hang, an dem andern Menschen teilzunehmen, sich als einen Teil der gesamten Menschheit zu betrachten, im Menschen Platz fand, der wird natürlich in die Biologie greifen und mit der Tatsache vorliebnehmen müssen, daß jedes Lebewesen, das von Natur aus ungünstig gestaltet und für sich allein nicht genügend stark ist, sich im Gruppen- und Herdenwesen eine Sicherheit schafft. Der starke Löwe, der Gorilla lebt vielleicht allein; aber die schwächeren Lebewesen sammeln sich in Herden, weil aus diesem Zusammenschluß eine neue Sicherheit zur Bewältigung der Naturkräfte ersteht, vielen Gefahren entgangen werden kann und Angriffe durchgeführt werden können.

Unter den Lebewesen, die von Natur aus sehr stiefmütterlich bedacht sind, nimmt sicherlich der Mensch eine erste Stelle ein. Er hat nicht die Ausrüstung jener Lebewesen, die den Kampf mit der Natur aufnehmen müssen, sondern er muß sich erst alles schaffen und muß sich Sicherungen in so unerhörtem Ausmaß aufbauen, wie kein anderes Lebewesen. Unsere ganze Kultur ist ein Effekt dieser Sicherungstendenzen, aus dem Zusammenhang der Menschheit geschaffen. Alle Fähigkeiten des Menschen, die wir schätzen, entstehen aus diesem Zusammenhang, für dessen Auswirkung wir den Begriff des Gemeinschaftsgefühls gefunden haben. Ihm entstammt die Entfaltung aller menschlichen Seelenfähigkeiten, wie z. B. der Sprache, die ja nur ein Gemeinschaftswerk sein konnte und dazu dient, den Zusammenhang zwischen den Menschen stärker zu gestalten. Auch der Verstand ist ein Gemeinschaftskind, wie schon aus seinem Anspruch der Allgemeingültigkeit (Kant) hervorgeht. Ebenso sind Moral und Ethik ohne menschliches Gemeinschaftsgefühl undenkbar.

Sie sehen, wenn man der Frage des Zusammenhanges des einzelnen mit der Gesamtheit nachgeht, ist die Schlußannahme unabweisbar, daß alle Fähigkeiten des Menschen aus dem Zusammenhang stammen. Eben deswegen müssen aber auch die Fähigkeiten des Menschen Mangel leiden, wenn die Gemeinschaftsbeziehungen aus irgendwelchen Gründen gestört, unterbrochen werden. Denken Sie sich ein Kind, das sich vor anderen fürchtet, im anderen seinen Feind sieht, und versuchen Sie, sich vorzustellen, wie dessen Sprache beschaffen sein wird. Sie wird kein einfaches, unbehindertes Band mehr darstellen, sondern das Kind wird meist stottern, scheu sprechen, es wird schon im Beginn seiner Sprachentwicklung lahmgelegt, weil der Impuls fehlt, der aus der Zusammengehörigkeit aller erwächst.

Dasselbe gilt von der Entwicklung des Verstandes. Ein Kind, das man der Gemeinschaft fernhält, dem man ohne Verständnis der Aufgaben der Erziehung sein Gefühl der Zusammengehörigkeit untergräbt, wird, wenn es in die Schule kommt, ein sogenanntes »unfähiges« Kind darstellen und nicht imstande sein, über jene Konzentration des Gedächtnisses zu verfügen, wie sie einem Schulkind schon zu eigen sein könnte. Dies ist eine bedeutsame Tatsache in der Erziehungskunst, und es erscheint uns unbedingt notwendig, darauf Wert zu legen, wenn wir an die Vorbereitung eines Kindes für seine spätere Aufgabe denken. Wenn Sie sich nun vor Augen halten, wie mangelhaft diese Vorbereitung in der ersten Zeit vor der Schule in Angriff genommen wurde, dann werden Sie nicht erstaunt sein, wenn mit Schuleintritt eine schwierige Situation über das Kind hereinbricht, in der sich dieser Mangel an Vorbereitung zeigen wird, ebenso wie in seinem ganzen Lebensplan. Ein derartiges Kind wird in seiner Verstandestätigkeit bereits Lücken zeigen, in seiner Moral, in seiner Sprache, in seinem Gefühl.

Ich sagte schon einmal: Mensch sein heißt ein Minderwertigkeitsgefühl haben; denn gegenüber der Natur, gegenüber den Schwierigkeiten des Lebens, des Zusammenlebens, der Vergänglichkeit des Menschen kann sich ja niemand eines Minderwertigkeitsgefühls entschlagen. Dies ist aber kein Schaden, sondern ein Glück des Menschen, der Beginn, der Ansporn zur Entwicklung der Menschheit, die sich nicht nur selber für geeignet gehalten hat, sondern vorwärtsgetrieben wurde, um sich Sicherungen zu schaffen. Es kann aber dieses Minderwertigkeitsgefühl durch verschiedene Momente so außerordentlich stark vertieft sein, daß die Sicherungen, die ein solches Kind verlangt und erwartet, nicht zu finden sind. Dies ist außerordentlich wichtig, denn wir haben es dann mit Kindern zu tun, die, weil sie sich zu schwach fühlen, Bedingungen stellen, die wir ihnen nicht bieten können.

Wenn Sie auf einen Kreis von Kindern Ihre Aufmerksamkeit richten, denen Schaden dadurch zugefügt wurde, daß man sie in ihrem Kraftbewußtsein behinderte, ihre Selbständigkeit untergrub, so werden Sie verstehen, daß die Vorbereitung solcher Kinder für spätere schwierige Situationen schlecht ist. Es wird sich herausstellen, daß sie nicht genügend geschult sind und Wiederholungsprüfungen machen müssen, um diese Schäden nach Möglichkeit auszubessern.

Fragen wir uns nun, wer uns als die bedeutendste und wichtigste Vermittlerin zur Lösung dieser ersten Lebensfrage erscheint, so tritt sie uns in Gestalt der Mutter entgegen. Die Möglichkeit, der Zwang zur Vergesellschaftung steckt in jedem Kindesleben, und die Mutter als diejenige Person, die vor dem Kinde dieses Gemeinschaftsgefühl erstmalig entfaltet, hat die Aufgabe, dem Kind ein »Du« vorzustellen, mit dem dieses Kind rechnen muß, an das es gewöhnt werden kann. So übt sich das Kind in seiner Beziehung zur Mutter, sie als einen Teil des Ganzen zu empfinden, als Zusammengehörigkeit zu betrachten; *es erlebt in der Mutter den ersten Mitmenschen.* Dabei sind wir schon in der Lage festzustellen, daß diese

Funktion natürlich sehr gute Früchte tragen wird, wenn sie derartig ausgeübt wird, daß Irrtümer nicht hineinkommen. Sie sehen hier aus der Betrachtung der Vorbereitung: wenn die Lösung der Aufgabe durch die Mutter in dem früheren irrtümlichen Sinne ausfällt, wenn sie das Kind so sehr mit sich verknüpft, daß dem Kind die Verknüpfung mit anderen Personen unmöglich wird, sogar die mit dem Vater, dann ist natürlich die Funktion der Mutter mißglückt, ihre Aufgabe verfehlt; das Kind hat dann für alle anderen Personen kein Interesse, sondern wird immer trachten, bei der Mutter zu sein. Es ist auch unmöglich, daß ein solches Kind mutig wird, denn es braucht immer eine zweite Person, und diese Sehnsucht nach der zweiten Person drückt sich deutlich im Charakterzug der Feigheit aus. Solche Kinder müssen feig sein. Sie selbst allerdings, wenn wir sie fragen, werden uns kaum die richtige Antwort geben können.

Das Kind wird immer seine Hand nach der Mutter ausstrekken und damit zeigen, wie unsicher es sich fühlt; ja selbst wenn es schläft, vermag es sich nicht von der Mutter zu trennen, so daß diese sich auch des Nachts um das Kind kümmern muß.

Es ist überflüssig, an die Gedankengänge derer hier anzuknüpfen, welche meinen, daß es sich hier um eine sexuelle Bindung handelt. Es ist ja selbstverständlich, daß sich bei einem derartig starken Band, das niemand anderen gelten läßt als die Mutter, der Sexualtrieb hineinmengt. Es gelingt aber natürlich auch, die Verknüpfung eines Kindes mit einem Tier herzustellen oder auch mit einem anderen Kind. Worauf es dem Pädagogen ankommen muß, ist, die Du-Findung an jeder menschlichen Persönlichkeit oder Macht zu erzielen.

Das war die erste Lebensfrage, nun kommen wir zu der zweiten. Die Frage der Beschäftigung: Wie willst du dich nützlich machen?, ist auch nicht willkürlich in die Welt gekommen. Es geht nicht an, daß einer glaubt, diese Frage wie die erste nicht lösen zu wollen.

Es ist sehr selten der Fall, daß einer einen Beruf ergreift und sich für die *gesamte* Menschheit nützlich macht. Er steht an *einer* Stelle, an der einer stehen muß, wenn der ganze Lauf der Menschheit ihm verständlich bleiben soll. Vielleicht gibt es einen anderen Planeten, wo die Arbeit überflüssig ist; durch unsere Verknüpfung mit der armen Erdkruste ist sie selbstverständlich Notwendigkeit und Tugend, denn unsere Tugenden stammen aus der Notwendigkeit, aus einer richtigen Lösung der Lebensfrage. Es gibt kein anderes Maß als das Gemeinschaftsgefühl; die Erhaltung dieser Allgemeinheit ist Aufgabe jedes einzelnen, ist die Basis der Entwicklung für jeden einzelnen.

Sie werden auch bezüglich der Lösung der zweiten Lebensfrage die mannigfachsten Schwierigkeiten finden und immer wieder darauf gelenkt werden, daß in den Vorbereitungen bereits Irrtümer begangen wurden, die z. B. dadurch zustande gekommen sind, daß das Kind ein schweres Minderwertigkeitsgefühl erworben hat, weil immer jemand da war, der seinen Wert vor den anderen nicht gelten ließ, weil es nicht mitreden, nicht mithandeln durfte. Natürlich ging hierdurch dem Kind sein Selbstwert verloren. Es ist aber merkwürdig und interessant, daß *sowohl* aus den verzärtelten *wie aus* den hart behandelten Kindern Erwachsene entstehen, die sich der Aufgabe der Arbeit nicht gewachsen fühlen. Der Impuls der Gemeinschaft, aus dem heraus jeder seinen Wert bezieht, ist in diesen Kindern nie entstanden. Sie verstehen es nicht, in dieser Allgemeinheit zu leben. Daraus kann man den pädagogischen Schluß ziehen, daß man diese Kinder in eine Allgemeinheit bringen muß, sie nicht isolieren darf; man soll sie auch nicht nur Kindern aussetzen, sondern auch Erwachsenen. Sie müssen im Kleinen eine Welt erleben. Wir verstehen es gewiß, daß alle diejenigen Kinder, die für die Gemeinschaft vorbereitet sind, sobald sie in die Schule kommen, als die aufgeweckten bezeichnet werden, während die anderen immer im Schatten stehen.

Wir kommen nun zur dritten Lebensfrage, zur Frage der Liebe. Die Lösung derselben ist durch das bisher Gesagte in einigen Punkten schon eindeutig beschrieben. Es gibt zwei Geschlechter. Diese Tatsache zu übersehen, gelingt nur außerordentlich schwer. Natürlich werden wir nicht überrascht sein, daß diejenigen, denen es dennoch gelingt, daran vorüberzusehen, allerhand Gründe dafür aufbringen, die aber gegenüber den Tatsachen, daß unser Leben ein Leben der Gesamtheit, der Zusammengehörigkeit ist, daß unsere Fähigkeiten, unser Dasein sich nur fruchtbar gestalten kann, wenn wir uns als einen Teil der Gesamtheit betrachten, einfach nicht bestehen können.

Wenn wir bis jetzt auch immer nur von extremen Fällen gesprochen haben, so können wir dennoch sagen, daß natürlich auch alle Nuancen denselben Grundgesetzen und Bedingungen gehorchen müssen. Die Lösung der Lebensfrage ist nur denkbar unter der Voraussetzung der Mitmenschlichkeit. Jede andere Lösung ist mit dem Fluch der Unrichtigkeit behaftet und zieht – wie alles Unrichtige in diesem Lebenslauf – seine bösen Folgen nach sich. Die Elastizität der menschlichen Seelenart vermag wohl während eines Lebenslaufes durch allerlei Verschlingungen, durch das Eingreifen vieler Faktoren den Zusammenhang von Irrtum und Folge zu verdunkeln. Auch wird uns kurzsichtigen Menschen, wenn die Lösung einer dieser Lebensfragen spät erfolgt, der Zusammenhang oft nicht klar, obwohl derselbe z. B. in den Religionen ziemlich klar ausgesprochen ist. Die Bedeutung einer unrichtigen Lösung in dieser dritten Lebensfrage kann natürlich nur in der Tatsache zu suchen sein, daß hier Irrtümer vorherrschen, welche zu erkennen die bisherige Art der Betrachtung vielleicht überhaupt zu mangelhaft war.

Wir finden auch hier die gleichen Analogien wie bei der Lösung der ersten zwei Lebensfragen. Wo immer wir in der Lösung der dritten Lebensfrage ein Ausbiegen, ein Ausweichen antreffen, da werden wir immer in der Vorgeschichte die Gründe dafür finden. Betrachten Sie z. B. von diesem Standpunkt aus die Homosexualität, so werden Sie in *jedem* Falle schon in der Vorgeschichte den Hinweis auf seine homosexuelle Entwicklung im späteren Leben vorfinden. Es ist ein Irrtum und sieht bloß so aus, als wäre das ein Zeichen dafür, daß hier alles unabänderlich und angeboren wäre; denn bei der Lösung der anderen Lebensfragen konnten wir die gleichen Umstände und Zustände beobachten, eine irrtümliche Entwicklung, gefördert durch Verfehlungen der Umgebung, ohne daß wir annehmen konnten, daß die hieraus entstandenen verfehlten Lösungen den Charakter der Unabänderlichkeit tragen oder auf angeborene Anlagen zurückzuführen wären.

Was wissen wir von den Homosexuellen? Daß sie immer nur Interesse für dasselbe Geschlecht haben. Es sieht allerdings so aus, als ob es *nur* »Interesse« wäre, während es in Wirklichkeit viel *mehr* ist. Fragen wir uns doch einmal, was bei einem normalen Menschen vorgeht, der nur Interesse für das andere

Geschlecht hat. Dieses Interesse steht nicht isoliert für sich da, sondern ist verknüpft mit einer Unzahl von Tendenzen, Strebungen, Vorbereitungen, mit einem ausgedehnten Training, welches der gleichmäßigen Lösung aller Lebensfragen gilt. Wir sind also verleitet, bei den Homosexuellen etwas als »Interesse« anzunehmen, was in Wirklichkeit viel mehr, nämlich ein tendenziöses Training ist, dessen Ursache und Absicht wir suchen müssen. Wir konnten in der Vorgeschichte der Homosexuellen feststellen, daß es sich zumeist um Kinder handelte, die vor ihrem gegengeschlechtlichen Elternteil eine allzu große Furcht empfunden haben. Beispielsweise konnten wir bei Knaben, die sehr strenge Mütter hatten, die es zwar vielleicht ganz gut mit ihnen meinten, aber keine Wärme aufkommen ließen, nicht nur beobachten, daß sie in der Mutter das ganze andere Geschlecht fürchten oder zum mindesten zu respektieren beginnen, sondern auch, daß die Personen, die die Überleitung des Gemeinschaftsgefühls auf die anderen Menschen hätten vollziehen müssen, ihrer Aufgabe nicht gewachsen waren. So kommt eine Lebensform zustande, die bei aller Toleranz doch eigentlich keineswegs richtig ist, denn sie vernachlässigt die wichtigsten Aufgaben der Gemeinschaft. Wir machen immer wieder dieselbe Feststellung, daß jene Irrtümer der Vorgeschichte die mangelhafte Vorbereitung des Betreffenden zur Folge haben und in dem Momente zu wirken beginnen, wenn die Fragen des Lebens an ihn herantreten. Wir finden nicht nur einen Mangel an Training, sondern auch eine Ängstlichkeit und Unsicherheit, die den Weg verlegt. Solche Menschen, seien es nun schwer erziehbare Kinder, Verbrecher, Kranke oder sexuell abwegige Menschen, bieten das Bild, daß sie, zwar immer auf dem Wege zur Lösung des Zieles, in einer bestimmten Distanz davor abbrechend, sich irgendwie mit anderen Aufgaben befassen. Es ist so, als ob sie nicht an die Front gehen könnten, sich irgendwo im Hinterland aufhalten müssen, als ob sie an einem Punkt festwurzeln und sich dort verschanzen, weil ihnen die Lösung ihrer Lebensfrage nicht möglich erscheint, ohne daß sie dabei eine schwere Niederlage erleiden.

Die Betrachtung dieser Menschen ist nicht immer ganz einfach. Wir werden oft finden, daß die List des Menschen ein Ding, eine Erscheinung in sein eigentliches Gegenteil verwandeln kann, daß beispielsweise einer unausgesetzt nach Liebe schreit, aber gerade durch diese unzweckmäßige Art, diese Frage zu lösen, eine Lösung dieser Frage verhindert. So kann es vorkommen, daß einer mit unerbittlicher Hast und Eilfertigkeit seine Heilung von einer Neurose zu erlangen sucht. Aber gerade durch diese Ungeduld, anstatt auszuharren, kommt er nicht zum Ziel. Es kann so auch geschehen, daß schwer erziehbare Kinder ihre eigenen Fehler erkennen und beklagen, aber dabei bleiben. Das ist aber nur möglich, wenn die einheitliche Dynamik in diesem Zusammenhang verhüllt bleibt. Betrachten Sie einmal die große Zahl der *faulen* Kinder. Faulheit ist natürlich keine Tugend, weil sie den Verknüpfungen des einzelnen mit der Gesamtheit und mit dieser Arbeit widerspricht. Wenn ein solches Kind in die Reihe der Menschheit eintritt, so wird es seiner Aufgabe nicht genügen. Deshalb versuchen wir, die Faulheit zu bekämpfen. Die Art, wie sie zu bekämpfen ist, kann nun – wie ich schon früher erwähnte – nicht darin liegen, daß wir diese einzelnen Erscheinungen herausgreifen, um sie zu vernichten. Die Kinder, die uns mit einer Klage über Faulheit gebracht werden, werden uns regelmäßig mit den Worten zugeführt: Wir haben es schon mit der *Güte* versucht, es geht nicht; wir haben es mit der *Strenge* versucht, es geht auch nicht. Beides sind ja auch nicht die Mittel, die wir empfehlen; wir wundern uns vielmehr über Pädagogen, die glauben, daß das Kind, wenn sie ihm zum 101. Male dasselbe sagen, was es schon immer gehört hat, sich nun infolge der Zauberkraft oder der magischen Gewalt dieser Worte ändern soll. Wenn man statt dessen lieber die Vorgeschichte solcher Kinder ins Auge faßte, käme man bald dahinter, daß diese vorläufig letzte Erscheinung eine lange und komplizierte Entwicklung hat. Wir haben es eben mit Kindern zu tun, die nicht an sich glauben, die, da sie sich in ihrer Faulheit geborgen fühlen, diese natürlich finden. Sie haben mit ihrer Faulheit unzweifelhaft eine günstige Situation erhascht, aus der sie sehr schwer herauszubringen sind. Wenn sie irgend etwas nicht zustande bringen, dann sagt man von ihnen nicht: »Das ist ein unfähiges Kind«, sondern man sagt: »Es ist halt Faulheit«, und »wenn es nicht faul wäre, so würde es alles können«. Wenn dieses Kind seine Aufgaben nicht leistet, treibt man es doppelt an, während sich um ein fleißiges Kind, wenn es dasselbe leistet, kein Mensch kümmert. Es gibt sogar Kinder, die nur deshalb faul sind, weil sie so die Aufmerksamkeit der anderen auf sich lenken. Welche Mittel wendet man nun bei diesen Kindern an? Sie arbeiten sozusagen unter mildernden Umständen. Schlägt man sie oder behandelt man sie härter, so kommen sie sich vor wie in eine andere Welt versetzt, wobei sie nicht wissen, an welchem Punkt sie angelangt sind. Auch die Frage der Faulheit gehört also zum System der persönlichen Einheit.

In vielen Fällen beobachtet man, daß ein Kind unordentlich ist, seine Sachen überall herumliegen läßt, keine Ordnung zu halten versteht. Wenn wir nur die Einzelheiten betrachten, so sehen wir nicht viel mehr, als daß es die Ordnung stört und andere belastet. Wenn wir all dies aber im Zusammenhang erblicken, in dem solch ein Menschenkind drinsteckt, dann taucht vor unserem Auge eine andere Person auf, nämlich die, die Ordnung macht. Sie können sicher damit rechnen: wenn Sie von einem Kind hören, daß es unordentlich ist, so steckt jemand dahinter, der für Ordnung sorgt.

Ich möchte in diesem Zusammenhange auf einen weiteren Fehler aufmerksam machen, den Kinder oft begehen. Kinder, die unordentlich sind, *lügen* häufig. Wir finden bald den richtigen Zusammenhang, wenn wir uns selbst die Frage vorlegen: Unter welchen Umständen wäre auch *ich* ein lügenhaftes Kind? Wenn ich z. B. einer Sache gegenüberstehe, die sehr bedrohlich aussieht, der ich mich nicht gewachsen fühle, werde ich unter Umständen auch genötigt sein, zu der Sicherung der Lüge zu greifen. Da sehen Sie auf einmal die Lüge als Sicherung, nicht mehr bloß eine Einzelerscheinung, sondern einen Teil einer großen Bewegung darstellend, mittels welcher – mag man sie auch sonst als abwegig einschätzen – die Oberhand gewonnen werden soll. Dieser Zug, die Oberhand zu erlangen, kann bei manchen Menschen so stark ausgeprägt sein, daß *nur* die Tendenz nach oben übrigbleibt: Sie lügen nicht nur, weil sie eine starke Hand über sich sehen, sondern sie lügen bereits, um mehr zu erscheinen, weil sie sich zu gering eingeschätzt haben. Diese geringe Selbsteinschätzung ist uns als Teil dieser Vorbereitung von außerordentlicher Bedeutung; denn wir erkennen daraus, daß in den ersten Jahren der Kindheit eigentlich der wichtigste Teil der seelischen Entwicklung bereits vor sich geht. Wir konstatieren dies bei allen Arten von Kindern und finden regelmäßig, daß alle Fehler, alle mangelhaften Entwicklungen im späteren Leben bedingt sind durch Irrtümer und Fehler, die in der Kindheit begangen sind. Wir können uns nun auch erklären, warum Erfahrungen so wenig nützen, warum nicht jeder Mensch durch Erfahrung klug wird, warum dies so selten der Fall ist. Weil die fertige Einheit der Persönlichkeit alle Erlebnisse tendenziös umgestaltet und jede Situation so lange wendet, bis sich aus ihr jene »Erfahrungen« gewinnen lassen, die dem einzelnen von vornherein »in den Kram passen«, d. h. seinem Lebensplan angemessen sind. Betrachten wir z. B. ein verzärteltes Kind, das nur bei seiner Mutter weilen will und für alle anderen Dinge kein Interesse hat, und versuchen wir im vorhinein zu erfassen, wie sich dieses Kind in der Schule verhalten wird. Wir wissen genau, daß dieses Kind nicht die richtige Vorbereitung für die Schule hat und nun auch für die Schule nichts übrighaben wird. Es wird sich wehren, schreien, weinen und immer nur mit dem einen Gedanken dasitzen: Wenn ich nur schon wieder daheim wäre. Alle Aufgaben, die in der Schule gegeben werden, wird es mit Widerwillen, mit Abneigung, ohne Interesse aufnehmen. Man wird finden, daß seine Fähigkeiten nicht entwickelt sind, und es wird sich als unfähig entpuppen. Was ist die weitere Folge? Der günstigste Fall ist der, daß es eine schlechte Note erhält. Dies bestärkt das Kind natürlich nur in seiner Auffassung: Hier ist nicht gut sein. Alle solche Erlebnisse werden von dem Kind nur immer in seinem eigenen Sinne aufgefaßt. Bestraft man es dann härter, so wird das Kind in seiner Überzeugung bestärkt: »Ich habe es ja gewußt, ich gehöre nicht hierher.« Wir können uns sein Verhalten zur Schule im vorhinein konstruieren. Hat es z. B. einen Lehrer, der von Natur aus ein sehr wohlwollender Mensch ist, so wird er möglicherweise dem Kinde eine Stütze bilden, weil dieses die Empfindung bekommt: »Der Lehrer ist so ähnlich wie meine Mutter, benimmt sich so ähnlich wie meine Mutter.« Nun ist es aber außerordentlich schwer, aus der Schule eine Situation zu gestalten, die so ähnlich wie bei Muttern ist. In der Schule herrschen andere Gesetzmäßigkeiten, bestehen andere Forderungen. So ein Kind leidet in der Folge unter dem Druck der Mißachtung, wird immer als ein »unfähiges« Kind betrachtet, das – wenn es nun ins Leben hinausgeht – vielleicht schon gar nicht mehr glaubt, daß es für das Leben taugt, immer weitere

Niederlagen befürchtet, vor einer neuen Situation, einem neuen Beruf zurückschrecken wird, weil es immer nur Unannehmlichkeiten erwartet. Es hat schon so viel im Leben mitgemacht, und seine Hoffnungen sind immer zusammengebrochen. Eine Berufsberatung bringt dies alles nicht in Anschlag, sondern urteilt: mangelhaft vorbereitet, nicht in der richtigen Bereitschaft, sich nützlich zu machen usw., und weist ab.

Dieses System zeitigt heikle Folgen und führt zu zahlreichen Übeln im späteren Leben.

Irgendwelche Widersprüche müssen natürlich genauer untersucht werden. Es gibt Kritiker, die sagen: Da haben Sie einen Menschen, der seine Berufsfrage glänzend gelöst hat, dagegen hat er keine Freunde, er will von den anderen Menschen nichts wissen, seine Erotik ist steckengeblieben. Ist dies wirklich die Lösung einer Berufsfrage, wenn einer von 7 Uhr morgens bis 12 Uhr nachts *nur* arbeitet? Ist dies wirklich im Interesse der Menschheit gelegen? Wir sehen hier oft eine irrige Auffassung eines Berufes zum Nutzen der Allgemeinheit und müssen in dieser Einseitigkeit eine Abfindung erblicken, die er mit seinem Leben und mit uns getroffen hat.

Wer sich für diesen Typus interessiert, lese einmal das Weihnachtsmärchen von *Dickens*, in welchem solch ein Mann meisterhaft geschildert ist.

Ich will Ihnen hier noch ganz kurz von einem Menschen erzählen, der in seinem 30. Lebensjahr in eine kriminalistische Angelegenheit verwickelt war. Der Tatbestand der Anklage war dadurch gegeben, daß er Kinder in sadistischer Weise zur Befriedigung seiner sexuellen Gelüste mißbraucht hatte. Für mich galt es nun erst einmal, die Wege zu ergründen, auf denen der Mann zu seiner Perversität gekommen ist, zu dieser mangelhaften Lösung in der Liebesfrage. Wir müssen also die Vorbereitung an der Stelle suchen, an der er in seiner Entwicklung steckengeblieben ist. Der Mann hatte keine Freunde, keinen Beruf. Er lebte von irgendwelchen wilden Spekulationen an der Börse, für die er, allerdings aber auch nur sporadisch, von Zeit zu Zeit, Interesse hatte. Sein Leben floß so hin, daß er im Kaffeehaus saß, Zeitungen las und aufpaßte, wo für seine Gelüste etwas zu finden sei. Er besuchte kein Theater, las kein gutes Buch; für all dies hatte er nur Verachtung. Sein Gang und seine körperlichen Bewegungen sind charakteristisch und leuchten in die Einheit seiner Persönlichkeit. Er spricht mit seinem Körper. Diese wegwerfende Handbewegung (die Hand von oben nach unten verächtlich fallen lassend) sagt sehr deutlich: »Alles ist nichts wert.« Man kann mit ihm sprechen, was man will, immer wiederholt er diese Handbewegung. Diese wegwerfende verächtliche Geste drückt sich aber nicht nur in dieser einzelnen Bewegung aus, sondern z. B. auch in seinen Schriftzügen, die im Wortende in einem nach abwärts gerichteten Schnörkel verlaufen, analog mit seiner Handgeste. Betrachten wir nun die Verfehlungen, wegen denen der Mann vor Gericht gekommen ist, so finden wir eine wunderbare Übereinstimmung mit seiner ganzen übrigen Lebenshaltung. Wie er mit seiner Handbewegung einen Menschen als wertlos bezeichnet, genau so finden wir, daß er auch die Lösung der Liebesfrage praktisch für wertlos ansieht, hinstellt, entwertet.

Sie sehen, daß es uns nicht darauf ankommt, festzustellen: »Das ist ein Mensch mit einem Minderwertigkeitsgefühl, der nach Macht strebt.« Es ist sowohl ein Minderwertigkeitsgefühl als auch ein Streben nach Macht. Es ist natürlich nicht der Logik der Gemeinschaft entsprechend, daß er sich nur Kinder aussucht, die er besiegt. Daß er aber hier unumstrittener Sieger sein will, ist uns als Ausdruck seines Strebens nach Macht verständlich. Seine Lösung der Liebesfrage mußte Mißerfolg haben. Ist es nicht zugleich ein Minderwertigkeitsgefühl auf der einen und ein Streben nach Macht auf der anderen Seite, das diesen Mißerfolg verschuldete? Wir müssen uns hier fragen: »Wie konnte sich dies entwickeln?« Irgendwo muß ein Irrtum begonnen haben, der alles begründet hat. Betrachten wir seine Lebensverhältnisse in seiner frühesten Kindheit.

Er hatte einen sehr weichen Vater, die Mutter aber illustrierte durch ihr Verhalten dieselbe wegwerfende Bewegung, die wir beim Manne wahrnehmen können. Die ganze Mutter ist eine solche wegwerfende Bewegung. Unausgesetzt drückte sie auf den Jungen, der sich ihr zu entziehen versuchte. Der Junge absolvierte seine Schule mit außerordentlich gutem Erfolg; seine Mutter aber hatte immer und immer wieder etwas an ihm auszusetzen. Er war ein guter Musiker, er war ein guter Klavierspieler, ohne hierdurch der mütterlichen Kritik Abbruch tun zu können. Während des Krieges, als er einst beabsichtigte, nach Hause zu fahren, hielt ihm seine Mutter entgegen, sein Cousin wäre schon Leutnant, er aber erst Fähnrich, »komme nicht eher zurück, ehe du nicht auch Leutnant bist«, schrieb sie ihm. Sie hatte das schwächere Kind zum Opfer ihrer Tendenz, alles zu erniedrigen, gemacht, und war nicht fähig, ihre Funktion als Mutter auszuüben, dem Jungen das Gemeinschaftsgefühl zu übermitteln. So kam es, daß der Junge nur eine wegwerfende Bewegung für alles übrig hatte und ein unfähiger und körperlich besonderer Mensch wurde. Der Sexualtrieb meldete sich bei ihm, wie bei den meisten Kindern, frühzeitig. Als die Mutter bemerkte, daß der Junge schon im 3. Lebensjahr sexuelle Regungen zeigte, entflammte ihr Zorn, und sie verfolgte und quälte den Jungen unausgesetzt. Dasselbe, was sie selbst in ihrem Vorgehen zeigte, sah sie nun den Jungen verrichten: nämlich heimlich, von ihr unbemerkt, Dinge tun, die sie ihm verboten hatte, von denen er wußte, daß seine Mutter sie nicht vertrage; denn in der heimlichen Ausübung der Sexualität in frühkindlichen Formen fand er ein Gefühl, der Stärkere zu sein, seiner Mutter überlegen zu sein. Das ist der Gang seiner Entwicklung: heimlicher Kampf gegenüber der für unüberwindlich angesehenen Mutter.

Ein solches Kind ist für die Schule schlecht vorbereitet, nicht etwa in seinen Leistungen, die können außerordentlich gut sein, aber seine schlechte Vorbereitung zeigt sich in seinem Verhalten gegenüber seinen Kameraden. Wir verstehen es, daß sich, wenn ein sonderbarer Vogel in einer Klasse sitzt, alle auf ihn stürzen. Dies erscheint uns wie eine Reaktion der Schuljugend, in der Richtung, das Gemeinschaftsgefühl anzuerkennen und für richtig zu erklären, an dem jeder Anteil nimmt. Wenn sich aber einer darunter befindet, der nicht Anteil nimmt, hierzu nicht couragiert genug ist, so wird er zum Anziehungspunkt für die Angriffe aller Jungen. Dieser Junge denkt sich dann: Habe ich nicht recht, wenn ich mir aus den Menschen nichts mache?

Wir haben gehört, daß der Vater weich war, sich immer des Jungen annahm, ihm jeden Wunsch erfüllte, und fragen uns vielleicht: Warum ist es denn dem Vater nicht gelungen, den Jungen auf einen anderen Weg zu bringen? Weil der Junge in den Kampf mit seiner Mutter verbissen war, hatte alles andere, auch die Weichheit des Vaters, für ihn an sich keine

Bedeutung, sondern diente ihm nur wieder als ein neuer Beweis dafür, wie schlecht die Mutter an ihm handelte. Ist der eine Elternteil weich, der andere streng, so wird der Kampf gegen den strengeren nur um so erbitterter.

In unserer Betrachtung findet die mangelhafte Lösung der Liebesfrage in der Entwicklung dieses Jungen kein *ausschließliches* Interesse. Wir können mehr aus einer Gesamtbetrachtung uns konstruieren, welche Form der Erotik diesem Mann anhaften muß. Ich brauche nur darauf zu verweisen, daß er sich von allen Menschen entfernte, allein stand und von frühester Jugend an die Erotik in der diesem Verhalten entsprechenden Form trainierte. Er wäre bei seiner Form geblieben, aber die Gelegenheit bot ihm noch einen anderen Faktor. Er, der sich mit ängstlichen Gedanken, mit Feindseligkeiten gegen die anderen Menschen ausrüstete, fand sein größtes Interesse sehr bald an Märchen und Geschichten. Da dünkte ihn als der Inbegriff aller Feindseligkeit, die er in seinen jungen Kinderjahren kennenlernte, die Geschichte vom Moloch, dem man Kinder opferte. Nicht allein wegen seiner eigenen Feindseligkeit gegen das gesamte Menschengeschlecht war er geneigt, sich immer wieder in die Geschichte vom Moloch zu vertiefen, sondern weil er sich selbst in die Rolle eines solchen geopferten Kindes hineindenken konnte, und weil er sich sagte: Ich bin auch solch ein Kind, das man dem Moloch opfert. Die schreckliche Seelennot, die er sich in seiner Phantasie vorspiegelt, erweckte in ihm das Gefühl der Angst, des Gruselns.

Warum ist er nun ein Sadist geworden? Er ist einer jener Menschen, die ihre Angsterregung auf das Sexualleben übertragen. Die Angst, die eine allgemein verbreitete Affektion im Menschen ist, hat verschiedene Ausstrahlungsmittel. Es gibt bestimmte Typen von Angst. In den häufigsten Fällen ergreift sie die Herznerven, bewirkt Herzklopfen oder ungleiches Arbeiten der Schläge des Herzens. Es gibt aber auch eine Type der Angst, die die Haare sträubt. Es gibt Menschen, die bei Angst vorwiegend das Symptom des Schwankens, des Zitterns spüren, welches Magen und Darm ergreift, von den vielen anderen gesonderten Typen nicht zu reden. So gibt es auch Menschen, bei denen die Angst das Sexualleben in Mitleidenschaft zieht, wie es in dem betrachteten Falle geschah.

Ich glaube, daß es uns gelungen ist, in der Auseinandersetzung dieses Falles die Erziehungsfehler zu verstehen. Die Ursache für dieses verfehlte Menschenleben war mangelhafte Vorbereitung in seiner Kindheit, und die prägte seinen Charakter. Auf zwei Irrtümer hauptsächlich baute er sein Leben auf. Der eine große Irrtum war, daß er Urteile und Schlüsse, zu welchen ihn das Verhalten der Mutter verleitete, auf alle anderen Menschen einfach schematisch übertrug. Der zweite muß der gewesen sein, daß er die krankhafte Ausprägung des Wesens seiner Mutter nicht als krankhaft erkannte und sie als eine selbstverständliche und notwendige Eigenheit des weiblichen Geschlechtes ansah. Von seinem dritten Lebensjahr an begann dieser Junge sein Training und richtete sein ganzes Interesse nur darauf, seine Macht da zu betätigen, wo sie eine vollkommene schien und ihm ein Gefühl der Sicherheit, der Überlegenheit gab. Er wuchs isoliert auf, wurde durch keine Erfahrungen anderer Kinder bereichert und blieb nur auf jene Eindrücke angewiesen, unter denen er als einziges Kind dieser Mutter stand und litt.

Seine Verfehlungen bei der Lösung der erotischen Lebensfrage gleichen vollkommen seinem ganzen übrigen Verhalten. Er entwertete die Erotik so, wie er alle anderen Gemeinschaftsfragen entwertete. Diese Entwertungstendenz entspricht den Eindrücken, die seine Seele in der allerersten Jugend empfangen hat. Er ist Sadist, weil sein ganzer Charakter, seine Persönlichkeit zu dieser Art des leichten Sieges über Schwächere paßt. Sein Drang, sich selber groß zu fühlen, realisierte sich dadurch, daß er andere unterjochte. Seine Perversität trägt deutlich diese Struktur. Wenn einer die Frage aufwerfen wollte, ob nicht vielleicht sein ganzes Wesen aus seiner Sexualität entstanden sei, so müßte ich zur Beantwortung derselben meinen Vortrag wiederholen und zeigen, daß dies eine unberechtigte Anschauung wäre. Die gesamte Persönlichkeit des Mannes ist durchweg einheitlich aufgebaut, alles in ihm wird nach seinem Ziel dirigiert, und auch die Form seiner Sexualität ist nur durch seinen Charakter bedingt.

Natürlich ist auch die Frage »Wie stehe ich zur Kunst: Malerei, Bildhauerei, Musik usw.?« nur in innigstem Zusammenhang mit allen anderen Lebensfragen beantwortbar? Eine besondere Bindung gibt die Kunst darin, daß sie die Führerin der Menschheit ist. Das ist so auffällig und so betont, daß alle anderen Fragen durch sie beeinflußt werden. Unser ganzes Fühlen, unsere Mitmenschheit wird durch sie beeinflußt. Unser Denken, unser Fühlen steht immer irgendwie unter der Macht des Kunstgenusses und -erlebens. Die Entwicklung der Kunst ist Entwicklung zur Gemeinschaft. Sie lehrt die Menschen sehen und hören, ist selbst eine Art Sprache und stapelt einen Fonds von enormem *Können* auf. Das künstlerische Schaffen ist einheitlicher Aufbau nach einer ihm jeweilig innewohnenden Melodie.

Wir glauben sogar, daß *jede* Art Tätigkeit irgendeine Beziehung und einen Zusammenhang mit der Kunst aufweist, insbesondere sehen wir Individualpsychologen einen besonderen Vorzug unserer Entzifferungsarbeit des menschlichen Seelenlebens darin, daß diese sich rühmen darf, nicht nur Wissenschaft, sondern auch Kunst zu sein.

Damit habe ich meine Aufgabe wenigstens angefangen. Wenn ich nur das eine erreicht habe, daß Sie für diese Art der Forschung Aufmerksamkeit und Interesse gewonnen haben, so glaube ich, für den heutigen Abend für mich genug getan zu haben. Für Sie bleibt die viel schwierigere Aufgabe, die Melodie, diese einheitliche Linie auch in Ihrem Lebenskreis nicht zu vernachlässigen. Es handelt sich um eine Aufgabe, die viel wichtiger ist: um die Behandlung von nervösen Menschen, um eine Vergrößerung der Menschenkenntnis, um eine größere Einsicht jedes einzelnen in das eigene und fremde Seelenleben. Die Beziehungen der Menschen zueinander würden radikal geändert werden können, wenn sie einer dem anderen nicht mehr als unbekannte Größen gegenüberstünden, denen gegenüber man recht vorsichtig und ängstlich sein und sich sichern muß.

Es geht um eine Weltanschauung, die Wirklichkeitssinn enthält, auf die Frage des kindlichen Charakters gerichtet ist, die Entwicklung zum Mitmenschen anstrebt und dadurch eine ungefähr richtige Lösung der drei wichtigen Lebensfragen ermöglicht.

Individualpsychologie*

Unter diesem Namen hat die von dem Verfasser begründete Wissenschaft einer Menschenkenntnis derzeit bereits erhebliche Verbreitung gefunden. Diese verdankt sie in erster Linie ihrer Brauchbarkeit für die Behandlung und Heilung schwererziehbarer, verwahrloster Kinder und nervöser Personen. Aber auch ihr Wert für die Prophylaxe dieser seelischen Entwicklungsfehlschläge, ihre erzieherische Bedeutung also, erfreut sich fortschreitender Anerkennung, und vielleicht gibt es schon heute keine Richtung der Seelenforschung mehr, die nicht mit ihr in gewichtigen Punkten übereinstimmt. An ihren wissenschaftlichen Grundlagen hat sie trotz anfänglichen Ansturms mangelhaft orientierter Opponenten bisher eine wesentliche Änderung vorzunehmen nicht nötig gehabt.

Ihre erste Aufgabe suchte sie in einer besseren Durchleuchtung des Leib-Seeleproblems. Aus der Biologie und der medizinischen Pathologie entnahm sie den Ausgangspunkt ihrer Betrachtungen und stellte fest (*Adler*, Studie über Minderwertigkeit von Organen. Wien 1907, Verlag Urban u. Schwarzenberg[1]), daß das Kind die Wertigkeit und die Tauglichkeit seines Organismus erlebt und in einer Stimmungslage eines länger währenden *Minderwertigkeitsgefühls* zu einem Gefühl der Vollwertigkeit, der Totalität, der Überlegenheit über die Schwierigkeiten der Natur und die sozialen Verhältnisse zu gelangen trachtet. An dieses je nach seiner Insuffizienz und den äußeren Schwierigkeiten gesteigerte *Streben nach Macht* schließen sich richtunggebende Tendenzen, die alle innewohnenden Kräfte und Möglichkeiten nach einem dunkel vorschwebenden Ziel der Vollkommenheit zu entwikkeln trachten. Was immer wir später als seelische Vorgänge, Bewegungen, Ausdrucksformen usw., Fähigkeiten auch und

* Zuerst erschienen in: E. SAUPE (Hrsg.): *Einführung in die neuere Psychologie*. Osterwick/Harz (Verlag Zickfeld) 1926, S. 364–372.

[1] Neuausgabe als Fischer Taschenbuch Bd. 6349.

»Begabungen« finden, stammt aus diesem *individuell* geübten Training, aus der schöpferischen Kraft des einzelnen, die suchend und irrend nach ihrem fiktiven Endziel, nach ihrem Finale strebt. Wir haben demnach alles Recht auf unserer Seite, wenn wir unsere Wissenschaft Individualpsychologie nennen.

Das schöpferische Streben des Kindes vollzieht sich aber auch in einer individuell gegebenen Umwelt, die individuelle Schwierigkeiten setzt. Infolgedessen sind alle seelischen Phänomene, sobald der Start des Kindes nach einem Endziel – entsprechend seiner Ichfindung bereits in den ersten zwei Jahren seines Lebens – vor sich geht, *antwortende Stellungnahmen* entsprechend der Spannung, in der ein Kind sich innerhalb einer bestimmten Situation erlebt. Ausschlaggebend sind demnach nicht die absoluten Werte seiner Organe und Organfunktionen, sondern ihre relativen, deren Verhältnis zur Umgebung. Da auch diese von dem Kinde individuell erlebt wird, so haben wir als Grundlagen des seelischen Aufbaus nicht mit absoluten Werten zu rechnen, sondern mit Eindrücken eines Kindes, die abhängig von hundert Einflüssen und Irrtümern nie kausal zu erfassen sind, sondern nur durch Einfühlung und durch Erfassung des *individuellen Lebensstils* verstanden werden können.

Dabei ist die finale Betrachtungsweise eine unbedingte Notwendigkeit. Ganz abgesehen davon, daß wir einen Menschen nie anders als ein einheitlich gerichtetes Wesen betrachten können, demnach als ein ziel- und planvoll auftretendes Ganzes, erfordern das Leben und planvolle Bewegungen in ihm die andauernde Festhaltung eines einheitlichen Zieles. Die für das Leben und für jede kleinste Bewegung geforderte Zielsetzung erzwingt die Einheit der Persönlichkeit und ihre individuelle Gestaltung, den Lebensstil. Die Teleologie des menschlichen Seelenlebens baut sich also wohl auf immanenten Notwendigkeiten auf, ist aber in ihrer Eigenart eine Schöpfung des Individuums.

Wäre uns nun das Ziel einer Person bekannt, das uns in der obigen Form – Überwindung von Schwierigkeiten – allzu undeutlich gegeben ist, so könnten wir uns anheischig machen, erklären und verstehen zu können, was uns die seelischen Phänomene sagen wollen, warum sie geschaffen wurden, was einer aus seinem angeborenen Material gemacht und warum er es so und nicht anders gemacht hat, wie beschaffen seine Charakterzüge, Affekte, Gefühle, seine Logik, seine Moral, seine Ästhetik sein müssen, damit er zu seinem Ziele gelange. Wir könnten auch verstehen, warum und wie weit er von unserer, des vielleicht Normalen Gangart abweicht, wenn wir etwa feststellen könnten, daß sein Ziel allzu weit von dem unseren oder gar allzu weit von der absoluten *Logik des menschlichen Zusammenlebens* entfernt ist. Wir sind doch imstande, aus einer uns unbekannten Melodie auf den uns bekannten Autor, aus einem Schnörkel auf den Baustil zu schließen, immer aus dem Zusammenhang des Teiles mit dem Ganzen. Die Rechnung des Lebens setzt einer selten in so kunstvollendeter Form. Die armselige Typenlehre sagt uns nichts über den individuellen Fehler. Könnten wir aus den Schnörkeln und Melodien eines Menschenlebens auf sein individuell erfaßtes Ziel schließen und daran den ganzen Lebensstil entwickeln, dann könnten wir ihn nahezu mit naturwissenschaftlicher Sicherheit, beinahe mit mathematischer Schärfe einreihen, wir könnten die Probe auf den Wert individualpsychologischer Forschung ablegen, wir könnten sagen, *wie einer in einer bestimmten Situation handeln wird.*

In einer schier unermüdlichen Arbeit scheint es der individualpsychologischen Schule gelungen zu sein, diese Aufgabe zu lösen. (S. *Adler,* Über den nervösen Charakter. 3. Aufl.[1] – Praxis und Theorie. 2. Aufl.[2] – Handbuch der Individualpsychologie hrsg. v. *Wexberg* – Heilen und Bilden. 2. Aufl.) Das Netzwerk, über das wir heute verfügen, um Zielpunkt und Lebensstil eines Menschen, ob Kind oder Erwachsener, ob schlecht geraten oder nervös, festzustellen, ist auf empirisch gewonnenen Tatsachen aufgebaut, wie sie jedem zugänglich sein konnten, nur daß wir sie dank unserer finalen Anschauungsweise und unserer Zusammenhangsbetrachtung doch in einem besseren Lichte sahen und sie leicht einreihen und verbinden könnten. Wir lernten in jeder seelischen Bewegung zugleich Vergangenheit, Gegenwart, Zukunft und Endziel, gleichzeitig auch die frühkindliche Situation des Betreffenden an der Geburtsstätte seiner Persönlichkeit erblicken.

Der Ablauf des Lebens auch in seinem seelischen Anteil ist eine

[1] Neuausgabe als Fischer Taschenbuch Bd. 6174
[2] Neuausgabe: Ebd., Bd. 6236

auf ein Finale gerichtete Bewegung. Sobald wir in dieser Anschauung mehr sehen als eine Redensart, wenn wir diese Behauptung ernst nehmen, so folgt daraus, daß unter dem Druck des Endzieles jede seelische Teilbewegung eingereiht ist in die ganze Aktionslinie, und Vorbereitung ist für jede anschließende Bewegung. Der tiefste Sinn der ganzen Aktion ist aber die Entfaltung zur Totalität. Infolgedessen ist jeder Schritt auf dem Lebenswege zugleich planvoller Vollzug des Strebens nach Ergänzung; *Kompensation* hat die Aufgabe, ein Minus auszugleichen, von »Unten« nach »Oben« zu gelangen.

Diese kompensatorische Bewegung nun, der tiefste Sinn des menschlichen Lebens, ist schöpferische Kraft. Sie hat die Kultur gestaltet als Sicherung des menschlichen Geschlechtes, wie sie auch alle Ausdrucksformen und den *Lebensstil* des einzelnen schafft als Antwort auf die Anspannungen durch die Außenwelt, als unermüdliche Versuche und *Sicherungen*, eine Balancierung im Kräftespiel Mensch-Erde-Gesellschaft herzustellen. Das Endziel aller seelischen Bestrebungen wird demnach sein: Ausgeglichenheit, Sicherheit, Anpassung, Totalität.

Die Bestätigung einer derartigen Kongruenz oder Inkongruenz erfolgt natürlich nicht nach wissenschaftlichen, mathematischen Prinzipien, sondern gemäß eines individuell erfühlten Eindrucks, der hinwieder von dem individuell konkretisierten Endziel der Vollkommenheit ganz und gar abhängig ist. Je nachdem, ob einer sein sicherndes Endziel, indem er es der Realität anpaßt, in der Rolle eines Kutschers, eines Pferdes, eines Generals, eines helfenden Arztes, eines Retters der Menschheit sieht – wie es in kindlichen Phantasien oder in der Berufswahl durchdringt –, wird er einen gewonnenen Standpunkt empfinden und werten. Hinter all diesen real verständlich gemachten, »konkretisierten« Endzielen steckt immer wieder seine schöpferische Sehnsucht, zu einem Ausgleich zu kommen, steckt immer auch seine Schulung fürs reale Leben und vor allem sein Mut und sein Selbstvertrauen. Sie bedingen auch sein Verhalten, seine Stellungnahme, seine Gangart oder, um in der landläufigen Sprache der Psychologie zu reden, seinen Charakter, sein Temperament, seine Affekte, sein Fühlen und Wollen, die Enge und Weite seiner Logik, die Richtung seiner Aufmerksamkeit und sein Handeln. Als letzte, ausschlaggebende Instanz in diesem Bezugssystem können wir ein *Wert-* oder *Persönlichkeitsgefühl* annehmen, dessen größere oder geringere Befriedigung die Bewegungen des Individuums gegenüber seinen individuell erfaßten Lebensaufgaben erzwingt.

In diesem ganzen Bezugssystem gibt es keine mathematisch erfaßbaren Größen. Nicht die Tatsachen des körperlichen oder seelischen Materials, nicht die hereditäre Begabung wirkt sich im weiteren Leben aus, sondern deren Verwendung innerhalb des in den ersten drei Jahren gewonnenen Lebensstils. So kann z. B. eine »akustische Begabung«, wenn man schon eine solche annehmen will, sehr leicht durch zu viel oder zu wenig Sorgfalt gänzlich unentwickelt bleiben. Oder sie kann durch richtige Schulung und geeigneten Zuspruch geweckt, nein, erzeugt werden. Von Karl dem Großen erzählt sein Biograph, daß er trotz aller Bemühung mangels angeborener Begabung Lesen und Schreiben nicht erlernen konnte. Heute rechnen wir nicht mehr mit solchen Begabungen, seit wir von *Pestalozzi* und anderen die Methoden der Schulung gelernt haben. Und wir kommen über die schweigende Verehrung genialer Leistungen erst hinaus bis zu einem annähernden Verständnis ihres Werdens, wenn wir den individualpsychologischen Anschauungen Rechnung tragen und die vorhergegangene Schulung, das unablässige mutige Ringen mit Schwierigkeiten und den frühen Beginn des entsprechenden Trainings ins Auge fassen.

Ganz in der gleichen Weise müssen wir die kausale Bedeutung von Situation, Milieu oder Erlebnissen des Kindes ablehnen. Ihre Bedeutung und Wirksamkeit entfaltet sich erst sozusagen im *intermediären seelischen Stoffwechsel.* Sie werden vom frühzeitig gewonnenen Lebensstil des Kindes assimiliert. So kann es kommen, daß in einer durchaus moralischen Familie ein Schädling heranwächst, ein wertvolles Menschenkind einer verlotterten Sippschaft entspringt. Nie wirkt das gleiche Erlebnis auf zwei Menschen in genau der gleichen Weise, und Erfahrungen machen nur soweit klug, als es der Lebensstil erlaubt. Die absolut richtige Schlußfolgerung zu ziehen und danach zu handeln, ist offenbar dem Menschen nicht ermöglicht. Und ob es im weiten Reich der Irrtumsmöglichkeiten eine Kausalität gibt, ist unwahrscheinlich. Deshalb und wegen der ungeheuren Vielfältigkeit der konkurrierenden Veranlassungen ist es kaum mehr als ein frommer Wunsch, im Seelenleben eine kausale Betrachtung durchführen zu können.

Infolgedessen durchzieht das ganze Leben und alle seine einzelnen Ausdrucksformen jene einheitliche Aktionslinie, die der Individualität zugrunde liegt. Und so bedeutet jedes seelische Phänomen mehr, als der common sense in ihm erkennt. Nur im Zusammenhang mit seinem ganzen Bezugskreis läßt es sich erkennen, ob eine Lüge eine Prahlerei oder ein Ausweichen bedeutet, ob eine Spende Mitleid oder Großmannssucht, Mitleid Gemeinschaftsgefühl oder Selbstüberhebung verrät. Die gleichen Klänge sagen anderes aus bei *Richard Wagner* und bei *Liszt*. Alle seelischen Erscheinungsformen sind um das Streben nach Überlegenheit gelagert. Aber alle tragen in sich die individuellen Nuancen dieses Strebens und die Größe des *Gemeinschaftsgefühls*, das dieses Individuum an die andern bindet.

Letzteres, dem Menschen eingeboren, bedarf einer steten Entwicklung von frühester Kindheit an. Ohne seine Entfaltung stößt der einzelne auf Schwierigkeiten betreffs seiner Anpassung an die menschliche Gesellschaft. Nicht bloß soziale Rücksichten drängen uns, wie Kurzsichtige meinen, diesen Schluß auf. Nicht unser persönlicher Wunsch und unsere Überzeugung, daß nur bei Entfaltung des Gemeinschaftsgefühls die Menschheit besseren Tagen entgegengeht. Wir dürfen uns vielmehr einer Originalität bei diesem Streben gar nicht rühmen. Alle religiösen, gesetzlichen, staatlichen, sozialen Einrichtungen waren im wesentlichen immer Versuche, das Zusammenleben der Menschen leichter und günstiger zu gestalten, den einzelnen Lebensformen vorzuschreiben, bei denen eine Erhaltung des Menschengeschlechtes gewährleistet erscheint. Diesen Bestrebungen reiht sich die Individualpsychologie an, nur daß sie mehr als die anderen auf die Hindernisse hinweist, die einer Ausbreitung des Gemeinschaftsgefühls im Wege stehen, und bessere Methoden sucht.

Es gibt keine anderen Werte im Leben als die durch das Gemeinschaftsgefühl beglaubigten. Man nenne uns eine einzige wertvolle Leistung, die aus einem andern Grunde wertvoll wäre, als weil sie für die Allgemeinheit nützlich ist. So steigert sich und wächst das durch Schwäche bedingte Minderwertigkeitsgefühl des Kindes, sobald es sich seines mangelnden Wertes für die Gemeinschaft bewußt wird oder ihn dunkel fühlt.

Es wird jedem einleuchten, daß jede Verstärkung des Strebens nach persönlicher Macht der Entfaltung des Gemeinschaftsgefühls Abbruch tut. Ein derartiger Mangel ist aber ungemein bedeutsam für die seelische Entwicklung, für den Lebensstil des Kindes. Denn mit dem Gemeinschaftsgefühl hängen die wichtigsten seelischen Funktionen und ihr Gedeihen innig zusammen. Sprache, Verstand, Moral, Ästhetik bedürfen zu ihrer Übung und Ausbildung der Verknüpfung mit dem Nebenmenschen. Umgang mit Menschen und Menschenkenntnis sind unerläßliche Vorbedingungen für ein gedeihliches Wirken in der Gesellschaft und können nicht theoretisch bewältigt werden. Und da ein wahres Glück untrennbar verbunden ist mit dem Gefühl *des Gebens*, so ist es klar, daß der *Mitmensch* dem Glück viel näher steht als der isoliert nach Überlegenheit strebende Mensch. Die Individualpsychologie hat mit großer Schärfe darauf hingewiesen, daß alle seelisch unglücklichen, der Neurose oder der Verwahrlosung verfallenen Menschen aus der Reihe derer stammen, denen es nicht vergönnt war, in jungen Jahren ihr Gemeinschaftsgefühl zu entwickeln und damit auch den *Mut*, den Optimismus, das Selbstvertrauen, die unmittelbar dem Gefühl der Zugehörigkeit zur Allgemeinheit entstammen. Diese Zugehörigkeit, die niemandem bestritten werden kann, gegen die es kein einziges Gegenargument gibt, kann aber nur durch Mitspielen, Mitarbeiten, Mitleben erworben werden, durch Nützlichkeit für die andern, aus der ein dauerndes, reales Wertgefühl entspringt. Drei große Lebensfragen sind es, in deren Lösung sich der Grad der Mitmenschlichkeit bewährt: in der Beziehung des Ich zum Du – in der produktiven Tätigkeit – in der Liebe. Wie einer sich diesen Fragen nähert, in welcher Distanz zu ihnen er halt macht, wie er sich vor ihrer Lösung sichert – daran erkennt man den Stil des Menschen am besten, besonders dann, wenn er vor einer drängenden Entscheidung steht. Es ist nun ganz leicht einzusehen, daß der sicher in der Gemeinschaft ruhende, deshalb vorbereitete Mensch auch dort noch seinen Mut behält und auf die Seite einer nützlichen Lösung drängt.

Anders der andere Typus, der ferner und fremd der Menschheit und ihren Problemen näherkommt. Allzusehr mit sich und seiner persönlichen Macht beschäftigt, doch aber in Abhängigkeit von der Meinung der andern, die ihm übel zu wollen scheinen und meist als Feinde gelten, in Unsicherheit und Entmutigung seinen Sieg erwartend, doch mehr noch zitternd vor der Niederlage, erlebt er es nun, daß sein zitternder Ehrgeiz sich vor ihm aufpflanzt und ihm den Weg nach vorwärts versperrt, damit er einer Niederlage entgehe. Es wird uns nicht wundernehmen, in der riesigen Zahl dieser Menschen alle jene wiederzufinden, deren Minderwertigkeitsgefühl immer größer gewesen ist. Denn nichts ist der Entfaltung des Gemeinschaftsgefühls so sehr im Wege als ein stärkeres Minderwertigkeitsgefühl.

Die Individualpsychologie hat nun einen großen Teil der Aufgabe gelöst, jene Irrtümer und Fehler aufzudecken, die an der Geburtsstätte des Lebensstils zu einem erhöhten Minderwertigkeitsgefühl Anlaß geben. Der fehlerhafte Start, mit dem gewisse Kinder beginnen, kann später nur durch eine tiefe Selbstbesinnung in seinen Auswirkungen geändert werden. Dazu sind die einigermaßen schweren Fälle der nervösen oder verwahrlosten oder schwer erziehbaren Menschen selten geeignet. Da hat nun die individualpsychologische Methode mit ihrer eigenartigen Technik einzusetzen, die im wesentlichen eine Methode der *uneingeschränkten Ermutigung* ist. In erster Linie bedeutet dies, daß alle *Vorurteile einer angeborenen Begabung* preisgegeben werden müssen. Alle großen Leistungen erscheinen uns als Ergebnisse einer guten Schulung, ungebrochenen Mutes und frühen Beginns des richtigen Trainings. Gegen diese drei Faktoren können Gegengründe nicht zugelassen werden. Und alle sonst ins Treffen geführten Einwände werden als feige Ausflüchte eines feigen Minderwertigkeitsgefühls, als Ausflüchte, um der Entscheidung über den eigenen Wert auszuweichen, entlarvt. Oder sie erweisen sich als Versuche auf der Seite des Unnützlichen, zum Scheine irgendwelcher Bedeutung durchzudringen, wie im Falle der Verwahrlosung und des Verbrechens. Die nervösen Symptome und die Fehler der Schwererziehbaren stellen Bremsvorrichtungen dar, Sicherungen und arrangierte Hemmungen, Selbstblockaden, um einer Entlarvung als minderwertig zu entgehen. Im Laufe dieser Untersuchungen hat sich als besonders bedeutsam herausgestellt, wie wertvoll die Überwindung von anfänglichen Schwierigkeiten für das ganze Leben werden kann, so daß sich der scheinbar paradoxe Standpunkt ergibt, die großen Leistungen kommen vielleicht regelmäßig durch

mutige Überwindung von Hindernissen, nicht infolge ursprünglicher Begabung, eher bei einem Mangel von »Begabung« zustande.
Die Individualpsychologie hat aber auch die Aufgabe gelöst, die namhaftesten Schwierigkeiten klarzustellen, die in den ersten drei Lebensjahren das stärkere Minderwertigkeitsgefühl und damit den problematischen Lebensstil schaffen, der zu den Abbiegungen von der Norm die regelmäßige Veranlassung gibt. Damit ist der Prophylaxe in der Erziehung, der Behütung vor Neurosen, Psychosen und Verwahrlosung ein breiter Weg geöffnet. Diesem Umstand wohl verdankt diese Wissenschaft ihre Anerkennung der Pädagogen. Ebenso hat sie ihre Brauchbarkeit als einzige wissenschaftliche Methode zur Menschenkenntnis erwiesen, indem sie gestattet, aus vereinzelten Schnörkeln, Erinnerungen, Träumen, Phantasien, bewußten und unbewußten Regungen auf den Lebensstil des einzelnen und der Masse Schlüsse zu ziehen. Sie proklamiert die Gleichwertigkeit des Kindes, des Greises, der Frau und findet den Grund von Unterwertungen in den behebbaren Mängeln unserer Kultur und unseres Verständnisses.
Die tiefstgreifenden Veranlassungen zur Erzeugung eines stärkeren Minderwertigkeitsgefühls haben wir in dreierlei Situationen der frühkindlichen Entwicklung feststellen können. Ihr maßgeblicher Schaden liegt einheitlich darin, daß sie bei der Ichfindung des Kindes, vom Ende des ersten Lebensjahres an deutlich bemerkbar, seine relative Schwäche gegenüber den Anforderungen der Umwelt ihm allzu deutlich fühlbar machen. Aus dieser Situation geht das Kind mit einer während des ganzen Lebens andauernden Perspektive hervor, die sein Erleben der Welt andauernd fälscht. Seine Kompensationsversuche arten aus. Seine Unsicherheit ist ein ständiger Begleiter all seiner Handlungen. Nur solche Charakterzüge werden stärker hervorgetrieben, die seinem vermehrten Hang zur Überlegenheit entsprechen oder listige Umwege zu gehen erlauben. Egoistische Züge, eine Neigung zur Isolierung treten stark hervor. Pessimistische Anwandlungen, Furcht vor neuen Situationen, ein Hang zu Ausbiegungen zeigt sich auf allen Linien. Entmutigungen stellen sich leicht ein und führen oft zum Abbruch begonnener Handlungen. Der Kontakt mit anderen Menschen ist immer mangelhaft. Für Lob sind sie

meist sehr empfänglich, Tadel lähmt sie oft in stärkstem Ausmaße.

Als erste große Kategorie solcher Kinder nennen wir jene, die mit *minderwertigen Organen* zur Welt gekommen sind und deren Mängel als Lebensschwierigkeiten erleben. Eine spätere Besserung ihres Zustandes ändert ihr pessimistisches Verhalten zu den Lebensfragen nicht, weil sie dann bereits ihren Lebensstil gefunden haben und demgemäß alle Erlebnisse und Erfahrungen umdeuten und assimilieren. Überwindungen ihrer Fehler, besonders derer der Sinnesorgane, führen nicht selten zu feineren technischen Leistungen, die sie für die Kunst geeignet machen. Die Handhabung eines geeigneten Instrumentes gibt eben weniger Gelegenheit, macht es nicht notwendig, künstlerische Fähigkeiten zu entwickeln. Musiker mit schlechten Ohren, Maler und Dichter mit schlechten Augen kennt die Geschichte in großer Zahl. Auch die Linkshändigkeit stellt eine solche angeborene Minderwertigkeit dar. Es ist begreiflich, daß das endgültige Resultat dieses Ringens um die Selbstbehauptung von mannigfachen Faktoren abhängig ist, unter denen die Ermutigung die größte Rolle spielt.

Die zweite große Kategorie, vielleicht die größte unter allen, stellen die *verzärtelten Kinder*. Sie leben symbiotisch und können schon aus diesem Grunde kein nennenswertes Selbstwertgefühl (*Weinmann*) erwerben. Immer gelangen sie in ein Stadium ihres Lebens, wo die Verzärtelung nicht mehr genügt, wo sie aus dem Paradies vertrieben werden. Bei ihnen ist die heilige *Funktion der Mutter*, ihnen das Erlebnis einer absolut verläßlichen Person zu geben, sie den Mitmenschen erleben zu lassen, nicht über die Mutter (oder eine ähnliche Person) hinaus gediehen, und so vermissen sie immer wieder im Leben jene ursprüngliche Wärme und können den Einklang mit anderen niemals finden.

Dieses Erlebnis des Mitmenschen ist der dritten Kategorie niemals aufgegangen, den *herzlos erzogenen Kindern*. Sie haben überall nur Feinde gefunden und nehmen dazu die geeignete Stellung: wie in Feindesland.

Der Varianten und Abstufungen gibt es viele. Als stellvertretende Schädigungen können zuweilen eintreten: überspitzte Erwartungen, schwierige Stellungen innerhalb der Geschwisterreihe, der Aberglaube mangelnder Begabung usw.

Eine ausführliche Erörterung der Behandlungsmethoden erübrigt sich an dieser Stelle. Sie findet sich in den unten angegebenen Schriften des Autors.[1] Als wesentlich heben wir hervor: Erziehung zu Mut und Selbständigkeit, Geduld in schwierigen Fällen, Vermeidung jedweden Druckes durch zwecklose Ausspielung der Autorität, Vermeidung jeder Herabsetzung durch Hohn, Schimpf und Strafen. Vor allem: *kein Kind darf den Glauben an seine Zukunft verlieren!*

Bei allen drei Kategorien von Kindern wird man, sobald sie im späteren Leben zu straucheln beginnen, den gleichen Weg gehen müssen, wird sie zuerst gewinnen müssen, um sie dann der Gemeinschaft zuzuführen. Mit anderen Worten: man wird nachholen müssen, was an ihnen versäumt wurde.

[1] *Über den nervösen Charakter* (3. Aufl. 1922). Neuausgabe als Fischer Taschenbuch Bd. 6174
Praxis und Theorie der Individualpsychologie (2. Aufl. 1924). Neuausgabe: Ebd., Bd. 6236
Studie über Minderwertigkeit von Organen (2. Aufl. 1927). Neuausgabe: Ebd., Bd. 6349
Heilen und Bilden (2. Aufl. 1922). Neuausgabe: Ebd., Bd. 6220
Internationale Zeitschrift für Individualpsychologie, Jahrgänge 1–4 (Die wichtigsten Beiträge Adlers aus diesen Jahrgängen sind in dem vorliegenden Band abgedruckt; d. Hrsg.)
Handbuch der Individualpsychologie. München (Bergmann) 1926.

Die Individualpsychologie

*Ihre Bedeutung für die Behandlung der Nevosität, für die Erziehung und für die Weltanschauung**

Die ungeheuren Fortschritte der Medizin lassen uns leicht daran vergessen, daß eine zahllose Menge von Kindern mit schwachen, minderwertigen Organen zur Welt kommt und den Forderungen des Lebens nicht gewachsen ist. Die Ursachen liegen fast immer in einer Keimverschlechterung durch Alkoholismus, Syphilis und noch mehr in der Vererbung minderwertiger Organe. Viele von diesen Kindern gehen früher oder später zugrunde. Die meisten aber werden durch sorgsame Pflege, durch die Kunst der Ärzte oder durch ihre eigene Widerstandskraft gerettet. Viele zeigen Schwächen des Organismus durch das ganze Leben, andere kommen durch einen erhöhten Wachstumsschub ins Gleichgewicht oder gelangen auf dem Wege der *Überkompensation* über die normale Funktionsleistung hinaus. Ich habe diese Vorgänge ausführlich beschrieben.[1]

Ich habe damals auch gezeigt, daß sowohl der organische Aufschwung als auch die Bewältigung der Lebensaufgaben die Überwindung von oft großen Schwierigkeiten erfordert, und daß die dauernde Stimmungslage in solchen Fällen durch ein dauerndes und vertieftes *Minderwertigkeitsgefühl* charakterisiert ist, erheblich deutlicher als es der normalen Unsicherheit des Kindes entspricht. Diesem Schwächegefühl entstammt auch eine pessimistische, zweifelnde, unsichere Perspektive, eine tendenziöse Apperzeption, die aus einem Gefühl der Unsicherheit nach beruhigenden, sichernden Zielen drängt. Alle Funktionen der kindlichen Seele, insbesondere die Aufmerksamkeit, das Gedächtnis, das ganze Triebleben, die Gefühlswelt und alle Wertungen gehen ihrer Unbefangenheit verlustig und stellen sich in den Dienst des sichernden Endzwecks, der begreiflicherweise dem Kinde zu irgendeiner Art

* Zuerst erschienen in: *Scientia*, Jahrg. 39 (1926), S. 409–418.

[1] *Studie über Minderwertigkeit der Organe.* Wien/Berlin (Verlag Urban und Schwarzenberg) 1907 [Neuausgabe als Fischer Taschenbuch Bd. 6349].

von Überlegenheit verhelfen soll. Die *Teleologie* im Seelenleben kommt demnach deutlicher zum Ausdruck.
Hierher gehören alle angeborenen Gebrechen der Sinnesorgane, Kurzsichtigkeit, Einäugigkeit, Astigmatismus, Fehler und Mängel des Gehörs, der Atmungsorgane, des Nahrungstraktes, der Exkretionsorgane, der Drüsen mit innerer Sekretion, des Gehirnes und des Rückenmarks. Sie alle, zu denen in auffallender Häufigkeit noch *Linkshändigkeit* zu zählen ist, erschweren mehr oder weniger die Lösung der kindlichen Lebensaufgaben. Sie zwingen dem Kinde ein *erhöhtes Training* auf und gestalten in planvoller Weise die seelischen Funktionen zu einem tragfähigen *Nebenbau* aus. Mangelhafte Augen und Ohren werden immer schärfer den noch greifbaren Nuancen zugewendet sein, werden sie verwerten und manchmal künstlerisch verwenden, oder sie bald wieder fallenlassen und auf jede Bereicherung des Könnens mutlos verzichten. Die Stellungnahme zu diesen ersten Schwierigkeiten kann verbindlich werden für die ganze Stellung zum Leben.
Erschwerungen der Bewegung wie bei schwerer Rachitis werden ein *erhöhtes Interesse* an den Bewegungsvorgängen erzeugen, Schwierigkeiten in der Ernährung werden zu einer Zielsetzung Anlaß geben, bei der die Nahrungszufuhr in jeder Weise gesichert erscheint. Die Ungeschicklichkeit der Linkshänder in unserer rechtshändigen Kultur drängt zu stärkerem Training, das glücken oder mißglücken kann.
In diesem Training machen sich Interesse, Anstrengungen der Phantasie, Größe der Aktivität, Selbsteinschätzung des Kindes, Ziele, Mut und Selbstbewußtsein oder Feigheit und Unentschlossenheit deutlich bemerkbar. In diesem ersten Kampf des Kindes um seine Selbstbehauptung zeigt sich schon die Stärke oder Schwäche seines Entschlusses zur Überwindung von Schwierigkeiten. Auf seine Haltung haben Erziehung im weitesten Sinne und die früheste *Vorbereitung* einen namhaften Einfluß.

Die Entwicklung der ganzen Persönlichkeit steht in diesen Fällen so sehr unter dem Zwang des *Endziels*, daß auch die Träume und Tagesphantasien die Entwicklungslinie, sozusagen die Melodie des Individuums widerspiegeln. Und von Charakterzügen werden wir natürlich jene hervortreten sehen, wie sie einer vermeintlich bedrohten Lage entsprechen und durch ein Gefühl der Verkürzung erzwungen werden. Insbesondere werden aus dem Hang zur Überwindung *ehrgeiziges Streben, Hochmut, Eitelkeit und Überempfindlichkeit, daneben übergroße Vorsicht* hervorsprießen, wie es Menschen eigen ist, die sich wie *in Feindesland* fühlen. Die Kampfstellung gegen die anderen, *Reizbarkeit, Unverträglichkeit, egozentrisches Verhalten* werden in der Regel leicht sichtbar werden. Geht der Glaube an sich, an die Überwindung anderer, an die Lösung der Lebensfragen verloren, dann findet man offene *Mutlosigkeit, Angst, fruchtlosen Neid und unfruchtbare Unzufriedenheit.* Immer drängt es solche Menschen nach *Ausreden und Vorwänden,* den letzten Versuchen, ihre Persönlichkeit hochzuhalten. Aber leicht entreißt man ihnen das düstere Geheimnis, das sie zu verhüllen streben, und das doch in ihrem Benehmen deutlich zutage tritt: *als ob sie keinen Wert besäßen.* Denn jede Entscheidung, jede Prüfung im Leben erfüllt sie mit Zittern und Furcht, und zumeist gelingt es ihnen, sich *mildernde Bedingungen* zu verschaffen oder jede begonnene Arbeit abzubrechen. Ihr Alibi und ihre Rechtfertigung suchen und finden sie immer im Hinweisen auf Schwächen aller Art, auf die Vererbung, auf die Erziehung, auf irgendwelche Schädigungen, die sie meist selbst erzeugen, oder *sie fühlen sich in Krankheitssituationen ein* und zwingen sich so körperliche Symptome auf. Gerade ihre ursprünglich schwachen Organe und die häufigeren Krankheiten haben ihnen das Verständnis für das Wesen und den Wert des Krankseins nahegelegt, und das ursprüngliche Training zu einem Ziel der Überlegenheit weicht bald einem solchen zu einem *Ziel der Abkehr von ihren Lebensfragen.* Ihr ganzes Leben und ihr Leiden verläuft dann im Bilde der Entmutigung.

Die Grundlagen des Minderwertigkeitsgefühls liegen *nicht* immer *in* Organminderwertigkeiten. Die gleiche Situation der Unsicherheit entsteht auch bei Kindern, denen zu große Lasten aufgebürdet werden. So bei Kindern, die im Elend aufwachsen oder aus guten in schlechte Situationen geraten. Der große Forscher *Binet* hat gezeigt, daß die Fähigkeit der Schulkinder einen gewissen Parallelismus mit ihrem Körpergewicht aufweist, worin wir eine bedeutsame Bestätigung unserer Erfahrungen erblicken. Ebenso türmen sich die Schwierigkeiten,

sobald Kinder von jeder Liebe und Wärme abgeschnitten sind. Darunter leidet die Entfaltung ihres *Gemeinschaftsgefühls und ihre Kontaktfähigkeit*, ihr Zutrauen zu dem Menschen bleibt unentwickelt. Auch werden sie das Gefühl der Fremdheit gegenüber den Menschen nicht leicht los, sind immer enttäuscht und glauben sich immer verkürzt und betrogen. Eine schwere Schädigung des Kindes bedeutet es auch, wenn man *zu große Erwartungen* auf dasselbe setzt. Man nährt damit nur die Furcht, diesen Erwartungen nicht gewachsen zu sein. Leicht kann in solchen Seelen die Neigung aufkeimen, die *Shakespeare* in die Worte kleidet: »So bin ich denn gewillt, ein Bösewicht zu werden!« Oder sie fallen gleichfalls der Entmutigung anheim und bergen sich in der *Neurose*.
Ein dritter, weit verbreiteter Typus, aus ungünstigen Kindheitssituationen erwachsen, findet sich unter den *verzärtelten Kindern*. Sie erleben niemals Schwierigkeiten, kommen nicht zur Übung ihrer Fähigkeiten und schrecken deshalb vor jedem Hindernis zurück. Sie leben ihr ganzes Leben in der *Erwartung, daß andere für sie alles leisten mögen*. Angespannter Ehrgeiz und mangelnde Ausdauer charakterisiert auch sie, und auch sie landen zuletzt unter den mannigfachsten Vorwänden *hinter der Front des Lebens*, abseits von den Forderungen der Zeit.

Von den zeitgenössischen Forschern hat nur *Janet* die tiefe Bedeutung des Minderwertigkeitsgefühls in vielen Punkten erkannt. Niemand hat die Wichtigkeit des Mutes, der Aktivität im Leben so scharf hervorgehoben wie *Bergson*. Das Verdienst und die Bedeutung der Individualpsychologie besteht darin, das menschliche *Gemeinschaftsgefühl* als die angeborene Grundstimmung erkannt zu haben, die in allen seelischen Äußerungen wiederzufinden ist. Ferner hat sie als zweite Grundstimmung das überall vorhandene *Minderwertigkeitsgefühl* festgestellt, dem sich ein kontinuierliches *Streben nach Macht und Geltung* entringt. Auch diese seelische Bewegung zeigt sich in jeder menschlichen Ausdrucksform, so daß wir eine seelische Erscheinung nur dann als verstanden erklären können, wenn der Anteil beider Strömungen in ihnen festgestellt wurde. Damit glauben wir auch einiges zur Klärung des verschwommenen Begriffs des *Unbewußten* beigetragen zu haben, indem wir den unverstandenen Anteil der menschlichen Grundstimmungen herausgehoben und benannt haben. Wie tief diese Stimmungen reichen, mag ein Beispiel zeigen, *die ältesten Kindheitserinnerungen.* Ein 30jähriger Mann, der an Angsterscheinungen leidet, sobald er sich an eine Leistung heranwagt, glaubt sich zu erinnern, wie er im 3. Lebensjahre am Fenster saß und auf die Straße blickte. Aus diesen zwei Erlebnisformen läßt sich das Lebensprinzip und Ziel dieses Mannes konstruieren: *Zuschauer sein und nicht Akteur.* Und nun erst beginnt sich die Kindheitserinnerung zu klären, sie beginnt zu sprechen und zu tönen. Sie sagt uns, daß dieses Individuum in seiner Kindheit, offenbar infolge von Verzärtelung und Schwäche, eine Situation erlebt hat, in der ihm die Passivität als richtige Methode des Lebens nahegelegt wurde, in der es auch darauf trainiert worden war, nichts von sich, sondern alles von den andern zu erwarten, so seine Überlegenheit zu erleben und die Bedürfnisse der anderen gering zu achten. Man kann unmöglich von »Verdrängung« sprechen, sondern nur von einem *Irrtum,* von einem *Unverständnis,* die er mit der überwiegenden Mehrzahl der Menschen teilt. Dem Verstehenden aber spiegelt der erste Akt eines Menschenlebens oft schon in wunderbarer Weise das Finale, den V. Akt.

An zwei schweren Fällen von Neurose soll die überlegene Eignung der individualpsychologischen Methode zwecks Durchleuchtung seelischer Zustandsbilder erwiesen werden.
1. Fall: Ein 30jähriger Mann leidet an der Neigung, sadistische Befriedigung beim Anblick der Züchtigung von Kindern zu suchen.[1] Gesellschaftliches Problem ungelöst. Er hat keinen Freund, geht nie in Gesellschaft, interessiert sich nicht für die Menschen. Berufsfrage ungelöst. Er arbeitet nichts und lebt von ehemaligen Börsengewinnen. Das Hauptproblem des Lebens, das erotische, einzig in obiger Weise, also nicht gelöst.
Seine älteste Kindheitserinnerung: der Moloch, dem Kinder geopfert wurden. Vater voll Güte und Nachgiebigkeit, Mutter rechtlich, von sittlicher Strenge, aber sehr kritisch und ehrsüchtig. Patient hat schon als Kind bei jeder Leistung vor den Nörgeleien der Mutter gezittert. Auch in der Schule scheu und zurückgezogen, wurde er von den Mitschülern eines

[1] Ausführlich beschrieben findet sich dieser Fall auf S. 152ff. in diesem Band.

Sprachfehlers wegen, auch wegen seines Namens und wegen seiner abstehenden Ohren (Degenerationszeichen) verspottet. Benimmt sich in jeder Hinsicht wie ein Mensch, der den Glauben an sich verloren hat, findet aber für sein Verhalten immer andere, durchaus unlogische Gründe.
In früher Kindheit Minderwertigkeitszeichen des Darms, der Blase und des Sexualorgans (sexuelle Frühreife, Erregungen durch Angst). Glaubt infolge des Bruchs in der Kindheit den Weg nach oben versperrt. Sein Geltungsstreben sucht den *Weg des geringsten Widerstands*, Verwerfung aller menschlich-gesellschaftlichen Aufgaben, Verhöhnung aller Leistungen. *Niemand soll mehr, soll glücklicher sein als er!* In diesem *Ressentiment* sucht er die Qual und Bedrängnis der Kinder, fühlt in ihrer Angst seine eigene ehemalige Kinderangst, die in sexuelle Erregungen ausläuft.
2. Fall: 30jähriges Mädchen. Klagt über Platzangst, Angst vor der Liebe und Ehe. Wurde von der Mutter immer als häßlich bezeichnet. Hatte frühzeitig Kenntnis davon, wie man die Mutter auf einen Sohn vertröstete. Wuchs in der *Mißachtung der Frauenrolle* heran. Geistige Entwicklung ausgezeichnet. Fiel den Lockungen des ersten Mannes zum Opfer, der ihr schmeichelte, und wurde von ihm schlecht behandelt. Seither gilt ihr jede Bewerbung als Hinterlist des Mannes. Ist von ihrer Wertlosigkeit so durchdrungen, daß sie immer die Entschleierung ihres Unwertes fürchtet und nur in ihren vier Wänden sicher ist. Dort tyrannisiert sie ihre Angehörigen auf jede Weise.
Alle Zustandsbilder der Neurosen und Psychosen sind Ausdrucksformen der Entmutigung. Jede Besserung in ihrem Befinden kommt einzig und allein zustande, wenn es gelingt, den Mut der Kranken zu heben. Jeder Arzt und jede neurologische Schule wirkt so weit, als sie imstande ist, die Patienten zu ermutigen. Dies kann auch gelegentlich einem Laien gelingen. Bewußt wird diese Methode nur in der Individualpsychologie geübt.

Nur die medizinische Wissenschaft grenzt diese dissozialen Fehlschläge als Krankheitstypen ab. Sie tut dies, weil die eigenartigen Sicherungen und Bremsvorrichtungen auffallende Analogien zu Krankheiten aufweisen. Der individualpsychologische Standpunkt zeigt uns das Verhalten des Nervösen als *Lebensplan* und *schlechte Lebensmethode* eines Menschen, der

sich die Erfüllung der normalen Aufgaben nicht zutraut und deshalb eine andere Gangart annimmt.
Solche Abbiegungen sieht man in größter Deutlichkeit schon im frühen Kindesalter, im Haus und in der Schule. Eigentlich sind alle *Fehlschläge der Erziehung* immer als Folgen eines künstlich gezüchteten Minderwertigkeitsgefühls zu verstehen. Mißratene Kinder zeigen entweder die aufgepeitschten Lebensformen einer aktiven Revolte wie *Arroganz, Bösartigkeit, Rücksichtslosigkeit, Verwahrlosung* oder die Züge einer passiven Resistenz wie *Faulheit, Lügenhaftigkeit, Indolenz.* Immer aber verraten sie durch ihr Benehmen, daß sie sich vor der Erfüllung ihrer Aufgaben scheu zurückziehen. Was sie alle am meisten fürchten, ist der sichtbare *Makel der Unfähigkeit.* Und so ziehen sie sich lieber Strafen zu oder ziehen vor, als faul gescholten denn als minderwertig erkannt zu werden. Ihre Umerziehung gelingt nur unter der Voraussetzung einer Ermutigung. Dies erfordert die Beseitigung mannigfacher Irrtümer in den Grundanschauungen des Lebens. Häufig findet man folgende *Irrtümer:* als ob man die Bedeutung des Vaters, der Mutter nie erreichen könnte; als ob es an Männlichkeit fehle; als ob immer ein anderer zur Stütze anwesend sein müßte; als ob man anderen nie gefallen könnte; als ob man frühzeitig sterben müßte; als ob alle Menschen Feinde wären; als ob man sich immer nur mit List durchschlagen könnte; als ob man einen selbstverschuldeten oder durch andere, durch die Erziehung geschaffenen Defekt hätte; als ob man degeneriert wäre; als ob man alles mit leichter Mühe erlangen müßte; als ob man jederzeit und sofort glänzende Leistungen aufweisen müßte, etc. Bei Mädchen findet man überwältigend oft den durch die männlich geartete Kultur nahegelegten Irrtum: als ob das weibliche Geschlecht nichts tauge, keinen Wert besäße, nur Objekt für den Mann sei, nur die eine Aufgabe habe, schön und jung zu sein, etc.
Diese, wie man sieht, naheliegenden Irrtümer hemmen jeden Fortschritt, machen die Kinder mutlos, lassen ihnen jeden, oft unvermeidlichen Mißerfolg als Bestätigung ihrer fatalistischen, pessimistischen Weltanschauung erscheinen. Die furchtbare Tragik dieser Umstände kann man daran ermessen, daß, wie wir gefunden haben, Kinder immer nur dann der Verwahrlosung und der Verbrecherlaufbahn zuneigen, wenn sie den Glauben an die Zukunft, an ihre Leistungsfähigkeit in

der Schule, an ihren Anwert für das andere Geschlecht verloren haben.

Der häufigste Grundirrtum der Kinder aber liegt in ihrer sichtlich übertriebenen Auffassung von der scheinbar alles überragenden Bedeutung einer *angeborenen Begabung*. Er schädigt die angeblich Begabten, indem er Erwartungen auslöst, unter denen das Kind zusammenbrechen kann, und ebenso die scheinbar Unbegabten, indem er sie verleitet, bald alle Mühe verloren zu geben. In der Erziehung muß diese Gefahr strengstens vermieden werden, was den Eltern und Erziehern um so leichter gelingen wird, wenn sie bedenken, daß wirklich bedeutende Leistungen nur im Kampfe mit Schwierigkeiten und niemals leicht zustande kommen. Wer *Beethovens* Ohrenleiden frühzeitig erkannt hätte, wäre ebensowenig von seiner Begabung überzeugt gewesen wie etwa ein Außenstehender von der künftigen Größe des stotternden *Demosthenes*. »Wer überwindet der gewinnt!« und »Genie – das ist vielleicht nur Fleiß« heißt es bei Goethe.

Aber auch das Vorurteil von *angeborenen Charakterzügen* ist für Kind und Erzieher eine bedenkliche Belastung. Denn es kann für beide eine Verführung werden, jedes selbsttätige Eingreifen zu unterlassen. Gegen diese weitverbreitete Annahme liegt genügendes Beweismaterial vor. Unter anderen Gegengründen konnte die individualpsychologische Forschung darauf verweisen, daß die *Stellung in der Geschwisterreihe* viel stärker das Charakterbild beeinflußt, als er durch angeborene Eigenschaften festgehalten werden könnte. So zeigen sich bei Erstgeborenen konservative Züge, eine Geneigtheit, mit der Macht zu paktieren, der gleichgeschlechtliche zweite ist immer wie unter Dampf und versucht alles zu überrennen, der Jüngste ist meist aus der Art geschlagen, überholt entweder die anderen oder zeigt einen extrem indolenten Typus. Wie groß die Übereinstimmung in diesen Fällen ist, läßt sich daraus ersehen, daß zum Beispiel das Bild des Jüngsten in den Märchen aller Zeiten und aller Völker, auch in der Bibel (Joseflegende) in der gleichen Weise entworfen ist. Zum Nutzen der Allgemeinheit versäumen wir nie, darauf zu verweisen, daß die einzigen Kinder und ein älterer Knabe neben einer jüngeren Schwester oft die schwierigsten Erziehungsprobleme darstellen.[1]

[1] ADLER, *Praxis und Theorie der Individualpsychologie*, 2. Auflage, Wiesbaden (Verlag Bergman). (Neuausgabe der 4. Auflage als Fischer Taschenbuch Bd. 6236).

Die Individualpsychologie erblickt ihre Hauptaufgabe darin, daß ihre Lehren und Erfahrungen über die Grenzen der Krankenbehandlung und der individuellen Erziehung hinaustreten, *daß sie Prophylaxe werden und Weltanschauung*. Im Banne des Kosmos, verhaftet auf dieser nicht überreichlich spendenden Erdkruste, verknüpft durch die Schwäche seines Organismus, noch mehr durch seine Zugehörigkeit zur Gemeinschaft in Sprache, Vernunft, Ethik, Ästhetik und Erotik, zwingt das Leben den Menschen zur Antwort auf zwangsläufig entwickelte Fragen. Er steht wie vor einer Rechenaufgabe, die eine absolut richtige Lösung erfordert, die er aber nie in vollem Maße zu finden vermag. Sein Mut, sein Optimismus, seine trainierte Leistungsfähigkeit sind notwendige Antworten auf eine reale Not, die auch ein dauerndes Gefühl der Minderwertigkeit als wesentlichen Inhalt seines Seelenlebens unterhält. Alle seine Lebensformen, die ganze Kultur und alle seelischen Phänomene stellen letzter Linie Mittel und Wege dar, seine Unsicherheit zu mildern. Die individuellen Varianten, die Größe oder die Kleinheit der dabei zustande gekommenen *Irrtümer* schaffen das Bild der individuellen Persönlichkeit.

Alle großen Leistungen der Massenseele entstammen der absoluten Logik *des menschlichen Zusammenlebens*. Sie gingen immer in der Richtung: Sicherungen zu schaffen, die Angriffe der Natur zu mildern und das Zusammenleben zu fördern (Gruppenbildungen, Gesetzgebungen, Religionen, geniale Leistungen). Auch die Individualpsychologie ist ein solcher Versuch, den Prozeß zu mildern, den die Natur gegen den Menschen angestrengt hat. Dieser Prozeß ist unerbittlich – viel strenger als wir selbst. Er bedroht den Nervösen, den Irren, den Verbrecher nahezu mit Ausrottung. Unfähigkeit zum beruflichen und gesellschaftlichen Leben, Niedergang ganzer Familien und Völker bezeichnen diesen Weg. Freudlosigkeit, Verbrechen, Alkoholismus, Geschlechtskrankheiten, Perversionen, Impotenz aller Art, Prostitution, Kinderscheu, Frigidität und Ablehnung von Liebe und Ehe sind die Zeichen des drohenden Absturzes. Der Schlüssel zum Verständnis für das uralte Verhängnis der Menschheit, aus Unkenntnis und Irrtum entsprungen, ruht sicher in den Grundanschauungen der Individualpsychologie. Ihre Weltanschauung ist stärkste Sicherung, ist Sicherung aus Stärke, nicht aus Schwäche.

Zusammenhänge zwischen Neurose und Witz*

Es ist auffallend, eine wie große Übereinstimmung die Neurose in ihrem technischen Aufbau und ihrer Struktur, sowie auch einzelne Fehlschläge in der menschlichen Entwicklung, z. B. die Verwahrlosung eines Kindes, mit der Technik des Witzes aufweisen. Oberflächlich betrachtend, kann man oft kaum umhin, bei einer leichteren Neurose oder bei einer kindlichen Verfehlung an einen guten oder schlechten Witz zu denken, und wir kommen oft in die Lage, einem Patienten oder einem bei einer Leistung versagenden Kinde zu sagen: Solch ein Leiden gibt es nicht. Oft haben wir vorgeschlagen, durch einen einfachen Kunstgriff den Grad, die Intensität der Nervosität festzustellen, ohne auf weitere Zusammenhänge einzugehen, und sagten: Wenn wir fragen, unter welchen Bedingungen hat dies vorliegende Leiden einen Sinn, eine Berechtigung, so erhalten wir bis zu einem gewissen Grade einen Einblick. Wir stellen uns auf den Standpunkt, daß wir es mit einem Menschen zu tun haben, der sich andere Aufgaben, einen anderen Endzweck gesetzt hat, als der ist, den wir sonst fordern bzw. den das Leben von ihm fordert. Denn wir setzen unbekümmert, ob gesund oder krank, als idealen, typischen Endzweck eines Menschen: seinen Lebensaufgaben zu obliegen.

Der Neurotiker hat aber völlig andere Aufgaben gesetzt. Und solange wir etwa vorgehen wie andere Pathologen, werden wir nie verstehen können, warum ein Junge z. B. faul ist, obwohl er dabei nur Unangenehmes erfährt. Erst wenn wir uns fragen: Ist nicht vielleicht seine Absicht eine ganz andere, und handelt er nicht vielleicht im Sinne dieser Endabsicht richtig, dann erst werden wir feststellen können, daß an den Erscheinungen, die wir sehen, eigentlich alles richtig ist, nur hat dieser Mensch einen anderen Lebensstil als den normalen.

* Nach einem Vortrag, gehalten im Internationalen Verein für Individualpsychologie, in Wien; zuerst erschienen in: *Internationale Zeitschrift für Individualpsychologie,* Jahrg. 5 (1927), S. 94–96.

Nun schwebt ja das normale Lebensberufssystem auch dem Nervösen vor, jeder weiß, was die Forderungen des Lebens von ihm verlangen. Aber sein Benehmen, sein Handeln erfolgt unbekümmert um dieses Wissen nach einem anderen System.

Wir haben hier also zwei Bezugssysteme vor uns. Das eine davon ist das normale, das gesellschaftlich-durchschnittliche, das alle Logik, alle Weltvernunft umfaßt, und im Sinne dieses letzteren erwarten wir normale Bewegungen eines Individuums. Daneben aber gibt es private Bezugssysteme, die mit dem ersteren nicht mehr zu identifizieren sind. So, wenn ein sehr verzärteltes Kind für sein Leben ein Verhalten zeigt, das von vornherein erfordert, daß man ihm alles auf dem Präsentierteller entgegenbringt, daß sich immer jemand finden soll, der sich in seinen Dienst stellt, damit es möglichst ohne Kraftaufwand alles erreichen kann, was sich andere erst mühsam erarbeiten müssen.

Sehr oft treffen wir Menschen, die die natürlichen Kräfte ihres Verstandes, sowie insbesondere die Bedeutung des gesellschaftlich-durchschnittlichen Bezugssystems sehr wohl kennen, ja sogar den Willen haben, sich ihm zu unterwerfen, während man gleichzeitig an ihrem ganzen Verhalten erkennen kann, daß sie in Wirklichkeit doch einem ganz anderen Bezugssystem folgen. Unsere Auseinandersetzungen in der Kur von Nervösen haben meist einen leicht freudigen, humorvollen Einschlag, so daß es vielleicht manchmal den Anschein haben mag, als ob sich der Untersuchende der Schwere seiner Aufgabe nicht bewußt wäre.

Wenn man nun unter Festhaltung des Gesagten an die Betrachtung einer witzigen Anekdote geht, wird man verwandte und gleichartige Züge finden. Während der Zuhörer seine Auffassung dem normalen Bezugssystem entsprechend anwendet, bringt der Erzähler plötzlich ein neues Bezugssystem hinein, das mit dem alten nur in wenigen Punkten zusammenhängt, sonst aber eine ganz neue Beleuchtung hineinträgt. An einer kleinen, bekannten Anekdote soll gezeigt werden, wie diese zwei Bezugssysteme aneinanderstoßen und das Komische, Merkwürdige und Auffällige daran ausmachen:

Ein Pferdehändler will sein Pferd anpreisen und sagt: Wenn Sie sich um 6 Uhr früh darauf setzen, können Sie um 9 Uhr in

Preßburg sein. Der Kunde entgegnet: Was soll ich denn um 9 Uhr in Preßburg tun? –

Die beiden reden sozusagen aneinander vorbei, was da vorgeht, spaltet sich plötzlich entlang zweier Betrachtungsweisen. Das Wesentliche an der Anekdote ist dieses doppelte Bezugssystem. An diesem Punkt sehen wir die Verwandtschaft mit der anderen »Kunstform«, der Neurose.

Tatsächlich kommt uns eine große Zahl nervöser Erscheinungen wie ein schlechter Witz vor. Sie suchen uns aus unserem Gleichgewicht zu bringen und überraschen uns manchmal wie ein Witz. Wir haben auch seit jeher eine große Neigung, dem Nervösen seinen Irrtum an Anekdoten klarzumachen, ihm zu zeigen, daß er ein zweites Bezugssystem hat, aus dem heraus er handelt, und daß er sein vorliegendes Problem entsprechend diesem System unter großem Kraftaufwand und unter Vornahme falscher Wertungen mit der Logik in Einklang zu bringen sucht. Hier liegt ein Hauptangriffspunkt der Therapie, indem wir die den Handlungen der Nervösen zugrunde liegenden falschen Wertungen aufzuheben trachten, etwa die Schwierigkeiten einer Arbeit nie so hoch ansetzen, wie einer, der ihr ausweichen will, oder daß wir die Lebensfragen nicht für so überaus beschwerlich halten, wie der Patient, und seine eigene Kraft viel höher veranschlagen. Wir stellen die Werte ganz anders, und zwar entsprechend einem Bezugssystem, das uns als Idealbild vorschwebt. Dem Hang des Patienten nach einem anderen Bezugssystem ordnet sich auch sein Gefühlsleben unter, weil sich dieses ganz außerordentlich zu falschen Wertungen eignet.

Man kann aber nicht behaupten, daß es sich hier um einen Mangel an Intellekt handelt. Unter unseren Patienten gibt es hoch intelligente Menschen. Man muß hier vielmehr von einem vergewaltigten Intellekt reden. Denn *sobald sich einer der Lösung seiner normalen Aufgaben entziehen will, muß er seinen Intellekt vergewaltigen; denn dieser spricht* für *die Lösung*.

Was die anderen Punkte betrifft, in denen sich Neurose und Witz berühren, so ist besonders hervorzuheben, daß auch im Witz jenes Gesetz obwaltet, das uns immer bei der Betrachtung des Seelenlebens leitet, nämlich die Zusammenhänge mit dem Gemeinschaftsgefühl. Auch hier finden wir das Geltungsstreben wieder, das nach der Entwertung des anderen strebt. Es ist keine Frage, daß auch der Witz eine Revolte gegen das gesellschaftlich-durchschnittliche Bezugssystem vorstellt. Ein guter Witz kann aber nur jener sein, bei dem die beiden Bezugssysteme annähernd gleichen Geltungswert zu haben scheinen. Ist eines derselben offenkundig wertlos, so haben wir es nicht mehr mit einem guten Witz zu tun. Die Neurose ist deshalb eher einem schlechten Witz zu vergleichen, weil ihre eigentlichen Bezugssysteme individualpsychologisch entwertet erscheinen.

Weiteres zur individualpsychologischen Traumtheorie*

Die bis heutigen Tags in den individualpsychologischen Arbeiten vorliegenden Feststellungen zur Traumtheorie und zum Verständnis des Traumes sind leider noch nicht gesammelt, gehören aber zu den grundlegenden Ergebnissen dieser Wissenschaft und Kunst. Sie sind in zahlreichen Schriften verstreut, von denen ich hier nennen will: »Der nervöse Charakter«, »Praxis und Theorie der Individualpsychologie« und »Menschenkenntnis«. Vor jeder anderen Traumtheorie haben sie voraus, daß sie keinerlei andere Voraussetzungen nötig haben, als die durch die Individualpsychologie bekräftigten Erfahrungen. Als das bisher letzte neue Wort war zu hören: *»Der Traum zeigt die Spur eines probeweisen Anschlags, in welcher Linie der Träumer ein gegenwärtiges Problem entsprechend seinem Lebensstil zu lösen versuchen will.«* In der letzten hierher gehörigen Arbeit: »Training im Traum« (in diesem Band S. 52–58) versuchte ich zu zeigen, daß der Traum das Training verrät, mittels dessen der Träumer das Arrangement seiner Haltung durchzuführen gedenkt.

Die weitere Entwicklung dieser individualpsychologischen Erkenntnisse führte mich zu dem Schlusse:

1. daß der Traum auf dem Wege zu einem *Selbstbetrug* gelegen ist, der nötig ist, damit der Träumer sein gegenwärtiges Problem nicht entlang der Logik und Realität zu lösen versucht, sondern entsprechend seinem Ziel der Überlegenheit,
2. daß der Traum die *Aufgabe hat, die Stimmung im Sinne dieses Selbstbetrugs herzustellen.*

Es darf wohl als das Zeichen einer brauchbaren Theorie angesehen werden, daß sie einfach im Verfolg ihrer Anwendung zu nützlichen und brauchbaren Weiterungen führt. So

* Zuerst erschienen in: *Internationale Zeitschrift für Individualpsychologie*, Jahrg. 5 (1927), S. 241–245.

wie es andererseits als ein Zeichen pessimi ominis gelten darf, wenn alljährlich Änderungen oder Zusätze aus ganz anderen Ebenen des Denkprozesses gemacht werden müssen, um nur eine wankende Theorie zu stützen. Was uns bezüglich der Fortsetzung unserer Traumtheorie nahezu mühelos zugewachsen ist, stammt aus den Feststellungen der Individualpsychologie über das »Arrangement« der Neurose, d. h. über die schöpferische Leistung des Patienten auf der »unnützlichen Seite des Lebens«, aus den von ihr gefundenen Tatsachen der tendenziösen »Ausschaltung« der Lebensaufgaben, die das Ziel der Überlegenheit zu bedrohen scheinen, aus unserem Verständnis der grundlegenden Entmutigung, die zum Ausdruck der Neurose führt, der »Sicherungstendenz«, die Symptome erzwingt, um die Rückkehr auf den Weg des Nutzens für die Allgemeinheit, um die Entfaltung des Gemeinschaftsgefühls zu verhindern usw.

Auch unser bewährtes Mißtrauen gegen die Antithetik im menschlichen Seelenleben, gegen die Betrachtung der Erscheinungen als von starren Gegensätzen (Ambivalenz, Polarität usw.) kam uns sehr zugute. So wie uns unsere Einsicht, das sogenannte Bewußte und das sogenannte Unbewußte seien nicht Gegensätze, sondern nur Varianten im Ausdruck des Seelenlebens, immer nach dem gleichen Ziel der Überlegenheit sich bewegend, vor Scheinproblemen bewahrte, so auch unsere Erkenntnis, der Schlaf ist kein Gegensatz des Wachens, nur eine Variante desselben, der Traum sei kein Gegensatz des wachen Denkens, sondern nur eine andere Form des wachen Denkens, die mit anderen Mitteln zum selben Ziele strebt wie das sogenannte Bewußte. Im Traum mußte demnach wie in jeder anderen Ausdrucksform der ganze Lebensstil samt dessen Streben zu seinem individuellen Ziel der Überlegenheit zur Erscheinung kommen.

Dies stimmt wiederum mit unserer Auffassung überein, daß die Bewegungslinie des Traumes von unten nach oben, nach einem Ziel der Überlegenheit geht, was wir an vielen Beispielen beweisen konnten.

Unsere Grundanschauung vom Arrangement des neurotischen Symptoms führte uns von selbst zu der Erkenntnis, daß auch der Traum innerhalb dieses Arrangements eine bedeutungsvolle Rolle zu spielen habe. Daß dieses Arrangement nicht direkt, d. h. auf das Ziel einer Neurose gerichtet sein konnte, wie etwa bei der Simulation, sondern der von uns beschriebenen »Sicherungstendenz« entsprechen mußte, ergab sich auf der gleichen Linie. Diese Sicherungstendenz war auch im Traume leicht sichtbar zu machen und richtete sich, wie immer, dahin, entgegen aller Logik den Weg des Ausweichens vor den Lebensproblemen zu bezeichnen und festzulegen.

Der kunstvolle Aufbau der Neurose erwies sich uns als das Ergebnis eines seit der Kindheit geübten Trainings, das, geleitet durch das ehrgeizige Ziel eines schwachmütigen Menschen, des Gemeinschaftsgefühls, daher auch des Mutes entbehrte, sich daher großenteils, besonders deutlich angesichts eines gegenwärtigen Problems, auf der Seite des Unnützlichen bewegte. Frei auch von eigenen Vorurteilen konnten wir den gleichen Gang der Bewegung im Traume nachweisen. Dabei stellte sich die Erkenntnis ein, daß *der Traum die Funktion des Trainings in wirkungsvollster Weise* während des Schlafes übernimmt, um sie mit seinen Mitteln exakter, als dies im wachen Zustand möglich ist, auszuführen. Von diesen Mitteln haben wir als für den Traum besonders charakteristisch, aber ihm wie dem wachen Denken zugehörig, den Gebrauch von verlockenden Gleichnissen, die tendenziöse Auswahl von Erinnerungs- und anderem Material und die täuschende Anwendung der Vereinfachung des gegenwärtigen Problems hervorgehoben. Die starke Verwendung dieser Mittel gestattet dem Träumer besser als im wachen Zustand, wo die Realität und damit die Logik machtvoll korrigierend eingreift, sich abseits von der Logik einen Weg zu seinem neurotischen Ziel der Überlegenheit zu bahnen.

Damit ist nun neuerdings aus dem Verständnis des Traumes der irrende Versuch des Neurotikers, ein Ziel der Überlegenheit zu gewinnen, ohne die Lebensprobleme in einer der Gemeinschaft nützlichen Weise lösen zu wollen, nachgewiesen. Wir finden im Traume nichts Neues, nur die Bestätigung dessen, was wir schon lange vorher durch das Netzwerk der Individualpsychologie feststellen konnten. Der Traum dient uns also nicht als »via regia«, dunkle Gebiete des »Unbewußten« aufzuschließen, sondern wir verwenden ihn und das Verständnis des Patienten dazu, um ihm neues Beweismaterial für seinen irrtümlichen, fehlerhaften Lebensstil beizubringen. Wir zeigen ihm, daß er sich einer schädlichen Lebenslüge bedient, daß er sich *im Wachen und besonders im Traume*

belügt, um seine Ausreißerei vor seinen Lebensfragen durchführen und bemänteln zu können. Wir zeigen ihm zugleich, daß er diesen falschen Weg nur geht, weil ihm sein Gemeinschaftsgefühl und damit zugleich sein Mut zur Lösung der Probleme auf der nützlichen Seite abhanden gekommen ist.
Bleibt noch die eine, schwerwiegende Frage: wie das alles vor sich gehen kann, wie es zu einem Selbstbetrug führen kann, wo doch der Träumer (und mit ihm auch die übrige Wissenschaft) seinen Traum gar nicht versteht? Eines haben wir schon lange festgestellt: dieser Selbstbetrug, diese Nasführung seiner selbst kann nur gelingen, wenn sie sich vor den scharfen Eingriffen der Logik verbergen. Was aber bleibt dann vom Traum übrig? Was macht seine Wirksamkeit aus? Was ist seine Funktion? Sein Zweck?
Wir können heute darauf antworten: *die Stimmung!*
Eigentlich wußten wir es schon lange. Ganz in den Anfängen der Individualpsychologie hieß es, wo vom Traume die Rede war (»Über den nervösen Charakter« 1912)[1], daß er mit anfeuernder oder warnender Stimme rede. Nun, diese Stimme ist es, die den Träumer bis über die Nacht hinaus in Stimmung versetzt. Und diese Stimmung wird, durch die Kunstgriffe des Traumes, ferner von der Realität, als Sicherung zugunsten des neurotischen Endzieles hergestellt.
Einige wenige Beispiele sollen diese Feststellung näher erläutern.
Ein etwa 30jähriger Mann, erfüllt von sozialen Ideen, jüngstes Kind der Familie, hat sich bis über die Pubertät hinaus gut gehalten. Er rühmt sich stets, der Mittelpunkt seiner Gesellschaft gewesen zu sein, wie er es auch – als Jüngster – in seinen Kinderjahren in der Familie gewesen ist. Später trat die Bewunderung für seinen Vater mächtiger als zuvor an den Tag. Nach einigen gescheiterten Versuchen, seine Überlegenheit in der Gesellschaft, im Beruf, in der Liebe zu erweisen, zog er sich, bestürzt auch über die dauernde kritische Stellung seines Vaters ihm gegenüber, in deprimierter Haltung zurück. Das Streben der Jüngsten sowie der Zweiten scheint, wenn nicht besondere Umstände es verhindern, in irgendeiner Art unverwüstlich zu sein. So kam er zu mir, gewillt, noch einmal zu beginnen, freilich mit dem Gift des größeren Minderwer-

[1] Neuausgabe als Fischer Taschenbuch Bd. 6174

tigkeitsgefühls im Leibe, aus dem seine zögernde Attitude entsprang. Eine richtige Beziehung zum Mitmenschen hatte er nicht gefunden. Seine gewohnheitsmäßige Haltung war die Opposition. In seinen Berufsfragen war er schwankend, doch hatte er diese, wie oft die Neurotiker es durchführen, getrieben durch die Notwendigkeit der Existenz, teilweise gelöst. In der Liebesfrage war er, da diese ein entwickeltes Gemeinschaftsgefühl voraussetzt, nahezu gänzlich gescheitert und klagte über Impotenz und quälende Pollutionen. In der Kur zeigte er sich recht aufnahmefähig und gewann an Mut und Zuversicht. Immer aber trat ihm das nörgelnde Bild des Vaters entgegen und ließ ihn zaudern. In der Liebesfrage kam ihm die sittliche Tradition des Vaters in den Weg und gab ihm eine willkommene Ausrede, die er benützte, um über einen kränkenden Mißerfolg hinwegzukommen, wohl auch, um keinen neuen zu erleben. Als er den von mir abgelehnten Versuch unternehmen wollte, sich ohne Liebe einem Mädchen zu nähern, unterbrachen Pollutionen mit folgender Erschöpfung diesen Entschluß. Auch an diesem Arrangement ist die Absicht, eine dem Vorwärtsgehen entgegengesetzte Stimmung zu erzeugen, sichtbar genug. Als ihm dieser Kunstgriff klargemacht worden war, opponierte er wohl noch einmal, entsprechend seiner Oppositionsneigung, dann blieben die Pollutionen aus. In dieser Zeit hatte er folgenden Traum, den er selbst mühelos deutete:

»Mir war, als wäre ich mit mehreren anderen wie zum Zwecke einer heimlichen Verschwörung in einem mir unbekannten Hause gewesen. Plötzlich erfolgte eine Explosion, das Haus stürzte ein und begrub uns unter seinen Trümmern. Schließlich kamen wir lebend heraus, nur mir war die Nase abgehauen worden.«

Die heimliche Verschwörung zielt gegen ein Mädchen, die ihn, wie er meinte, schlecht behandelt habe. Das unbekannte Haus ist ein ihm bisher unbekannt gebliebenes Freudenhaus. Die Explosion deutet auf seine Ejakulatio präcox. Das eingestürzte Haus steht für den Zusammenbruch seiner Liebesbeziehung, wohl auch seiner bisherigen moralischen Haltung. Der Verlust der Nase ist eine Konsequenz einer Lues.

Der Sinn des Traumes geht in die Richtung, sich sexueller Beziehungen zu enthalten. Diese selbe Bewegungslinie ist uns schon vorher aus dem Leben des eingeschüchterten Patienten

bekannt. Die Deutung und das Verständnis des Traumes kamen ihm erst, als ich ihn konfrontierte.
Aber auch ohne Traumdeutung hätte der Traum seinen Zweck erfüllt, indem er den Patienten mit Furcht vor Heimlichkeiten und einem drohenden Unglück ausstattete. Der Traum und die darin ausgedrückte Stimmung sollten demnach den Patienten betören, dorthin zu gelangen, wohin ihn sein neurotisches Ziel des Ausweichens zwang. Die Betörung geschah durch die oben erwähnten Mittel des Gleichnisses, der tendenziösen Auswahl und Aneinanderreihung von Gefahren und durch Simplifikation des ganzen Liebesproblems. Erst mit der Deutung des Traumes konnte es gelingen, den Selbstbetrug aufzudecken und den Patienten auf die ihm innewohnende Gefahr aufmerksam zu machen. Dies gelingt freilich nur, wenn man verstehen gelernt hat, daß »der Traum einen Versuch enthält, ein gegenwärtiges Problem nicht entsprechend der Logik, sondern entsprechend der individuellen Leitlinie«, in diesem Falle des neurotischen Endzieles des Ausweichens zu lösen, was nur auf dem Wege von Tricks, eines Selbstbetruges gelingt.
Derselbe Patient hatte lange vorher, als sein Mut noch nicht gebrochen war, geträumt, sein Vater habe die Sexualorgane eines Hundes. Auch diese Deutung fand er leicht. Im Kampfe gegen den überschätzten Vater bedient er sich der Entwertungstendenz und will sich männlicher sehen als den Vater, angespornt durch sein Minderwertigkeitsgefühl, als sei er weniger männlich als dieser.
Der letzte Traum eines geheilten Falles von Melancholie, knapp vor der Heilung geträumt, lautete: »Ich saß allein auf einer Bank. Plötzlich erhob sich ein gewaltiger Schneesturm, dem ich noch glücklich entrann, indem ich nach Hause zu meinem Manne eilte. Dort half ich ihm, aus den Annoncen einer Zeitung eine geeignete Stellung suchen.«
Auch dieser ebenfalls von der Patientin gedeutete Traum zeigt deutlich die versöhnliche Stimmung gegen den Mann, den sie wegen seiner Schwäche und Saumseligkeit in Erwerbsangelegenheiten gehaßt und verachtet hatte. Die Deutung des Traumes lautet: Es ist besser, bei meinem Mann zu bleiben, als sich den Gefahren des Alleinseins auszusetzen. So sehr wir der gegenwärtigen Absicht der Patientin in diesem Falle beipflichteten, die Art, wie sie sich zu ihrer Ehe entschloß, zur

Versöhnung mit ihrem Manne, entspricht doch allzusehr den Überredungskünsten, die in solchen Fällen von besorgten Verwandten angewendet werden. Die Gefahren des Alleinseins scheinen hier stark übertrieben.

Die Erziehung zum Mut*

Wenn man genötigt ist, sich zu einem Ziel der Erziehung zu bekennen, so liegt die Schwierigkeit darin, alles, was man anstrebt, in einem Begriff so richtig zu erfassen, daß ein Verkennen des ungefähr richtigen Weges oder eine Selbsttäuschung nahezu ausgeschlossen ist. Die Aufgabe müßte so gestellt sein, daß auch in schwierigen Fällen die leitende Idee sowohl den Erzieher als das Kind vor größeren Irrwegen behütet. Und diese leitende Idee darf nicht etwa aus der Tradition allein entsprungen sein. Denn der Wechsel unserer Lebensbeziehungen kann uns eine Änderung unserer Lebensgewohnheiten und -notwendigkeiten als lebenswichtig aufdrängen. Sie darf auch nicht aus gefühlsmäßigem Drange allein hervorgegangen sein. Sie soll nicht im Dienste anderer tragender Ideen stehen, religiöser, nationaler, sozialer – auch nicht, wenn diese im Ideal des Erziehers eine hervorragende Rolle spielen. Denn nur zu leicht kann sich als Dogma wirksam erweisen, unumstößlich bestehen bleiben, was, um eine führende Rolle zu spielen, einer Entwicklung bedarf. Vom Standpunkt der Erziehung aus gesehen sind die Faktoren der Religion, der Nationalität, des sozialen Bewußtseins immer nur Hilfsmittel, den ungefähr richtigen Weg zu finden zur bestmöglichen Entwicklung des Kindes; sie müßten auch wohl oder übel hintangesetzt werden, wenn sie diesen Zweck verfehlten.

Nun ist aber die bestmögliche Entwicklung des Kindes so sehr dem vorgefaßten Standpunkt des Erziehers anheimgegeben, daß es eine lohnende Aufgabe wäre, zuerst diese Standpunkte zu überprüfen, bevor man das Ziel der Erziehung einheitlich festsetzt. Es wäre ein unschätzbarer Vorteil, sich wenigstens auf einige Punkte zu einigen, die kraft ihrer wissenschaft-

* Einleitung zu einem Vortrag anläßlich der Konferenz des Vereins für neue Erziehung, gehalten in Locarno, am 5. August 1927. Zuerst erschienen in: *Internationale Zeitschrift für Individualpsychologie*, Jahrg. 5 (1927), S. 324–326.

lichen Unanfechtbarkeit oder weil sie wenigstens dem common sense entsprechen, im Ziel der Erziehung ihren berechtigten Platz einnehmen müssen.
Wenn wir die zur dauernden geistigen Verkrüppelung verdammten Kinder ausschalten, so scheinen uns drei von diesen Forderungen als die heute bemerkenswertesten. 1. Das Erziehungsideal muß ein allgemeines sein. 2. Es muß sich als denknotwendig ergeben. 3. Es muß die Nützlichkeit für die Allgemeinheit gewährleisten.

1. *Das Erziehungsideal muß ein allgemeines sein*

Alle Einrichtungen für die eine Scheidung der Jugend in dem Sinne, als ob die einen zur dienenden, die anderen zur herrschenden Kaste gemacht werden sollten, müssen fortfallen. Anstatt der Auswahl der gegenwärtig für höhere Zwecke begabt erscheinenden, müßten jene Methoden bevorzugt werden, die den scheinbar Unbegabten den Aufstieg erleichtern. Nicht mehr das Aufsuchen von verborgenen Fähigkeiten, nicht die Überschätzung sichtbarer Fähigkeiten in der Kindheit und Jugend, wie z. B. bei der Testprüfung, dürfte in erster Reihe stehen, sondern die Erweckung von Fähigkeiten bei allen Kindern. Die Bedeutung eines richtigen Trainings auch in geistiger und moralischer Beziehung müßte dem Erzieher klarer werden als bisher. Die Grenzen der geistigen, körperlichen und moralischen Entwicklungsfähigkeit sind heute noch viel zu eng gesteckt. Sie erheblich hinauszuschieben, wird nur dem gelingen, der sich frei macht von dem Aberglauben der Gegebenheit dieser Grenzen und ihrer Konstanz. Und in seinen Methoden wird der Erzieher in erster Linie immer darauf bedacht sein, das Streben und den Mut seiner Zöglinge zu fördern und nicht einzuengen.

2. *Das intelligible Erziehungsideal*

Die Berufung auf Tradition und Gefühle darf nicht ausschlaggebend sein. Eine Einigung, die gerade in den Erziehungsformen nottut, kann nur im Wege des Verstehens statthaben. Die Durchdrungenheit von der Richtigkeit des Weges beim

Erzieher und seinen Zöglingen wird sich unweigerlich geltend machen in ihrer Selbständigkeit und ihrem Selbstvertrauen, sobald sie mit reiflicher Überlegenheit an ihre Probleme gehen. Und auch ihr Mut und die Selbstverständlichkeit ihres Weiterstrebens kann nur gewinnen, wenn sie aus ihrem Wissen und aus ihren Erkenntnissen geschöpft haben. Als Grundlage des Verstehens ihrer Aufgaben möchte ich die individualpsychologische Anschauung empfehlen, nach der das Leben eine konstruktive Leistung ist, dahin gerichtet, aus der Beziehung des Menschen zum Kosmos, zur Gemeinschaft und zum anderen Geschlecht ungefähr richtige Lösungen zu finden. Aus dem Tatbestand dieser konstruktiven Leistung folgt, daß nur der Mutige sich ihr vollkommen widmen kann.

3. Die Nützlichkeit für die Allgemeinheit

Jede Leistung, die nicht im Rahmen der Nützlichkeit für die Allgemeinheit erfolgt, verkürzt den Vollbringer in dem Gefühle seiner Wertigkeit, gibt ihm ein Gefühl seiner Minderwertigkeit und bringt ihn in Widerspruch mit den stets sozialen Aufgaben und Zusammenhängen des Lebens. Er wird daher immer den Widerspruch der Allgemeinheit erfahren und alle die Schwierigkeiten und Strafen, die naturnotwendig aus einer Verletzung der Logik des menschlichen Zusammenlebens erfließen. Er wird sein Leben nicht leichter gestalten, als er angenommen hat, sondern schwerer. Er wird sich nicht als einen Teil des Ganzen empfinden, sondern wie in Feindesland leben. Wert des eigenen Lebens, wertvolle Leistungen gibt es nur auf der Seite der Nützlichkeit für die Allgemeinheit. Sein mangelndes Interesse für die anderen stammt immer aus der Furcht, sich nicht nützlich machen zu können. Deshalb sucht er, wie die Individualpsychologie gezeigt hat, mittels allerlei Tricks und allerlei Selbstrechtfertigungen fern von der Wahrheit des Lebens unter Verübung eines Selbstbetrugs seine Geltung und sein Persönlichkeitsgefühl abseits vom allgemeinen Nutzen in einer Lebenslüge zu sichern. In dieser Erkenntnis fließen Wahrheit, Mut und Wert als soziale Faktoren zusammen. Sie sind Erscheinungsformen des entwickelten Gemeinschaftsgefühls. Sie sind nur verschiedene Seiten eines und desselben Lebensstils. Solange das Kind sich zutraut, auf der Seite der Nützlichkeit zur Geltung zu kommen, solange liegt ihm der Weg zu unnützlichen Leistungen nicht im Sinne. Die Erweckung dieser Erkenntnisse ist für die Individualpsychologie der erste Schritt zur Erweckung des Mutes. Die Möglichkeit, durch eine geeignete Methode die höchsten nützlichen Leistungen vollbringen zu können, wenigstens mit Aussicht auf Erfolg danach streben zu dürfen, nicht durch hereditäre oder konstitutionelle Andersartigkeit daran gehindert zu sein, läßt sich erkenntnisgemäß und nur im Wege des Verstehens erweisen.

So schließen sich diese drei Gesichtspunkte zu einer Einheit zusammen und dürfen als Grundlage einer Auseinandersetzung über das Erziehungsideal dienen. Sie zeigen auch gleichzeitig die zentrale Bedeutung der Erziehung zum Mut, wie sie bewußter und immer auf das Verstehen gestellt in der Individualpsychologie geübt wird.

Wenn ich in Kürze einen kleinen Beweis für die Richtigkeit der obigen Gesichtspunkte liefern müßte, so würde ich auf jene Folgen fehlgegangener Erziehung hinweisen, die dem Erzieher am schärfsten auf die Seele fallen. Es sind dies die schwer erziehbaren Kinder, die Nervösen, die Selbstmordkandidaten, die Verbrecher und die Prostituierten. In allen diesen Fällen wird man finden, daß sie ihren Weg gegangen sind, weil ihnen der Mut, nützliche Dinge zu vollbringen, abhanden gekommen ist. Wie weit sie sich, mit einigem Recht oder Unrecht, aus einem allgemeinen Erziehungsideal ausgeschaltet geglaubt haben, wie wenig sie das hier wissenschaftlich erfaßte Erziehungsideal verstanden haben, ist nicht so schwer einzusehen, bedarf aber doch einer Erweisung an den Tatsachen ihres Lebens. Daß sie alle den Weg der Nützlichkeit für die Allgemeinheit verfehlt haben, und daß sie deshalb mit der Allgemeinheit in Widerspruch geraten, ist ebenso leicht einzusehen, wie, daß die Mittel zu ihrer Bekehrung heute vollkommen unzulänglich sind.

Ebenso verständlich dürfte es erscheinen, daß sie nur wieder gewonnen werden können, wenn sie den Mut gewinnen, ihre Geltung im Sinne des Gemeinschaftsgefühls zu beanspruchen und nicht im Gegensatz zu diesem.

Individualpsychologie und Wissenschaft*

Karl Reininger, Die Lüge beim Kind und beim Jugendlichen als psychologisches und als pädagogisches Problem**, liefert hier eine saubere Arbeit, sehr unter *Ch. Bühlers* Einfluß und in der Idee einer standardisierten Entwicklung der Kinderseele. Er beginnt mit einer naheliegenden Feststellung: »die Lüge als bewußt falsche oder verfälschende Darstellung eines Sachverhaltes, die den Zweck hat, durch die entstandene Täuschung bestimmte Ziele erreichbar zu machen«. Der Übergang zur pathologischen Lüge ist viel deutlicher ersichtlich, sobald man weiß, wieviel Unbewußtes, besser Unverstandenes, im sogenannten Bewußten steckt. Auch der untrennbare Zusammenhang mit Abwehrreaktionen anderer Art wird viel klarer, wenn man unseren Anschauungen von der konstruktiven, von Fehlern nicht freien Leistung des Lebens folgt. Bei der Feststellung der sozialpsychologischen Funktion der Lüge wird der vor allen anderen Richtungen hervorstechenden sozialpsychologischen Grundanschauung der Individualpsychologie nur insoweit gedacht, als sie offenbar nicht unter jene fällt, die, »wie es vorher meist geschah«, die Lüge moralphilosophisch erfassen wollen.

Ch. Bühler teilt die Lügen ein in: soziale, asoziale und antisoziale, die aus der sozialen Einstellung des Lügners sich ergeben. Diese Beurteilung der Lüge als eines Teiles des Ganzen, aus diesem Ganzen heraus, darf uns gefallen. *Reininger* übernimmt diese Dreiteilung, die aber durchaus nicht mehr der »phänomenologischen Analyse der Lüge« zugehörig ist, wie der Autor meint. Unsere Auffassung setzt hier hinzu, daß die Lüge in jedem Falle einem *Schwächegefühl* entspringt und als Ausweichung aus der Realität in eine Fiktion, als das Arrangement einer fiktiven, sichernden, erleichterten Realität anzusehen ist. Die obige Einteilung *Bühlers* geschieht bereits

* Zuerst erschienen in: *Internationale Zeitschrift für Individualpsychologie*, Jahrg. 5 (1927), S. 401–408.

** Aus *Die Lüge* von O. LIPMANN und P. PLAUT. Leipzig (J. A. Barth) 1927.

unter dem Druck einer Wertbetrachtung, einer Frage, *wozu* diese fiktive Realität verwendet werden kann, eine Betrachtung, die philosophisch, psychologisch und pädagogisch, auch vom Standpunkt einer Weltanschauung durchaus mit der Individualpsychologie harmoniert. An diesem Punkte ist die Entscheidung durchaus einem Menschheitsideal vorbehalten. Dann ist aber die Kategorie der »asozialen« Lüge nicht mehr aufrecht zu erhalten, oder höchstens unter dem Gesichtspunkt eines persönlichen Zweifels an diesem Ideal. Was die Immanenz einer »absolut richtigen Lösung der Menschheitsfragen« (*Adler*) keineswegs berühren würde, da wir dem menschlichen Ermessen bezüglich dieser Lösung leider Fehlerquellen zusprechen müssen. Mag sein, daß der Lehrling, Frau *Bühler* oder wir nicht entscheiden können, ob ein Lehrling, der zugunsten seines Meisters einen Kunden bezüglich der Qualität einer Ware anlügt, einer endgültigen sozialen Haltung entspricht oder nicht – mag sein, daß wir derartige Zweifel nicht immer lösen können – das letzte Wort wird doch die Logik des menschlichen Zusammenlebens sprechen.
Daß auch die soziale, ja selbst die »heroische« Lüge, wie sie unser verstorbener Freund *Stanley Hall* genannt hat – erstere, um etwa Freude zu machen, letztere, indem einer Nachteile auf sich nimmt –, einem Gefühl der Schwäche entspringen, so einer sich nicht für fähig hält, die gleichen Ziele auf dem Wege der Wahrheit zu erreichen, zeigt, wie nur der individualpsychologische Gesichtspunkt der Dialektik des menschlichen Tuns zu folgen imstande ist. Solange die Lüge erkennbar auf der Seite des allgemein Nützlichen oder Unnützlichen liegt, verschwindet die Kategorie der asozialen Lüge ebenso wie die der vermeintlich sozialen. Erst wo menschlicher Zweifel beginnt oder der Weltanschauungsstandpunkt des Lügners oder Psychologen nicht mehr zur Unterscheidung ausreicht, kann *vorläufig* dieser Fall bestehen, bis das »Weltgericht« das Urteil spricht.
Wie aber, wenn wir finden – wie das nur bei individualpsychologischer Einsicht gelingt –, daß der betreffende sozial scheinende Lügner auf allen Seiten seines Seelenlebens zweifelt, sozial scheinen will und dann – lügt? Sollte diese Hinneigung auf die leichtere, jedenfalls nicht allgemein nützliche Seite des Lebens für die psychologische Forschung ganz belanglos sein? Wenn ich nach Art der Phänomenologie einen Teil betrachte und des nichtigeren Grundtons des Ganzen

nicht gewahr werde, ist das noch Wissenschaft? Oder ist das schon Wissenschaft? *Reininger* führt an obigem Beispiel aus: »Der Meister beauftragt den Lehrling, über die Qualität einer Ware zu lügen, und so kann für den Lehrling die Frage entstehen: verdient die sittliche Forderung nach Gehorsam gegen den Vorgesetzten oder die nach Wahrhaftigkeit den Vorzug?« *Muß* ein wissenschaftlich denkender Psychologe hier die Unterordnung des mit seinem Zweifel kämpfenden Lügners übersehen? Darf er übersehen, daß von des Lehrlings Entscheidung seine Zukunft vielleicht abhängig ist? Daß er als der Schwächere seine Unterwerfung sittlich rechtfertigen muß, um nicht in seinem Persönlichkeitsgefühl zu sinken? Der Meister würde bei einer Anregung seines Lehrlings wohl nie in derartige sittliche Zweifel geraten.
Nun zur *Frage der Individualpsychologie und Wissenschaft.* Nicht wir haben diese Frage aufgeworfen, ob die Individualpsychologie in höherem oder niederem Grade wissenschaftliche Psychologie ist. Aber wenn wir nur das eine mitsehen, daß außer den Feststellungen der Phänomenologie, der Experimentalpsychologie usw. noch etwas aufzufinden ist, was dem Zusammenhang, dem Ganzen angehört – haben wir oder andere da den Boden der Wissenschaft verloren? *Spranger, Köhler, William Stern, Messer, Goldstein* und andere, *William Brown, Stark* und viele amerikanische Psychologen, wie *Stanley Hall, Morton Prince,* sind bereits viel weiter und gehen den gleichen Weg, wie ihn die Individualpsychologie gegangen ist.
Wollen wir einmal die Probe machen? Der Lehrjunge könnte doch wohl nur aus seinen Zweifeln befreit werden, wenn seine klare Erkenntnis, seine wissenschaftliche Erkenntnis, so weit gewachsen wäre, daß er seine Unsicherheit beheben könnte. Was er aus den vorliegenden Erörterungen entnehmen könnte, ist, daß er, wenn er lügt, immerhin einer sittlichen Forderung genügt, also gerechtfertigt ist und jedenfalls ohne Verantwortung. Könnte man ihm nun zeigen, daß, wenn er der Stärkere wäre, er anders handelte, dagegen, wenn ihn sein Schwächegefühl, das tiefer liegt als seine Überlegenheit, sowohl zum Zweifel, als auch zur sittlichen Rechtfertigung antreibt und verleitet, so würde er entschieden mehr von seiner Psyche verstehen.
Wohlmeinende Psychologen, die es noch nicht heraushaben, daß die Individualpsychologie nur mit der Wahrheit und mit der tieferen Erkenntnis erziehen und heilen kann, möchten

uns zuweilen in den Rahmen der Pädagogik verweisen, indem sie meinen, die wissenschaftliche Psychologie sei gar nicht unsere Angelegenheit, und unser unstreitbares Verdienst läge ganz auf seiten der Therapie. Wir können diese Zweiteilung nicht annehmen. Erziehen und heilen kann nur der bessere Psychologe. Ein Beispiel mag das beleuchten. Ein 50jähriger, verdienstvoller Mann klagt darüber, daß er jedesmal, wenn er einige Treppen aufwärts steigen müsse, was bei seinem Beruf oft vorkäme, er immer gegen den Drang kämpfen müsse, beim Fenster hinabzuspringen. Lassen wir die Heilung beiseite. Reden wir auch nicht davon, daß eine psychologische Richtung, die Träume nicht versteht, sie nicht einmal als Gegenstand ihrer Betrachtung ansieht, zumindest nicht den Anspruch erheben kann, ihre wissenschaftliche Einsicht weit genug erstreckt zu haben, zumindest ihr Richteramt nicht allzu ernst nehmen sollte gegenüber der Individualpsychologie, wenn diese nie gelöste Rätsel des menschlichen Seelenlebens einer beiläufigen Lösung zuführt. Wir wissen ja *auch* nicht, wenn wir von obigen Ausdrucksformen hören, wie wir sie sofort psychologisch einordnen könnten. Deshalb suchen wir nach dem Grundton in dieser Ausdrucksform, nach der Stellungnahme dieses Individuums (daher Individualpsychologie) zum Leben, nach seinem Lebensstil. Ich kann ihn in diesem Ausdruck nicht finden, zweifle auch, ob es ein anderer könnte und bin sicher, daß die Erkenntnisse der Phänomenologie, der experimentellen Psychologie usw. nicht so weit reichen, um zu einer Erklärung zu kommen.

Die Individualpsychologie hat nun in wissenschaftlich einwandfreier Art Methoden angegeben, um das zu finden, was in diesem Falle verborgen ist, was weder der Leidende noch der Psychologe versteht. Und sie hat sich überzeugt, daß die von ihr nachgewiesenen Mechanismen des Seelenlebens in allen verständlichen und anfangs unverständlichen Erscheinungen wirksam sind. Eine der wichtigsten ihrer Methoden, niemals zu umgehen, ist, den Grundton des Individuums in anderen gleichzeitigen oder früheren Ausdrucksformen aufzusuchen, wo er vielleicht offener zutage liegt, oder ihm durch Vergleich mehrerer seelischer Bewegungen auf die Spur zu kommen.

Da der Kranke verreisen mußte, versprach ich ihm, in einer Sitzung sein Rätsel zu lösen, eine Leistung, die andere »Rätsellöser«, die zu ihrer Aufgabe Monate und Jahre benötigen, immer in helle Entrüstung versetzt. Den Psychologen gegenüber brauche ich mich nicht zu rechtfertigen, daß die Lösung meiner Aufgabe in einem solchen Falle noch nicht die Heilung bedeutet. Wir sind hier ja erst beim Anspruch der Individualpsychologie, eine vorgeschrittenere psychologische Wissenschaft zu sein, die über ein eisernes Netzwerk zur Erhellung psychischer Phänomene dient. Die Heilung erfolgt erst, wenn der Patient die gleiche wissenschaftliche Einsicht gewinnt, wie der Psychologe oder Arzt, was natürlich um so besser gelingt, je näher der Lehrer der Wahrheit steht und je besser er sie dem Schüler vermitteln kann.

Zwei Mitteilungen nun sind es, die uns der Lösung näher bringen. Mit den Schlußfolgerungen, die wir nun zu ziehen beginnen, verlassen wir das unzulängliche Gebiet der phänomenologischen Psychologie. Unser Fragesteller betont in auffälliger Weise, daß er sich seit seiner Kindheit immer gefürchtet habe, und daß er gegen alles, was ihm Furcht einflößte, angekämpft habe. Wir sind in unseren Schlüssen sehr vorsichtig, glauben aber, feststellen zu müssen, daß wir es mit einem keineswegs mutigen Menschen zu tun haben, der aber doch noch soviel Selbstvertrauen besitzt, um nicht kampflos zu entweichen. Aus der von uns empirisch festgestellten Naturgeschichte des verzärtelten Kindes wissen wir – wie es dem Naturforscher auch gelingt, aus einem Knöchelchen Art, Gestalt und Lebensweise eines Vogels anzugeben –, daß wir es mit einem Menschen zu tun haben, der aus einer verzärtelnden Situation seinen Lebensstil entwickelt hat. Freilich mit einer Nuance, einem Schnörkel in seinem Baustil, der offenbar aus einer seinem Geltungsstreben günstigen Situation seiner Kindheit stammt (er war der Jüngste), einer Neigung zu kämpfen, einer Tendenz, die Furcht zu überwinden. Die Einheit seiner Person ist also nicht gekennzeichnet durch die Betonung seiner Furcht allein, sondern der *Furcht und des Kampfes dagegen zugleich.* Man wird bei ihm, je nach der Phase, in der man ihn trifft, bald mehr die Furcht, bald mehr den Mut, dagegen zu kämpfen, zu Gesicht bekommen. Diese Einheit drückt sich ja auch darin aus, daß er von seiner ewigen Furcht spricht, aus dem Fenster zu springen, während wir ihn lebend vor uns sehen.

Der Irrtum aller Psychologen, die in solchen Fällen eine Ambivalenz annehmen, eine mehr oder weniger gegensätzliche seelische Bewegung, gegensätzliche Gefühle oder Charaktere, besteht bekanntlich darin, daß sie die Entstehung des einen Ausdrucks aus dem anderen nicht gesehen haben (Kompensationsbestrebung), ferner auch darin, daß sie bei ihrem einseitigen Analysieren den Zusammenhang (Lebensplan, Lebensstil) aus dem Auge verlieren, und daß sie statt seelischer Bewegung (die alles ist), alles durchfließt, abgesonderte Teile vorzufinden glauben (Gefühle, Intellekt, Wert, Charakter, Gegensätzlichkeit usw.) und sie »gegeneinander« halten und abmessen. Der Irrtum wäre ihnen freilich erspart geblieben, wenn die Sprache ein einheitliches Wort für derartige Typen hätte (etwa *Don Quixote* usw.).

Die zweite Mitteilung betrifft eine alte Kindheitserinnerung. Die psychologische Wissenschaft verdankt der Individualpsychologie die Kunst, älteste und alte Kindheitserinnerungen zu lesen. Besser gesagt: die *Möglichkeit,* solche zu lesen. Denn es scheint, daß ihr »wissenschaftlicher« Apparat derzeit ebensowenig ausreicht, die Bedeutung derselben als Spuren des Aufbaues des Lebensstils zu erfassen, als sie es auch nicht zuwege gebracht hat, den Traum als einen Versuch zu verstehen, durch Erzeugung von Stimmung und Gefühl auf den Abweg der automatisch strömenden individuellen Lebenslinie zu locken (vgl. dazu den Beitrag in diesem Band S. 182ff). Item, eine Kindheitserinnerung ist der psychische Verrat von Eigenheiten des Lebensstils und zeigt in ihrer Dynamik den gleichen Verlauf wie die ganze Lebensform. In vorliegendem Falle lautet sie: »Als ich in die Schule kam, wurde ich von einem Jungen angegriffen. Ich hatte entsetzliche Angst und zitterte heftig, warf mich *aber* auf meinen Feind und verprügelte ihn.«

Da wir Individualpsychologen den wahren Tatbestand einer seelischen Regung in einer *Bewegung* suchen und feststellen, verfahren wir so, daß wir den seelischen Ausdruck *seines Inhaltes entkleiden.* Was übrig bleibt, zeigt uns den Anteil einer Bewegung, die von einem Minderwertigkeitsgefühl ausgeht und zu einem Ziel der Überlegenheit zu gelangen trachtet. Im vorliegenden Falle ist der »untere Punkt« durch Zittern und durch ein Schwächegefühl in *besonders ausdrucksvoller Weise* gekennzeichnet. Das Ziel ist selbstverständlich Überwindung, das Resultat der gewonnene Sieg. »Trotz meiner entsetzlichen Furcht habe ich gesiegt«, könnte der Patient, deutlicher für alle, seine Stellungnahme zum Leben kundtun.

Wir haben demnach an zwei Punkten dieses Lebensstils die

gleiche Bewegung gefunden: *trotz aller Furcht sich durchkämpfen!* Wir wagen nun zu behaupten, daß dies kein Zufall sein könne. Daß aus allen Ausdrucksformen und Symptomen eines Menschen sein Grundton herausklinge. Die »Unmusikalischen« freilich werden es nicht verstehen, bis sie musikalisch werden. Der Vorsprung der Individualpsychologie ist es eben, daß sie den Grundton heraushört und den Patienten »musikalisch« macht, ihn den Grundton hören macht. Und wir werden uns damit vorläufig abfinden müssen, daß nicht jeder aus einzelnen Abfolgen von Tönen und Takten den Grundton *»Bach«* z. B. heraushört, sogar zweifelt und mathematisch zu beweisen sucht, daß es so etwas gar nicht gibt. Wir verkennen aber auch gar nicht unsere Pflicht, immer weitere Beweise zu erbringen, vielleicht sogar solange, bis manche glauben, *sie* hätten den Grundton gefunden und nicht wir.

Also – weitere Beweise! Dieser Patient klagt, daß er sich immer in der Gefahr befände, täglich, stündlich, beim Fenster hinausspringen zu wollen. Auch hier kommen uns alte Gesichtspunkte der Individualpsychologie zu Hilfe.

Vor allem einmal: solange einer will, ist nur eines sicher: daß nichts geschieht! Auch dieser Standpunkt der Individualpsychologie steht in Gegensatz zu den anderen Lehren vom Willen. *Thomas von Aquino:* der Wille ist ein rationales Streben, welches von Natur aus auf ein Gut gerichtet ist*. *Kant:* der Wille ist vernünftig bestimmtes Begehrungsvermögen – ein Vermögen, den Vorstellungen entsprechende Gegenstände entweder hervorzubringen oder wenigstens sich selbst zur Bewirkung derselben, das ist seine Kausalität, zu bestimmen. *Fichte:* der Wille ist das Vermögen der absoluten Selbstbestimmung in Beziehung auf einen Begriff. *Hegel:* Wille ist Denken als Trieb, sich Dasein zu geben. *Schopenhauer:* der Wille ist Kern alles Seins und Bewußtseins, das Wesen der Dinge. *Natorp:* Wille ist Zielsetzung, Vorsatz einer Idee, das ist eines Gesollten. *Münsterberg:* der Wille umfaßt alle Phänomene der Selbstdarstellung. *Pfänder:* das Wollen ist das siegreiche Streben des Ich. *Wundt:* Wille... ist ursprüngliche Energie des Bewußtseins. *Narciss Ach:* eine gewollte Handlung ist ein auf die Wirksamkeit von früheren »determinierenden Tendenzen« einer »Zielvorstellung« zurückzuführender Ablauf geistiger Prozesse.

* Zitiert nach EISLER, *Wörterbuch der Philosophie.*

William James: Wille ist ... Bewegungsvorstellung plus dem »fiat«, ... damit die sinnlichen Konsequenzen einer Bewegung wirklich werden sollen. *Kern:* das Wollen ... ist die Energie des bewußten Denkens. *Spencer:* der Wille ... ist aus Reflexen hervorgegangen. *Ostwald:* der Wille ... ist eine Form der Energie. *A. Spir:* der Wille ist Ausdruck des in unserem Wesen liegenden Widerspruchs, dessen Beseitigung sein Ziel ist. *Rehmke:* der Wille ... ist das Bewußtsein, soferne es sich »ursächlich auf eine im Lichte der Lust vorgestellte Änderung bezieht«. *Spengler:* der Wille ist der Repräsentant des historischen Gefühls.

Die Tiefe all dieser Erklärungen entschädigt uns nicht für ihre Unzulänglichkeit in psychologischen Fragen. Sie sind samt und sonders identische Ausdrucksversuche, Beschreibungen für das, was jeder undeutlicher empfindet, wenn er die Aufgabe bekommt zu sagen, was er über den Willen denkt, sobald man ihn aus dem Zusammenhang einer seelischen Totalität herausholt und in den Mittelpunkt der Betrachtung stellt. Dabei soll keineswegs verkannt werden, daß diesem Zusammenhang mehr oder weniger Rechnung getragen ist, immer aber so, als ob andere seelische Prozesse bei dieser Betrachtung untertauchen müßten. Unsere, die individualpsychologische Frage aber lautet: Welche Rolle spielt diese seelische Bewegung, die sich hier als Wille konkretisiert, im Gefüge des vorliegenden seelischen Zusammenhangs? Und darüber geben uns alle diese Beschreibungen keinen Aufschluß.

Aber wir wissen bereits aus den früheren Feststellungen, daß das hier betrachtete Individuum künstlich, listig geradezu, ein Hindernis schafft, das zu überwinden es sich zutraut, dessen Überwindung ihm Freude, Genugtuung, ein Gefühl des Stolzes und der Überlegenheit verschafft. Wie im Kinderspiel stellt es sich eine Aufgabe, mit deren selbstverständlicher Lösung es sein Persönlichkeitsgefühl zu heben in der Lage ist, ebenso, wie etwa ein Knabe Disteln köpft und glaubt, Feinde besiegt zu haben. Er könnte auch andere Spiele zum gleichen Zwecke ersinnen, etwa Schlaflosigkeit erzeugen und trotzdem sein Geschäft musterhaft führen, so daß seine Leistung größer aussieht, so daß er sich und anderen den Eindruck vermittelt, wie alles, was er geleistet hat, durchaus kein Maß abgäbe für das, was er leisten könnte, wenn er die Angst, wenn er den Willen nicht hätte, beim Fenster herabzuspringen.

Dabei, besser trotzdem, ist ihm viel im Leben gelungen. In seinem Verhalten, in allen seinen Bewegungen, teilweise auch in seinem bewußten Denken, tritt für den Individualpsychologen deutlich hervor: »Was hätte ich alles leisten können, wenn ich nicht durch meine Krankheit beschwert wäre!« Nun ist freilich der Patient so sehr mit dem Arrangement dieser im »Bewußten« wie im »Unbewußten« einheitlichen Bewegung beschäftigt, mit der Rettung seines Lebensstils, daß er für Erwägungen gleich den unsrigen ebensowenig Augen und Sinn hat, wie unsere Gegner oder gar wie die »Analysierten«. Und die Heilung kann nur so geschehen, daß man diesen Mann, der sich selbst betrügt, der seinen Ruhm, sein Ziel der Überlegenheit größtenteils auf der unnützlichen Seite des Lebens sucht, aus seinem »verrückten« Lebensstil befreit und ihn ganz auf die nützliche Seite des Lebens zurückdreht. Dies gelingt natürlich nur, wenn er seinen unzweckmäßigen Lebensstil, erwachsen aus der Verzärtelung seiner frühesten Kindheit, ebensogut versteht wie seine Qual. Ich habe unter meinen Patienten, Kindern und Erwachsenen, noch niemals einen getroffen, bei dem es nicht gelungen wäre, seinen irrtümlichen Mechanismus ihm klarzumachen. Freilich sind meine Patienten fast immer intelligent.
Dies besagt nicht, daß die Klarstellung allein das Ende der gelungenen Kur des Patienten bedeutet. Es bedarf noch einer künstlerischen Durchdringung seines Lebens und seiner Mitarbeit, um im einzelnen alle fehlgegangenen Automatismen bloßzulegen und das andauernde Training auf die nützliche Seite zu lenken. Was nicht geschehen kann, wenn der Patient nicht auch für die Mitarbeit und für die Mitmenschlichkeit gewonnen ist, wenn wir nicht auch die zweite Funktion der Mutter an ihm vollführen, sein Gemeinschaftsgefühl der Allgemeinheit zuzuwenden. Dies scheint mir aber eben die große Leistung der Individualpsychologie zu sein, daß sie zeigen kann, wie die Drosselung des Gemeinschaftsgefühls naturnotwendig zu den persönlichen und allgemeinen Schwierigkeiten des Lebens führen muß.
Auch in diesem so wichtigen Punkte stehen wir also auf dem Standpunkt, daß Belehrung und Unterricht die einzigen Mittel sind, die uns zur Fortentwicklung des einzelnen und der Gesamtheit gegeben sind, daß »die Tugend lehrbar ist«.

Es ist nur ein Teil dieser Leistung, wenn wir auf folgende Leitsätze bei dieser Arbeit hinweisen:
I. Es gibt nur einen einzigen Grund, warum ein Mensch auf die unnützliche Seite abbiegt: *die Furcht vor einer Niederlage auf der nützlichen Seite.* In dieser Furcht kann man das vergrößerte Minderwertigkeitsgefühl des Patienten, ferner sein Zögern, Haltmachen oder seine Flucht vor der Lösung eines der sozialen Probleme des Lebens (es gibt keine anderen) sehen. Da alle Fragen des Lebens ein entwickeltes Gemeinschaftsgefühl erfordern, der Patient dieses aber in seinem Lebensstil vermissen läßt, so hat er »gewissermaßen« recht, auszuweichen, solange er nicht besser vorbereitet ist. Deshalb lehnen wir jedes Richteramt ab und verlangen eine bessere Vorbereitung im Gemeinschaftssinn für Nervöse, Psychotiker, schwererziehbare Kinder, Kriminelle, Selbstmordkandidaten, Prostituierte usw. Natürlich auch für alle diejenigen, die mit ihnen zu tun haben. Den Mut, auf der nützlichen Seite vorwärtszugehen, können natürlich nur diejenigen aufbringen, die sich als ein Teil des Ganzen betrachten, die auf *dieser* Erde, in *dieser* Menschheit heimisch sind. Was sie freilich wieder mit der Aufgabe belastet, ihr entwickelteres Gemeinschaftsgefühl durch günstige Gestaltung der Umstände (»die Umstände machen den Menschen, aber der Mensch macht die Umstände« – *Pestalozzi*) zu realisieren.
II. Was *Griesinger* die »Flucht in die Krankheit« genannt hat, nach ihm auch noch andere, gibt nur einen winzigen Anteil des ganzen von der Individualpsychologie aufgedeckten Zusammenhangs. Immer wird zu berücksichtigen sein: verstärktes Minderwertigkeitsgefühl in den ersten fünf Jahren der Kindheit, innig damit verbunden mangelndes Gemeinschaftsgefühl und Mut, das Suchen nach stärksten Beweisen der Überlegenheit, das schreckende neue Problem, die Distanz des Patienten zu demselben, die Ausschaltungstendenz des Patienten, sein Suchen nach einer scheinbaren Erleichterung auf der unnützlichen Seite, das ist nach dem Schein der Überlegenheit und nicht nach Überwindung der Schwierigkeiten. Eine graphische Darstellung ergibt ungefähr folgendes Bild, das dem Verstehenden nicht weiter interpretiert werden muß, obgleich von vornherein der Versuch zum Scheitern verurteilt ist, die seelische Bewegung in einem ruhenden Bild einzufangen. Nur zwei Bemerkungen seien mir erlaubt hinzuzufügen, um oberflächliche und

überflüssige Kontroversen zu vermeiden. Erstens: zum Glück braucht die Entwicklung der Menschheit nicht so lange zu warten, bis jedes Wickelkind erforscht hat, was nützlich und was unnützlich ist. Diese Feststellung liegt außerhalb der menschlichen Beurteilung und kann dem schärferen menschlichen Verstande besser einleuchten als dem stumpferen. Nach allen menschlichen Erfahrungen aber wirkt sich dieser Unterschied aus für den einzelnen sowohl als für die Masse. Zweitens: der Weg der Neurose usw. und der Schwererziehbarkeit läuft in verschiedenem Maße ausgeprägt auf beiden Seiten des Lebens, was ich derzeit in diesem Schema nicht zum Ausdruck bringen kann.

Alfred Adler:
Individualpsychologische Skizze der Norm und der Fehlschläge.

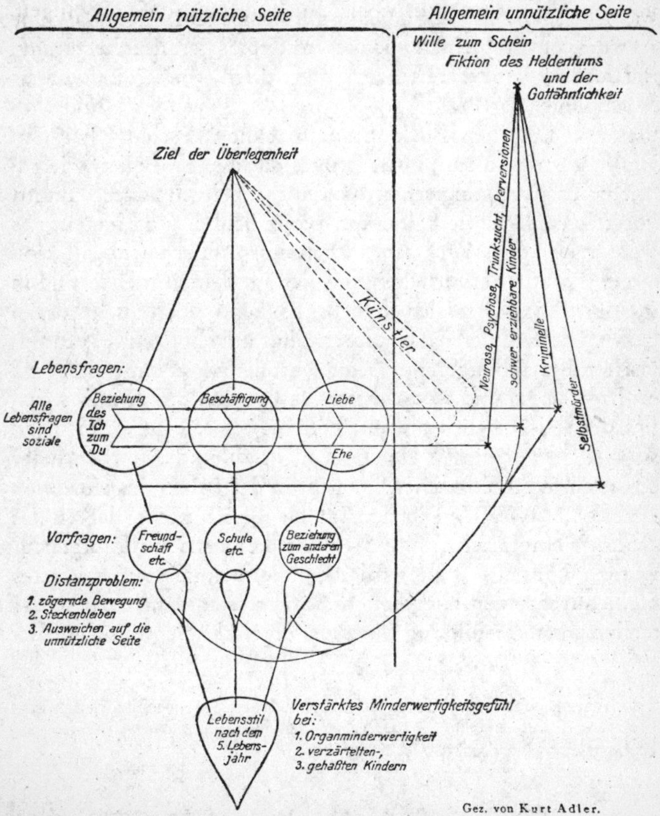

Gez. von Kurt Adler.

Psychologie und Medizin*

Werte Anwesende! Am Wege hierher, als ich mir einigermaßen das Material überlegte, das ich Ihnen heute zu unterbreiten habe, erschrak ich förmlich über die ungeheure Ausdehnung dessen, was zu dem Thema »Psychologie und Medizin« eigentlich alles zu sagen wäre. Mein Schrecken verminderte sich erst, als ich die Ankündigung Ihrer nächsten Vorträge und des Kurses »Einführung in die Methoden der Psychotherapie« erfuhr, so daß mir ein großer Teil dessen erspart bleibt, was ich sagen müßte. So bleibt mir nicht mehr zu tun, als eine Anzahl von Problemen aus diesem Gebiet herauszuheben und Sie darüber einigermaßen zu unterrichten, wie ein Individualpsychologe, der Praktiker, Theoretiker, Psychologe und Mediziner ist, seinen Blick für diese Dinge geschärft hat. Ich werde gut daran tun, auch einiges darüber zu sagen, wie ich mir einen psychologischen Arzt der Gegenwart oder Zukunft vorstelle. Ich werde keine kunstvolle Schilderung bieten, das wäre mehr das Werk eines Dichters, sondern ich will bloß einige Punkte hervorheben, die sich in meinem Leben und in meiner Praxis bewährt haben. Es kann doch nicht daran gezweifelt werden, daß durch die ungeheuren psychologischen Bestrebungen der Gegenwart dem Arzt ein weites Feld eröffnet wird, und wenn heute die Position des Arztes sozial und wissenschaftlich auf ein höheres Niveau gekommen ist, so verdankt er diesen Umstand nicht zuletzt sicherlich einer besseren psychologischen Einsicht in das Leben des einzelnen und der Masse. Und in der Tat glaube ich nicht, daß in der Zukunft eine Praxis ohne Menschenkenntnis wird aufgebaut werden können. Man wird die Anerkennung eines Arztes nicht durchsetzen oder heben können, wenn nicht zu seiner technischen Ausbildung die *psychologische* Schulung hinzu-

* Vortrag, gehalten im Rahmen des Akademischen Vereines für medizinische Psychologie, am 20. Oktober 1927. Zuerst erschienen in: *Wiener Medizinische Wochenschrift*, Jahrg. 78 (1928), S. 697–700.

kommen wird. Wenn wir uns fragen, was sind bisher die Wege gewesen, um den Studierenden in dieses wichtige Gebiet einzuführen, wichtig nicht nur für ihn, um sich halten und seine Praxis ausbauen zu können, sondern in noch erhöhterem Maße für den Patienten, so muß ich sagen: Soweit ich blicke, liegt die Ausbildung in diesem Fach bis heute noch sehr darnieder. Freilich fehlt es nicht an Hinweisen, Erinnerungen, Ermahnungen aller Art, und gute Lehrer sparen nicht mit guten Lehren. Aber soweit ich sehe, legt man nicht allzuviel Gewicht darauf, zu lehren, zu unterrichten, wie sich der junge Arzt, wenn er in die Praxis eintritt, dem Menschen, dem Patienten gegenüber verhalten soll. Man wird sich darüber klarwerden müssen, daß das psychologische Verständnis im Einzelfalle von ungeheurer Wichtigkeit ist. Wenn ich vorhin sagte, daß die psychologische Kenntnis dem Arzt ein weites Feld eröffnet hat, so darf ich auch sagen, daß sich das Zutrauen des Volkes zum Arzt auf seinem psychologischen Verständnis aufbaut, und es werden im Nachteil sein, die dieses Gebiet vernachlässigen, wobei ich nicht verkenne, daß beim heutigen Stand unserer Kultur und bei der mangelhaften Menschenkenntnis auch einer gelegentlich Anklang findet, der psychologisch verfehlt vorgeht. Mir scheint es auch, daß jeder Pessimismus, Negativismus und so fort dem Arzt wie auch dem Patienten schadet. Freilich müssen wir uns fragen, woher dieser Pessimismus stammt. Ich würde mich nicht mit dem Hinweis begnügen, daß allgemein die Wiener Schule im Geruch des Nihilismus, des Pessimismus steht, sondern glaube vielmehr, daß es sich um Ärzte handelt, die auch sonst im Leben Pessimisten sind. Aus meinem eigenen Leben kann ich schließen, daß der aktive Optimismus, der bei mir im Leben auch sonst eine Rolle spielt, mir auch dort geholfen hat. Sie brauchen nur an die ängstlichen Blicke zu denken, mit denen Kranke förmlich an Ihren Lippen hängen, dann werden Sie verstehen, daß ein tapferes, mutiges Wort von weittragender Bedeutung ist. Ich darf wohl in aller Bescheidenheit sagen, daß die Psychotherapie in dieser Hinsicht Außerordentliches geleistet hat. Es ist ja richtig, daß oft einem Nichtarzt eine geradezu ans Wunderbare grenzende Besserung der Leiden von Patienten gelingt. Wir können auch nicht alle diese Dinge ins Gebiet der Hysterie verweisen. Vor allem müssen wir fragen, weshalb der Arzt derartige Kunststücke nicht auch zustandebringen sollte. Soweit wir dieses Phänomen untersuchen konnten, war stets die Erklärung darin gelegen, daß diese Leute wenigstens das eine mitgebracht haben: einen unverwüstlichen Optimismus, der sich auf den Kranken fortgesetzt hat. Vielleicht darf ich auch hervorheben, daß mir eine kameradschaftliche Beziehung des Arztes zum Kranken außerordentlich bedeutsam erscheint, nicht nur, weil sie mit den Grundanschauungen der Individualpsychologie übereinstimmt, sondern auch vom Standpunkt des common sense, von dem des Patienten aus, der sich nicht als Objekt fühlen will. Wir können nicht als Magier, Zauberer und dergleichen auftreten, sondern nur als Mitmenschen, Freunde, so daß wir auch bei einem Tadel, den wir aussprechen müssen, bei einer Verordnung, die wir treffen müssen, vor allem nicht das Gefühl der Unterlegenheit aufkommen lassen. Besonders bei nervösen Patienten, wo wir dieses ungezügelte, aufgepeitschte Begehren nach Geltung und Überlegenheit immer wieder sehen, ist es unangebracht, den Kranken zu bluffen, zu überrumpeln oder als Allmacht aufzutreten, wenn auch die Kranken suggestibel erscheinen. Es gibt wohl Menschen, die sich leicht etwas suggerieren lassen, aber es ist nicht so, als ob dies einen Ruhepunkt im Seelenleben des Betreffenden bedeuten würde, sondern im Gegenteil, gerade hier setzt eine saure Gärung ein, indem der Patient wieder nach Überlegenheit strebt. Das bleibt uns erspart, wenn wir dem Patienten die Aufgabe zuschreiben, mit seinen Symptomen fertigzuwerden, so daß Sie nur den Weg weisen, der nach Ihrer Überzeugung zu gehen wäre. Ich möchte nun auch sagen, daß ich mir meine Ruhe auch in Schwierigkeiten, die sich mir entgegenstellten, immer bewahrt habe, weil ich mich stets des Standpunktes erinnerte, *meine Sache auf nichts zu stellen*. Besonders bei nervösen Patienten ist zu beachten, daß es sich ja nicht darum handelt, seinen Ruf zu mehren, sondern darum, sich dem Kranken freundschaftlich gegenüberzustellen. Der zweite Grundsatz ist der einer freundlichen Intransigenz. Das heißt, es nützt Ihnen gar nichts, wenn Sie Kompromisse machen. Es kommt darauf an, ruhig Ihren Standpunkt zu entwickeln. Speziell in der Psychotherapie, wo alle Notwendigkeiten der ärztlichen Praxis auf das schärfste zugespitzt sind, kommt es förmlich zu einer Probe, ob der Arzt sich richtig verhält. So kommen wir wieder zum Standpunkt, auf dem *Virchow*[1] einst stand, daß dereinst die Ärzte die Führer der Völker sein müssen. Wir Individualpsychologen wissen, daß selbst dann, wenn dieses Ideal niemals verwirklicht würde, wir doch dadurch ein Leitziel gewinnen. »Heilen«, sage ich meinen Patienten, »kann ich Sie nur mit der Wahrheit, bis zu der ich selbst vorgedrungen bin.« Es ist am besten, mit dem nervösen Patienten so zu sprechen wie mit einem befreundeten Menschen, dem Sie keine neuen Lasten aufbürden, keine Versprechungen abnehmen, sondern dessen Los erleichtern wollen. Besonders deutlich liegt dies bei dem Melancholiker zutage. Ich sage ihm etwa: »Tun Sie nur das, was Ihnen angenehm ist.« Mit einer gewissen Sicherheit erfolgt die Antwort: »Mir ist eben gar nichts angenehm!« »Dann tun Sie wenigstens das«, sage ich weiter, »was Ihnen nicht unangenehm ist.« Wie Sie sehen, wenden wir eine indirekte Methode, die der Diskussion an. Wir lüften langsam den Schleier, der die Zusammenhänge verdeckt, aber der Patient hat selbst den Prozeß zu leiten. Er darf nicht die ganze Last dem Arzt aufbürden.

Ich komme nun zum zweiten Teil meiner Ausführungen, der mehr ins wissenschaftliche Gebiet hinüberreicht, nämlich zu der Frage: Wie weit beeinflussen körperliche Leiden die seelische Entwicklung? In diesem Punkte ist ja, wie Sie wissen, die Individualpsychologie besonders stark gestützt. Wie das Kind seine minderwertigen Organe erlebt, ist eine der Grundfragen der Individualpsychologie. Ebenso wie der Einfluß des Körperlichen die Entwicklung des Seelischen dirigiert. Dabei stoßen wir auf eine Tatsache, die unserer ganzen Lehre den Stempel aufgedrückt hat. Nämlich auf den Umstand, daß wir aus einem mangelhaften Organ keine bindenden Schlüsse ziehen können. Wir können raten, können verstehen, werden aber niemals sagen, daß ein ganz bestimmter Erfolg im Seelischen unbedingt eintreten muß. Wenn etwa ein Kind an Minderwertigkeit des Magen-Darmtraktes leidet, der Sinnesorgane, des endokrinen Systems, so werden wir niemals mit Sicherheit feststellen können, wenngleich wir derartige Effekte als verständlich finden, welche Resultate daraus erwachsen. Das versteht man, glaube ich, erst dann, wenn man weiß, daß

[1] Vgl. dazu HEINZ L. ANSBACHER, »Adler und Virchow. Der Name ›Individualpsychologie‹ in neuem Licht.« In: Ztschr. f. Individ. psych. 2 (1977), S. 87–93.

es sich in dieser Korrelation nicht um Naturgesetze handelt, soweit der Einfluß auf die Entwicklung des Seelischen in Betracht kommt, sondern um eine schöpferische, konstruktive Leistung des Seelenlebens, nicht um eine Reaktion, um einen Reflex, um eine Summe von Reflexen, sondern um eine künstlerische Leistung. In dem Sinne können wir sagen, daß jede Ausprägung des Seelischen, jeder Lebensstil, den wir antreffen, eine künstlerische Leistung ist, ein individuelles Gepräge trägt. Nicht nach dem Gesetz von Ursache und Wirkung, nicht nach dem Prinzip der Kausalität kommen diese Leistungen zustande, sondern als Folge eines Strebens, einer Haltung zu den Fragen, die jeden einzelnen betreffen. Wenn wir bedenken, wie ein Kind seinen Körper erlebt, ihn empfindet, dann sehen wir schon, daß wir uns im großen Reich der Fehler und Mängel des Seelenlebens befinden: daß die Konsequenzen gar nicht abschätzbar sind, weil hier nicht eine Wirkung vorliegt, sondern weil sich dieser Prozeß abspielt innerhalb eines Strebens nach einem Ziel, das generell ein Ziel der Überlegenheit, der Vollkommenheit ist. Es soll nur darauf hingewiesen werden, daß die spezifische Wirkung von spezifischen Giften oder die spezifischen Änderungen in der Sekretion von Drüsen ins Gebiet des Krankseins fallen und nicht in das Neurotische. Anders wäre es der gleiche Fehler, wie wenn wir die progressive Paralyse als Neurose behandeln wollten. Hier liegt Krankheit vor, und wenn wir das krankmachende Agens durch Gegengifte beheben können, so ist dies natürlich nicht zu vergleichen mit dem, was wir in der Neurose sehen, wo eine irrtümliche Anschauung vom Wert des eigenen Ich zum Zögern, zum Stehenbleiben führt. Mögen sich auch diese Erscheinungen noch so ähnlich sehen, so ist doch der psychologische Unterschied ungeheuer. Nun bleibt eine bedeutsame Frage noch offen, nämlich die, warum so oft Mangel in der Konstitution der Organe, im Aufbau der Heredität in gewissen Formen solcher Typen immer widerkehren. Bis zu unseren Auseinandersetzungen war die herrschende Auffassung stillschweigend oder offen die, daß Veränderungen des Organischen, besonders im endokrinen System, derartige Ausgestaltungen herbeiführen müssen. Dabei wurde ein Gesichtspunkt übersehen, der mir von größter Wichtigkeit scheint. Nämlich wenn Kinder mit hereditär minderwertigen Organen in eine annähernd normale Situation gesetzt werden, die für sie nicht paßt, wo man sie mit den normalen Mitteln der Erziehung vorwärtszubringen trachtet, die für sie nicht passen, dann kann man nicht sagen, daß nur die minderwertigen Organe, die mangelhaften Drüsen für Fehlschläge schuldtragend sind. Wir können es aus der Therapie ersehen, daß für solche Kinder oder Erwachsene eine eigene Methode gefunden werden muß. Es geht nicht an, daß man für die außerordentliche Verschiedenheit des Starts eine einheitliche Methode anwendet. Wir sind nicht berechtigt zu übersehen, daß viele von ihnen bei Anwendung einer passenden Methode die Erzielung gewisser Fehler nicht zeitigen würden. Wie Sie sehen, gibt es für uns eine Unzahl von ungelösten Fragen, die sicherlich die nächste Zeit beschäftigen müssen. Und da wir das Gebiet des psychotherapeutisch ärztlichen Könnens auch auf die Erziehung erstreckt haben, da wir auch schwer erziehbare Kinder, Kriminelle usw. von unserem Standpunkt aus untersuchen und behandeln, ist es selbstverständlich, daß wir das Recht haben, von einer Form des verfehlten Lebens auf andere zu schließen. Das hat unsere Aufgabe so ungeheuer erleichtert, 1. daß wir rechnen konnten mit der Einheit des Lebensstils, daß wir nicht in den Fehler verfallen zu glauben, es könnte seelische Bewegungen im Individuum geben, die einander widersprechen; 2. konnten wir von einem Fehler auf den anderen Schlüsse ziehen. Wenn wir zum Beispiel einen Fall aus der Praxis der Erziehung betrachten wie den folgenden, können wir Schlüsse ziehen, die schon im Gebiet der Neurose oder Psychose Bedeutung haben. Es handelt sich um einen zwölfjährigen Jungen, zweitgeboren, der seinem Vater, einem Lehrer, alle möglichen Schwierigkeiten macht. Er gilt als verdorbenes Kind, dem man mit der Erziehungsanstalt droht. Das auszuführen, wird einem Lehrer aus verschiedenen Gründen besonders schwer. Es ist ein nicht seltenes Vorkommnis, daß bei Kindern von Pädagogen Fehlschläge dieser Art vorkommen. Dieser Junge erkrankte an Hüftgelenkstuberkulose. Er mußte jahrelang still in Gips liegen und nach jeder Richtung hin betreut werden. Als er sich wieder erheben und bewegen konnte, war er das beste Kind der Familie. Ich bin überzeugt, wenn der umgekehrte Fall eingetreten wäre, was auch vorkommt, wenn ein braves Kind nach einer Krankheit recht unerziehbar wird, zum Beispiel nach Enzephalitis, Scharlach, Keuchhusten, so wird es für den Arzt sehr schwer sein, sich des Eindruckes zu entschlagen, daß die Erkrankung die Ursache dieser Fehlschläge ist. Nun haben Sie hier den umgekehrten Fall. Ich glaube nicht, daß jemand behaupten wird, man könne durch Krankheiten, Toxine etc. auch Tugenden erwerben.

Nun möchte ich ein anderes Gebiet berühren, das mich in meinen Arbeiten viel näher berührt, nämlich inwieweit seelische Vorgänge den Körper beeinflussen können. Das sind alte Fragen, über die man sich kaum etwas Neues zu sagen getraut. Doch dürfte es gelingen, einige Schritte weiterzukommen, und wenn man sich dessen bewußt bleibt, daß alle seelischen Regungen im Körper vor sich gehen, wird uns eine einigermaßen gelungene Vertiefung in die Zusammenhänge von Leib und Seele in mancher Hinsicht vielleicht weiterführen. So zum Beispiel, wenn wir bedenken, daß gewisse Affekte den Körper sehr stark in akuter und chronischer Form beeinflussen. Die Individualpsychologie hat immer darauf hingewiesen, daß gewisse Formen von Kopfschmerz und Migräne, auch Trigeminusneuralgie, und Fälle, die man heute der Epilepsie zurechnet, sicher unter dem Einfluß des Affektes der Wut stehen. Das wird natürlich nur dem auffallen, der als psychologisch geschulter Arzt an diese Dinge herantritt und der ein Interesse dafür hat, die Zusammenhänge zu beleuchten. Wehrt sich jemand dagegen, so ist sein Interesse so weit eingeschränkt, daß er die dazugehörigen Begleitumstände gar nicht ins Auge faßt. Ich sehe keinen einzigen Fall von Migräne, wo ich nicht eine Situation vorfinde, bei der ich mir vorstellen könnte, daß ein Wutanfall am Platze wäre. Das gilt auch für andere Erkrankungen, wo organische Veränderungen von vornherein vorliegen. Denken Sie etwa an die einfache Tatsache, daß manchen Menschen im Falle der Wut die Stirnadern ganz anders anschwellen als anderen, die einen vollkommen geänderten Ausdruck bekommen. Das dürfte genügen, um den Schluß nahezulegen, den wir Individualpsychologen gezogen haben, auch die tieferliegenden Veränderungen, zum Beispiel Zirkulation im Gehirn, an den tiefergelegenen Gefäßen zu affizieren. Ich darf auch betonen, daß wir Individualpsychologen durchaus auf dem Boden der Pathologie stehen und nur ihren Grundtatsachen Rechnung tragen. Freilich können wir nicht immer sicher feststellen, wo der Angriffspunkt des Leidens liegt, müssen uns wie andere

Disziplinen mit plausiblen Annahmen vorläufig begnügen, aber es liegt außerordentlich nahe anzunehmen, daß bei der Trigeminusneuralgie irgendwelche Asymmetrien der Kanäle, durch die der V. Hirnnerv geht, und auch Asymmetrien der Arterien und Venen, all diese Anlässe, Organminderwertigkeiten, zu geänderten Druckerscheinungen im Falle der Wut führen, die auch eine dauernde Irritation, einen dauernden Schmerz hervorrufen können. Es liegt kein Widerspruch vor, wenn wir sagen, daß der Patient, der sich ganz wohl befunden hat, plötzlich im Zusammenhang dieser Erscheinungen Kopfschmerzen bekommt. Ich scheide natürlich wieder die Fälle aus, wo grobe anatomische Defekte vorliegen. Es gibt zweifellos Menschen, bei denen die Wut den Ernährungstrakt affiziert, die im Falle der Wut erbrechen. Es ist auch nicht von der Hand zu weisen, daß die Affekte irgendwie die endokrinen Drüsen beeinflussen, die zu krankhaften Erscheinungen führen. Es ist mir bekannt, daß ein russischer Forscher und auch ein amerikanischer auf dem Wege sind, diese Zusammenhänge festzustellen, wobei sie irgendwelche Toxine gefunden zu haben glauben. Deutlicher wird dieser Umstand, wenn wir das Gebiet der Angst ins Auge fassen. In irgendeiner Form spielt die Angst in der Neurose eine besondere Rolle. Sie ist ja die vorwiegendste Ausprägung des Minderwertigkeitsgefühles. Sie ist ein Versuch des Schwachmütigen, zu einem Ziel der Überlegenheit zu gelangen. Sie ist eine intelligente Funktion und wird entsprechend den verschiedenen Typen im Zusammenhang der Erscheinungen verschieden placiert sein. Es ist meiner Meinung nach nichts damit gesagt, wenn man sich auf den Sympathikus oder Parasympathikus beruft. Das sind nur Leitungswege. Es liegt eine angeborene Organminderwertigkeit vor, wenn die Erectores pili, die Schweißdrüsen, das Herz, der Digestionstrakt, die Blase, die Sexualorgane etc. im Falle der Angst besonders erfaßt werden. Vielleicht ist der letztgenannte Typus viel weiter verbreitet als wir wissen. Vielleicht ist gerade der Zusammenhang zwischen Angst und Sexualorganen so häufig, daß manche Autoren, die diesem Typus angehören, eher sterben würden als diesen Zusammenhang nur als Variante zu verstehen. Daß Trauer irgendwie zu Abmagerung führt, ist sicher, wenn wir auch noch nicht wissen, wie das zustande kommt, da die Verminderung der Nahrungsaufnahme durchaus nicht der einzige Grund sein kann. So liegt es auch hier nahe, an Angriffe zu denken, die den Körper in einer Weise beeinflussen, daß eine Gewichtsabnahme erfolgt. Ich will dieses Kapitel nicht allzuweit ausdehnen, sondern lieber auf einen Umstand Ihre Aufmerksamkeit lenken, der dazu gehört, verstehen zu machen, wie denn bei manchen Menschen körperliche Alterationen stattfinden können, die bei anderen ausbleiben. Der Gesichtspunkt, daß es sich um bestimmte Typen handeln könnte, wurde gestreift. Es bleibt eine andere Möglichkeit zu erwägen, das Training. Wer sich mit den Erscheinungen des Trainings im Seelischen näher befaßt hat, dem wird es nie schwerfallen, gewisse Schlüsse daraus zu ziehen. Es sind zum Beispiel gewisse Tatsachen unbeachtet geblieben, wie etwa ein Mensch seine Stimmung immer trainieren kann. Sie brauchen nur die Gedanken und Träume eines Melancholikers aufzuschreiben und haben eine schöne Gelegenheit zu sehen, wie einer dauernd auf Trauer und Verstimmung trainiert. Wer auf somatische Faktoren allein achtet, dem entgeht der wunderbare, kunstvolle Aufbau dieses Trainings. Wenn Sie einen Traum betrachten, in dem etwas verloren geht, so ist es klar, daß dieser Traum eine Stimmung hervorrufen und fixieren kann, die das Handeln des nächsten Tages beeinflußt. Alle uns bekannten Fehlschläge (Neurose, Selbstmord, Kriminalität etc.) sind sicherlich lange Zeit vorher trainiert worden. Dieses Training ist nachweisbar und kann uns darüber aufklären, wohin der Patient seit langer Zeit zielt, wie er dieses Ziel zu erreichen sucht. Vielleicht darf ich zum Schluß, um dieses Training zu erklären, eine Zwangsneurose schildern: Ich denke da an einen 45jährigen Mann, der im Leben eine schöne Rolle spielt und es zu Ansehen gebracht hat, der aber darüber klagt, daß er immer, wenn er das 1., 2., 3. Stockwerk besteigt, den Zwang empfindet, sich hinunterzustürzen. Diese quälende Idee verfolgt ihn seit seiner Pubertät. An sich wäre ja dieser auch sonst häufig vorkommende Zwangsimpuls nicht so auffällig. Wenn Sie sich aber da einen der technischen Grundsätze der Individualpsychologie zu eigen gemacht haben, daß Sie, um ein Symptom zu verstehen, erstens fragen: Was kommt bei dieser Gelegenheit heraus? Was dahin klar zu beantworten ist, daß dieser Mensch in seinem Streben gehindert ist. Er trägt nämlich eine Bürde. Er leidet ja auch an dem Bewußtsein dieser Impulse. Zweitens, wenn Sie ein Symptom verstehen wollen, müssen Sie es seines Inhaltes entkleiden und nur die Bewegung ansehen, die sich abspielt. Nun werden Sie zugeben, daß nur der einen Impuls des Hinunterfallens haben kann, der das Gefühl hat, oben zu sein. Es ist das gleiche wie bei den Fallträumen, die auch nur konkret werden können, wenn der Träumer seiner Voraussetzung nach sich oben befindet. So weit können wir schon bei oberflächlicher Betrachtung der Dinge kommen. Wir wissen aber noch nicht, welchen Sinn der Patient damit verbindet, sich in dieser Weise zu belasten. Daß er sicher kein mutiger Mensch ist, geht aus dem Inhalt hervor. Er fürchtet sich ja vor seinem Impuls. Wir können auch vermuten, daß er sich allein nicht sehr viel zutraut, daß er ein verzärteltes Kind war. Das bestätigt sich auch. Er war der jüngste. Nun erzählt er, er habe sich sein Leben lang immer vor allem möglichen gefürchtet. Was das für ein Menschenleben bedeutet, ist klar, aber Sie sehen das Training. Er hat die Welt ausgetastet nach den Möglichkeiten, die ihm gefährlich waren. Daß derartige Menschen den Charakterzug der Vorsicht haben müssen, daß sie derartige Charakterzüge immer mehr befestigen, ist begreiflich. Wir wollen aber sehen, was der Kern seines Lebensstiles ist. Wir möchten die Urform dieses verwöhnten Kindes kennenlernen, und da hilft uns der Einblick in das wichtige Gebiet der ersten Kindheitserinnerungen. Wir konnten feststellen, daß in diesen Erinnerungen immer ein Teil, ein Schnörkel der Urform des Lebensstiles zu finden ist. Ob es echte Erinnerungen sind oder nicht, ist gleichgültig. Eine dieser Erinnerungen unseres Patienten lautet: Als ich mit sechs Jahren in die Schule gehen sollte, hatte ich entsetzliche Furcht, um so mehr, als dort ein Junge mich prügeln wollte. Aber im letzten Moment stürzte ich mich auf ihn und warf ihn zu Boden. Es kommt uns der Umstand zugute, daß wir wissen, daß der Lebensstil eines Menschen schon im 4. bis 5. Lebensjahr festgelegt ist und sich nur unter gewissen Einflüssen ändern läßt. So können wir diese Urform vergleichen mit dem, was wir vor uns haben. Es deutet auf einen Menschen, der seine Furcht überwindet, der immer, auf seine Angst blickend, doch mit dem Gefühl des Überwinders durch die Welt geht. Das stimmt auch mit der heutigen Zwangsneurose überein; er hat sich ja noch nie hinuntergestürzt. Er hat immer überwunden. Daraus stammt doch seine Beruhigung, daß er wie in der Kindheit mit der

drohenden Gefahr fertig wird. Da er solche Gefahren nicht immer zur Hand hat, ersinnt er sich welche und handelt wie die Kinder, die sich in ein Spiel vertiefen, so daß sie etwa ein anderes Kind als Indianer sehen und es bekämpfen wollen und in der Illusion leben, als wären sie Helden, wenn sie einen Holzsäbel und Papierhelm tragen. Wir finden hier genau die gleiche Illusion, wenn uns auch nur ein Teil geboten wird. Den praktischen Teil bietet er uns nicht. Daß er auch Sieger ist, darf er nicht offenbaren, sonst fällt die Bürde weg, und er könnte dieses Spiel, schwer belastet zu erscheinen, nicht mehr spielen. Wir können daraus auch den Schluß auf das sogenannte Bewußte oder Unbewußte ziehen, von dem die Individualpsychologie behauptet, daß sie keinen Unterschied in ihrer Zielrichtung aufweisen. Nur der Neurotiker betont die Gegensätzlichkeit in so hohem Maße. Unser Patient etwa lebt in dem Gegensatz: Sieger–Besiegter.
Ich möchte nun schließen, aber nicht ohne zu zeigen, daß Sie auch in diesem einfachen Fall das Training sehen, eine Siegerstellung einzunehmen. Dieser Mann hat es weit gebracht, aber er hat weit mehr geleistet. Er ist mit der Angst, einen Selbstmord zu begehen, durchs Leben gegangen, und nicht nur das: Alles, was er bisher erreicht hat, drückt nicht aus, was er hätte erreichen können, wenn er nicht diese Last tragen müßte. Das ist ein eigenartiger Typus in der Neurose, der nicht so leicht zugänglich ist wie andere, wo das Geltungsstreben klar zutage tritt. Aber das Geltungsstreben werden Sie als positiven Faktor für das Verständnis des Seelenlebens immer verstehen. Darauf wollte ich im Zusammenhang der Einwirkungen körperlicher und seelischer Zustände, die sich im Training zeigen, hinweisen.

Erotisches Training und erotischer Rückzug*

Die Bedeutung und die Fortschritte, die die Biologie gerade unserem Problem gegenüber zeigt, lassen es vielleicht angezeigt erscheinen, wenn ich von einem *anderen* Standpunkte aus gewichtige Fragen behandle, bei denen ich aber auch wieder die bedeutsame Grundlage der Biologie klarzustellen in der Lage sein werde. Das wird diejenigen, die sich mit unseren Forschungen auf dem Gebiete der Sexualpsychologie befaßt haben, nicht wunder nehmen; denn der Ausgangspunkt für diese Forschungen bildete ja eine Arbeit über *Organminderwertigkeit*, in der ich zu zeigen versuchte, daß *das Kind im frühesten Lebensalter seinen Organismus erlebt* und aus diesen Erlebnissen gewisse Schlüsse zieht.[1] Von diesem Ausgangspunkt aus kam ich in weiterer Folge zu dem Ergebnis, daß es sich hier nicht um zwangsmäßige Entwicklungen handelt, sondern um Relationen, daß ein Gefühl der Minderwertigkeit der Organe zustandekommt, das sich auch aus äußeren Ursachen entwickeln kann, die in ähnlicher Weise einen Druck auf die wachsende Seele des Kindes ausüben und so genau dieselben Erfolge zeitigen können, als wenn das Kind sein minderwertiges Organ erlebt und dadurch unter gewisse Schwierigkeiten gerät. Wir konnten demzufolge zeigen, daß es sich bei Ursprünglichkeit eines minderwertigen Organs nicht um eine Entfaltung gewisser Fehlleistungen handelt, sondern vielmehr, was ich kurz vorwegnehmen muß, darum, daß sich ein solches Kind mit minderwertigen Organen als ein *besonderes* Problem darstellt, nicht als das gewöhnliche, das uns vor Augen schwebt, sondern als ein andersgestaltiges, demzufolge wir *gewisse Formen der Erziehung und der äußeren Einflüsse geltend machen müßten, um*

* Zuerst erschienen in: M. MARCUSE (Hrsg.): *Verhandlungen auf dem I. internationalen Kongreß für Sexualwissenschaft*, Berlin 1926, Band 3, Berlin/Köln (Verlag Marcus & Weber) 1928, S. 1–7.

[1] *Studie über Minderwertigkeit von Organen* (2. Aufl. 1927). Neuausgabe als Fischer Taschenbuch Bd. 6349.

es nicht in eine irrtümliche Gestaltung geraten zu lassen, die dem betreffenden Kind als außerordentlich verlockend, als verführerisch erscheint.
Ich möchte Ihnen an einem anderen Falle als dem der Minderwertigkeit der Sexualorgane und der Keimdrüsen kurz zeigen, worum es sich dabei für uns gehandelt hat und wie wir durch diese Problemstellung zu ganz besonderen Aufschlüssen und Eindrücken gelangt sind. Denken Sie an die große Zahl der *linkshändigen* Kinder, d.h. Kinder, die mit einer schlecht entwickelten rechten Hand und rechten Körperhälfte zur Welt gekommen sind. Wenn diese Kinder in eine Situation geraten, für die sie mangelhaft vorbereitet und auch organisch nicht zulänglich sind, so werden sie einen ganz bestimmten Verlauf ihres Lebensschicksals erleiden. Sie werden stets als die mit der rechten Hand Unzulänglichen, Ungeschickten, Untauglichen, Minderwertigen erscheinen und werden infolgedessen eine Anzahl von Fehlleistungen aufzuweisen haben. Aber wir wissen aus unseren Erziehungserfahrungen und -resultaten, daß, wenn man ein Kind als bestimmtes Problem auffaßt und dafür eine gewisse richtigere Erziehungsmethode handhabt, es geschehen kann, daß es trotz dieser scheinbaren oder wirklichen Unzulänglichkeit für den Lebenshaushalt genügt, ja sogar zu großen Leistungen gelangen kann. Dieselbe Tatsache konnten wir bei allen anderen Ausfallerscheinungen von Organen sehen und gerieten hier gerade bezüglich der *sexuellen Fehlleistungen* auf ein Gebiet, das uns von anderer Seite her außerordentlich bekannt und geläufig war. Es zeigte sich nämlich, daß beispielsweise bei den sogenannten *Ausfallerscheinungen* der Sexualorgane genau die gleichen Probleme und die gleichen Auffassungen wiederkehren, wie sie in der Darstellung und Auffassung von Charakterbildern von Menschen erscheinen, die man auch als gegeben und sehr oft, meistens sogar, als durch die Natur ihres Organismus bedingt ansieht. Die gleichen Erscheinungen begegnen uns auch in der Diskussion des sogenannten *Begabtenproblems,* bei dem die Gelehrten, die Sexualpsychologen und Erzieher aller Orten bis in die allerletzte Zeit gemeint haben, es gebe eine gewisse Grenze, über die hinauszukommen dem weniger Begabten nicht möglich sei, demzufolge sie von der Konstanz der Erscheinungen sprechen.
Die Sexualpsychologie, die das Problem ja von einer anderen

Seite anfaßt, gelangt natürlich zu dem Ergebnis: hier fehlt ein lückenloser Beweis; denn wenn wir Menschen mit einer bestimmten Mangelhaftigkeit in eine Situation versetzen, in der die Mangelhaftigkeit ständig fühlbar wird, so ist es sehr schwer, einen Ausgleich herzustellen; wir müssen vielmehr den betreffenden Menschen als eigenartiges, bestimmtes Problem erfassen und ihm gerecht zu werden versuchen, d. h. wir müssen in allen den drei genannten Fragen so vorgehen, wie die Ärzte es immer getan haben, die sich nicht mit der Entscheidung über den gegenwärtig erreichten Stand begnügen, sondern versuchen festzustellen, ob sich nicht möglicherweise im Laufe einer Entwicklung unter *ungünstigen Verhältnissen* die Mangelhaftigkeiten herausgebildet haben, die zum großen Teil *behebbar* sind. Denn uns Ärzten wird kaum jemand zumuten, daß wir von behebbaren Mängeln sprechen, wenn das Organ, das Substrat zu irgendeiner Entwicklung oder, wie wir es genannt haben, zu einer Kompensation fehlt.
Nun sind aber die äußeren Erscheinungen, die uns beispielsweise im *Problem der Erotik und der Fehlschläge der Erotik* entgegentreten, durchaus zu vergleichen mit den Fehlschlägen, die wir in der Erziehung beobachten konnten und die wir auch im Rahmen der gesamten *Neurosenpsychologie* und *-pathologie* finden. Infolgedessen lag es natürlich nahe, eine Feststellung gleicher Art für alle drei Fragen zu machen, nämlich daß wir mit allen unseren Prüfungen, seien sie von uns selbst angestellt oder mögen sie die Patienten uns entgegenbringen, immer nur das *eine* zutage fördern, *wieweit der Betreffende entwickelt ist.*
Hier möchte ich etwas einschalten, was mir auch bemerkenswert erscheint und gerade zu der Frage, die heute in der gesamten Pathologie die bewegende ist, gehört: nämlich daß die äußeren Lebensbedingungen und die Erziehung Einfluß auf sämtliche Organe ausüben, sicherlich auch auf die Entwicklung von *Drüsen* mit innerer *Sekretion.* So ist es zweifellos, daß *gewisse fehlerhafte Erziehungsweisen den Knaben effeminieren oder ein Mädchen in eine männliche Haltung versetzen können.* Wenn Sie sich beispielsweise an die Nachweise amerikanischer Biologen erinnern, welche festgestellt haben, daß das amerikanische Mädchen infolge seiner veränderten Lebensweise auch eine völlig veränderte körperliche Konstitution aufweist, so erkennen Sie ungefähr das, was ich

hier meine. Es ist also untunlich, aus dem gegenwärtigen Bestande einer Organrelation, einer Organwertigkeit, ein prognostisches Urteil für alle Zeiten zu fällen, sondern es ist, wie das auch aus den biologischen Forschungen, wenn auch auf anderen Wegen und mit anderen Mitteln, hervorgeht, die Möglichkeit gegeben, einen Anreiz zu einer normaleren Entwicklung zu schaffen.

Nun gibt es einen Gesichtspunkt in der Entwicklung des Menschen, der uns besonderes Interesse abzwingt, weil in ihm verschiedene Erscheinungsformen des Seelenlebens, aber auch des biologischen Ablaufs zusammenfließen, und dieses Gebiet, das ich heute vor Ihnen kurz entwickeln will, mehr um es zu berühren, mehr um Ihnen zu zeigen, auf welchem Standpunkt die Sexualpsychologie in der Sexualpathologie steht, ist das *Training*. Es ist nämlich gar keine Frage, daß alle Ausdrucksformen, die wir bei einem Menschen beobachten können, von einem von ihm erarbeiteten Lebensstil abhängig sind. Dieser Lebensstil eines Menschen läßt sich durchgehend verfolgen, und wir tun unrecht, bei psychologischen Untersuchungen irgendeine Erscheinungsform herauszugreifen, sie aus dem Zusammenhang zu lösen und sie nach unserem Urteil von früher her, also nach unseren Vorurteilen zu betrachten und zu beurteilen. Auch hier spielt sich derselbe Prozeß wie in der gesamten Psychologie ab. Damit Sie verstehen, was ich meine, weise ich auf folgendes hin. Wenn Sie aus einem Lied eine Reihe von Tönen herausgreifen und sie als guter Musiker untersuchen, so werden Sie über diese Töne gewiß einiges sagen können, aber Sie werden nicht sagen können, was uns eigentlich daran interessiert. Wenn Sie uns das mitteilen wollen, so müssen Sie die Töne im Zusammenhang lassen; denn ihren Wert bekommen Sie erst von ihrer Ganzheit, die erst unser Urteil bestimmen kann.

Wenn ich hier kurz auf die Psychologie der Kinder zu sprechen kommen darf, so haben Sie z. B. einen Knaben, der an einem Charakterdefekt leidet: er stiehlt, er läuft von Hause davon. Nach der landläufigen Methode werden Sie annehmen, es sei ein verwahrlostes Kind, welches sich verschiedener Untugenden bedient, mit dem vorläufig nichts anzufangen ist und dem man entweder mit Gewalt oder mit Güte diese Eigenschaften abgewöhnen muß. Wie man das macht, wird natürlich nicht gesagt. Aber wenn dann eine genauere sexualpsychologische Untersuchung ergibt: der Knabe hat ein ungeheures Zärtlichkeitsbedürfnis, und wenn er stiehlt, so nur deshalb, um Kameraden zu beschenken und sie zu Freunden zu gewinnen und so bei ihnen Zärtlichkeit zu erpressen, und er läuft auch nur von Hause davon, wenn er das Gefühl hat, daß man sich mit ihm zu wenig beschäftigt und ihm zu wenig Wärme gibt, dann wird man allgemeinhin sagen: das ist äußerlich genommen ein Dieb und Vagabund, in Wirklichkeit aber ist es ein durch sein Zärtlichkeitsbedürfnis stark gebundenes Kind, das überhaupt nur das eine Ziel vor Augen hat, Wärme aus der Umgebung zu gewinnen.

So werden Sie auch bei manchen der sogenannten funktionellen Störungen in der Sexualsphäre vorgehen müssen. Alle diese Störungen, die man so schön in Kapiteln abfassen und abhandeln kann, sagen immer nur das aus, was die ganze Persönlichkeit aussagt, und so gewinnen beispielsweise Impotenz, Ejaculatio praecox, Prolongation und alle Formen von Perversion, Frigidität, Vaginismus immer erst in der Sphäre der eigenen Persönlichkeit ihre Bedeutung: sie sind Ausdrucksformen mit teils äußeren verräterischen Zeichen eines in sich abgeschlossenen Lebensstils, der für die Sexualität nichts taugt, noch für das, was wir unter normaler Erotik verstehen. Aber diese Erscheinungsformen passen sehr wohl zu dem Lebensstil, den der einzelne hat.

Der Einfachheit halber habe ich die Lebensprobleme, zu deren Lösung sich jeder Mensch entschließen muß, ob er will oder nicht, in drei Gebiete eingeteilt: 1. in die Frage der Geselligkeit – der Beziehung des *Ich zum Du* –, 2. in die Frage der Beschäftigung – wie *kann ich mich nützlich* machen? – und 3. in die erotische Frage – wie kann ich meine *Beziehung zum anderen Geschlecht* gestalten? – Wenn eine Persönlichkeit geworden ist, sei es aus organischen Gründen, aus biologisch begründeten Ursachen oder aber auf Grund äußerer Einflüsse, die ebenso schädlich wirken können, wenn sie nicht richtig erfaßt und korrigiert werden, so ist in dem Moment, wo es zur Lösung einer dieser Lebensfragen kommt, die Schwierigkeit gegeben, und das betreffende Individuum wird versuchen, anstatt einer ihm und seiner Persönlichkeit angepaßten, also der normalen Lösung eine für unser Empfinden und Urteil abnormale Lösung zu finden. Sie können sich das etwa in einem Kreis vorstellen, der uns die Vorbereitung und den gewordenen Lebensstil aus der Kindheit aufweist, von welchem wir sagen können: sei es durch biologische Ursachen, sei es durch die äußeren Einflüsse oder durch mangelhafte Erziehungsmaßnahmen ist die Vorbereitung innerhalb dieses Kreises, der gemeiniglich der Familienkreis ist, nicht so gelungen, daß die nun anschließenden Lebensfragen in einem größeren Kreise glatt erledigt werden können. Deshalb werden Sie an dieser Grenze irgendwelche fatalen Ereignisse auftauchen sehen, bei denen wir, sobald sie in den Bereich der ärztlichen Kunst ragen, von Krankheiten sprechen können, zu denen gewisse sexuelle Perversionen und Störungen der Sexualfunktionen zählen, oder Sie finden dieses Individuum in weiteren Fällen oder weil irgendein Zwang besteht, schon innerhalb dieses Kreises, dann werden Sie regelmäßig Bewegungen bei ihm wahrnehmen können, die das Bestreben verraten, ihn aus diesem Kreis herauszuführen. Dabei ist es interessant zu beobachten, daß der Betreffende nicht nur unbewußt, wie man es nennt oder, wie wir lieber sagen: unverstanden die Gesamtheit der Persönlichkeit aufrecht zu erhalten sucht, sondern daß hier ganz bewußte Regungen und Urteile auftreten, ich möchte sagen, eine eigenartige neurotische Logik, welche in der gleichen Richtung zielt. Ich sage meinen Schülern stets: Wenn ihr ein Symptom nicht versteht und darüber im unklaren seid, was es bedeutet und welchen Stellenwert es im Lebensstil des Individuums hat, dann laßt das Symptom weg und schaut euch den übrigen Menschen an; dann werdet ihr nämlich ganz das Gleiche finden. Was die Erscheinungen anlangt, die wir heute hier im Auge haben, so handelt es sich regelmäßig um Gegengründe, die dem betreffenden Individuum ziemlich klar vor Augen stehen. Er leidet *nicht nur an einer Sexualfunktionsstörung,* sondern er hat auch eine ganze Unsumme von Gegengründen an der Hand, die ebenso bedeutsam wären, wenn er sie ehrlich nehmen und die Konsequenzen daraus ziehen würde. Aber der ganze Kreis der Menschen, die die Frage der Erotik nicht in einer annähernd normalen Weise lösen, ist innerhalb dieses Kreises von stark entmutigten Menschen zu suchen, und Sie werden infolgedessen auch in denjenigen anderen Lebensfragen ganz die gleichen Formen der zögernden Attitude wiederfinden, die wir auch in der Erotik finden. Es sind z. B. Menschen, die den Anschluß an andere nur schwer gewinnen. Freilich darf man dieses Stadium nicht als einfaches und simples hinnehmen. Es gibt Menschen, die in Gesellschaft stehen, die am Biertisch sitzen usw., aber das, was wir unter einem Freunde verstehen, einen Menschen, der Wärme gibt und Wärme nimmt, werden Sie in ihm nicht finden.

Es gibt aber noch viel gewichtigere Hinweise, daß der Lebensstil der Menschen, von denen ich spreche, durchaus mit stärkeren Mitteln arbeitet, um seinen Standpunkt der Abnormität festzuhalten. Ich habe schon vor längerer Zeit auf einzelne dieser Beziehungen hingewiesen, die bis weit in die Kindheit zurückzuverfolgen sind. So war z. B. ein Homosexueller ein ganz schwächliches, einziges spätgeborenes Kind einer Mutter, die außerordentlich liebebedürftig war und ihr Kind ganz an sich gezogen hatte, es mit ihrer Arbeit, Frauenarbeit, Handarbeit beschäftigte und den Knaben so wie ein Mädchen erzog. Da sie gleichzeitig, wie es oft bei solchen Frauen der Fall ist, ein sehr rigoroses moralisches Ideal hatte, so verfehlte sie auch nicht, den Knaben unausgesetzt mit den Schwierigkeiten und Strafen zu erschrecken, die seiner warteten, wenn er nicht weiter ihren Weg ginge, so daß sie ihn dadurch abhielt, mit anderen Knaben gesellig zu werden. So wuchs er auf wie ein Zimmerpflänzchen und hatte auch alle Formen eines solchen. Er sah ziemlich feminin aus, und so geschah es, daß in der Zeit der Kindheit andere Knaben, die männlicher als er geartet waren, aber wie es in der Kindheit ist, viel leichter zu perversen Richtungen gelangen können als zum Normalen, sich mit ihm gern abgaben, ihn liebkosten, und als er endlich einmal in einem Theaterstück als Mädchen verkleidet auftrat, gewann er sich die Sympathien aller Kinder.

Ich möchte eine kleine Einschaltung machen, die uns zeigen kann, wie wenig einfach dieses Problem einer sogenannten Entwicklung der Sexualität, wie es z. B. die Psychoanalyse lehrt, zu nehmen ist. Denn was immer für eine normale natürliche Entwicklung in der Sexualität stattfände, sie kann nicht stattfinden, wenn die äußeren Umstände eine zwangsmäßige Entwicklung bedingen. Da ist es nun sehr lehrreich zu sehen, daß in der Kindheit nichts als ein so schweres Vergehen angesehen und geahndet wird wie die Entwicklung zu Normen. Solange sich Kinder in irgendeiner kindlichen unnatürlichen Art sexuell beschäftigen, solange ist man ihnen wohl nicht freundlich gesinnt, es gibt wohl Strafen; aber das Entsetzen übersteigt alle Grade, sobald ein Kind sich in normaler Weise betätigt. So können wir das, was wir immer wieder im Kindesleben wahrnehmen, nicht als unbeeinflußt durch die äußeren Umstände ansehen, d. h. wir können gar nicht wissen, welche Entwicklung die Sexualität nähme, wenn wir keine Schranken dafür aufrichten würden und aufrichten müßten.

Der Knabe, von dem ich Ihnen erzählte, gewann sehr bald Freunde und, sobald die Sexualität einen gewissen Ausdehnungsgrad bei ihm erreicht hatte, wurde er auch in einer Beziehung zu einem anderen jungen Mann homosexuell. Er war damals schon über die Pubertät hinaus. Dabei ergaben sich einige Erschwerungen und besondere Arten der homosexuellen Beziehung, zu der eine starke Überwindung des Ekelgefühls gehörte: fellatio und ähnliche Betätigungen. Eines Nachts erwachte der junge Mann und fand sich mit einem Uringlase in der Hand, das fast bis zur Neige geleert war. Die Schlußfolgerungen können Sie sehr leicht ziehen: er war in eine Phase des Trainings getreten, sich des Ekels zu entschlagen.

Von anderer Seite her können wir solche Trainingsvorgänge wiederfinden, die unsere Auffassung unterstützen. Es ist Tatsache, daß der Schlaf und die Vorgänge im Schlaf Gelegenheit geben, das vorschwebende Ziel zugänglicher zu machen und sich zu trainieren. In den Träumen solcher Patienten finden wir immer wieder, wie sie unter Funktionsstörungen Perversionen begehen und sich so fertigmachen bis zum nächsten Morgen. Das ist ein außerordentlich interessanter Prozeß, den ich hier nur streifen kann.

In diesem Zusammenhange möchte ich noch auf etwas anderes hinweisen, das auch ein Streiflicht auf die Schwierigkeit der Behandlung der Perversionen wirft, insbesondere dann, wenn man sie nicht berücksichtigt. Auch sie gehört in das Gebiet des Trainings. Es ist kein Zweifel, daß der ungefähr normal entwickelte Mensch auf das erotische Ideal hin, das ihm vorschwebt, unausgesetzt trainiert, und die Summe dieses Trainings kann gar nicht zu groß genommen werden: es ist der Gang auf die Straße, der Umgang mit dem anderen Geschlecht, es ist die Vergleichung mit anderen Geschlechtsgenossen usw., kurz, man kann wohl sagen: es besteht ein

unausgesetztes Training für die Geschlechtsrolle und für das sexuelle Ideal, das einem Menschen vorschwebt. Infolge dessen darf es uns nicht wunder nehmen, daß, wenn wir schon die Irrtümer in der Fehlentwicklung eines Menschen aufgedeckt haben, wir noch immer vor einer neuen Schwierigkeit stehen. Es ist ungefähr so, wie wenn wir einem Linkshänder, der nichts davon gewußt hat, daß er von der Natur stiefmütterlich mit einer ungelenken rechten Hand begabt sei, diesen Mangel zu fühlen geben; damit allein erreicht er die Gleichwertigkeit seiner Leistung nicht. Das ist nun eine schwierige Frage – ich möchte sagen: die Preisfrage –, die ich Ihnen allen ans Herz legen möchte und über die Sie nachdenken mögen: Wie muß man es anfangen, um Menschen, die in der sexuellen Entwicklung außerhalb der normalen Breite geraten sind, dieses Training, daß bei den Normalen eine so ungeheuer wichtige Rolle spielt, nachholen zu lassen. Wenn Sie beispielsweise wie ich auf dem Standpunkt stehen, daß ich niemand mit Prostituierten in Verbindung bringen möchte, und daß ich keine Neigung habe, ihm irgendwelche Liebesabenteuer nahezulegen, so können Sie die Schwierigkeit dieser Aufgabe ermessen. Ob es eine Lösung dieses Problems überhaupt gibt, weiß ich noch nicht. Aber es wiederholt sich hier genau dieselbe Schwierigkeit, die wir in allen Erziehungsfragen finden, wo wir von einem Mangel an Begabung sprechen, wo wir eigentlich nichts anderes vor uns haben als das Fehlen einer richtigen Methode. Hier fehlt uns offenbar irgendeine Erfindung, wie man schlecht trainierte Menschen zu einem besseren Training bringen kann, ohne ihnen und der Allgemeinheit Schaden zuzufügen. Daß die Methode hier die ausschlaggebende Rolle spielt, ist zweifellos. Ob man zum Ersatz des sozialen Trainings, dieses Gefühlstrainings und logischen Trainings, das zur Entfaltung eines normalen Liebeslebens gehört, vielleicht auf biologischem Wege etwas finden kann, möchte ich Ihrem Urteil anheimgeben.
Ich bedaure, daß ich schon schließen muß; es wäre über diese Frage noch viel zu sagen. Andererseits bedaure ich es nicht, weil ich hier kaum mehr geben konnte als einen knappen Hinweis auf gewisse bedeutungsvolle Probleme und auf gewisse Schwierigkeiten, die sich bei ihrer Lösung ergeben.

Kurze Bemerkungen über Vernunft, Intelligenz und Schwachsinn*

Gewiß kann man über die Nomenklatur diskutieren, gewiß kann man andere Namen einführen, aber was ich betonen möchte, ist ein grundlegender Unterschied zwischen den beiden Fähigkeiten, der mir immer mehr und mehr aufgefallen ist, zwischen Vernunft und Intelligenz. Die Frage ist natürlich schon von verschiedenen Seiten berührt worden; aber von unserem Standpunkte aus kann man vielleicht eine tiefere Einsicht gewinnen.

Wir haben unter Vernunft eine *allgemein gültige* Kategorie zu verstehen, die durchaus zusammenhängt mit *Gemeinschaftsgefühl*. Es scheint notwendig, daß wir diesen Begriff der Vernunft mehr und mehr klären und schärfer fassen. Wir verstehen auch unter Gemeinschaftsgefühl anderes als andere Autoren. Wenn wir sagen, es ist ein Gefühl, so sind wir sicherlich dazu berechtigt. Aber es ist mehr als das, es ist eine Lebensform, es ist eine ganz andere Lebensform als bei einem Menschen, den wir als antisozial bezeichnen. Diese Lebensform ist nicht nur äußerlich zu fassen, ist nicht so zu verstehen, als ob sich hier nur eine angelernte Art des Lebens kundtun würde. Es ist viel mehr. Ich bin nicht in der Lage, es ganz eindeutig zu definieren, aber ich habe bei einem englischen Autor eine Wendung gefunden, die klar zum Ausdruck bringt, was wir zu unserer Erklärung beitragen könnten: »mit den Augen eines anderen zu sehen, mit den Ohren eines anderen zu hören, mit dem Herzen eines anderen zu fühlen«. Das scheint mir eine vorläufig zulässige Definition von dem zu sein, was wir Gemeinschaftsgefühl nennen, und wir sehen auf den ersten Blick, daß diese Gabe teilweise zusammenfällt mit einer anderen, die wir Identifikation, Einfühlung (*Lipps*) nennen. Diese Identifikation geschieht immer je nach dem Grade unseres Gemeinschaftsgefühls.

* Zuerst erschienen in: *Internationale Zeitschrift für Individualpsychologie*, Jahrg. 6 (1928), S. 267–272.

Die Fähigkeit der Identifizierung muß trainiert sein und kann nur trainiert werden, wenn einer im Zusammenhang mit den anderen aufwächst und sich als ein Teil des Ganzen fühlt, wenn er nicht nur die Annehmlichkeiten dieses Lebens als ihm zugehörig empfindet, sondern auch die Unannehmlichkeiten, wenn er sich auf dieser Erde mit allen ihren Vorzügen und Nachteilen heimisch fühlt. Dieses Sichheimischfühlen gehört unmittelbar zum Gemeinschaftsgefühl. Sein Leben auf dieser armen Erdkruste verläuft so, daß er »wie zu Hause« ist. So erwächst ihm eine ganz bestimmte Lebensform, in der er auch die Widrigkeiten dieses Lebens nicht als ein ihm angetanes Unrecht ansieht. Da sehen wir, wie zum Gemeinschaftsgefühl die Tatsache der Sozietät hinzutritt. Wir werden in dieser Lebensform auch alle anderen Kraftlinien finden, die dazu dienen, die Widrigkeiten des Lebens zu überwinden. Also ein Teil des Ganzen ist einer, der sich in der Gemeinschaft entsprechend und ihr nützlich erweist, und das alles zusammengenommen ist ein Handeln und Betragen, welches wir als *»vernünftig«* bezeichnen. Vernünftig ist, was man unter »common sense« versteht. Nebenbei gesagt, der common sense ist auch nicht unveränderlich, aber es ist der Sinn aller der Ausdrucksformen, der Inhalt allen Verhaltens, welches wir als gemeinschaftsfördernd finden, und in dieser Auffassung kommen wir auch dem Verständnis näher für das, was wir Vernunft nennen.

Wir gelangen so zu dem Schlusse *Kants:* Vernunft hat Allgemeingültigkeit. Das würde aber auch gleichzeitig heißen, daß wir unter Vernunft alle Handlungen, alles Verhalten, alle Ausdrucksformen begreifen, die abhängig sind von einem Ziel der Überlegenheit, in welchen der Nutzen für die Allgemeinheit zum Ausdruck kommt. Dieses Ziel müßte vorhanden sein. In der Psychotherapie beschäftigen wir uns hauptsächlich mit Menschen, die ein Ziel der *persönlichen* Überlegenheit haben und auf diesem Wege die Grenzen überschreiten, die im Verlaufe der kulturellen Entwicklung der Menschheit den common sense bedeuten. Wir werden im common sense auch ständig neue Wendungen finden. Ich weiß nicht, ob *Sokrates* der erste gewesen ist, der einen durchlöcherten Mantel nicht mehr als ein Zeichen der Demut, sondern der Eitelkeit angesehen hat. Aber nehmen wir an, er wäre der erste gewesen, dann hat er den common sense bereichert. Er

hat gezeigt, daß ein Ding sein eigenes Gegenteil sein kann, und daß wir den Sinn einer Ausdrucksbewegung erst aus dem Zusammenhang erfassen können. Ich wollte damit zeigen, daß sich der common sense ändern kann. Er ist auch nichts Feststehendes, ist die Summe aller vernunftgemäß und allgemein anerkannten, mit dem Bestand des kulturellen Lebens verknüpften seelischen Bewegungen.
Wir wollen nun übergehen zur Betrachtung des Intellektes, wie wir ihn bei Neurotikern sehen. Der Neurotiker handelt vollkommen richtig. Er handelt so sehr richtig, daß er selbst, wie in der Zwangsneurose, den Unterschied zwischen seiner persönlichen Intelligenz und dem common sense merkt und feststellt. Alles, was er macht, ist »intelligent«. Diese Tatsache der »persönlichen Intelligenz« muß näher ausgeführt werden. Ein Verbrecher sagte: »Ich habe ihn erschlagen, weil er ein Jude war.« Es schwebte dem Manne vor, daß er als Christ eine gewisse Überlegenheit besitzt und also über Andersgläubige, z. B. über einen verachteten Juden, frei verfügen kann. Sein Ziel ist, sich der Habe dieses Juden zu bemächtigen. Entsprechend diesem Ziele handelt er. Die »Intelligenz« wird ihm diesen Weg erleichtern, ihn seinem Ziel näher bringen, wie wir es deutlich bei schwer erziehbaren Kindern sehen. Da sein Ziel zu rauben feststeht, wendet er Argumente an, die ihn dieses Ziel leichter erreichen lassen. Diese Erleichterung tritt auch tatsächlich ein. Ähnlich ein anderer Raubmörder. »Der junge Mann hatte schöne Kleider und ich hatte keine. Deshalb erschlug ich ihn.« Das ist vollkommen intelligent gedacht und gehandelt. Da er sich nicht zutraut, in der *allgemein üblichen Weise*, auf der allgemein nützlichen Seite zu Kleidern zu kommen, bleibt ihm tatsächlich zur Erreichung von schönen Kleidern nichts anderes übrig, als sie zu rauben. Dazu muß er den anderen erschlagen. So finden wir bei allen Verbrechern, wie sie durch irgendwelche »intelligenten« Argumente trachten, sich ihrem Ziele zu nähern. Auch bei den Selbstmördern können wir ähnliches konstatieren, wie sie nach langem Training sich jedes Interesses für das Leben entschlagen, wie sie davon durchdrungen sind, durch ihren Selbstmord die allgemeine Aufmerksamkeit zu erregen und so, wie die Mörder, ein Hochgefühl der Überlegenheit zu haben (»Ich habe getan, was nicht jeder tun könnte. Mich hat früher niemand beachtet, aber jetzt...«); Herr über Leben

und Tod zu sein, rückt sie in Gottes Nähe, wie den Mörder, der über das Leben der anderen verfügt. Er wird immer Argumente finden, die vollkommen »intelligent« sind; da er sich umbringen will, hat nichts Interesse für ihn. Sie werden immer Argumente finden, mittels deren sie ihr Ziel erreichen, mittels deren sie sich selbst betrügen, selbst vergiften. Diese Argumente sind »intelligent« in Beziehung zu ihrem Ziel der persönlichen Überlegenheit auf der Seite des Unnützlichen.

Auf diesem Wege dürfte sich eine bedeutsame Unterscheidung zwischen Schwachsinn und normal denkenden Menschen ergeben. Bei ersteren scheinen die obigen »intelligenten«, zum Ziel der Überlegenheit gerichteten Argumente zu fehlen, so daß der Denkwille eine gewisse Respektlosigkeit gegenüber der Logik aufweist. Diese private Intelligenz ist scharf zu unterscheiden von dem, was man Vernunft, common sense, nennen muß. »Intelligenz« finden wir in beiden Fällen, aber nur die Intelligenz, die mit Gemeinschaftsgefühl verknüpft ist, nennen wir Vernunft. Wenn wir den Alkoholiker betrachten, so finden wir auch bei ihm, wenn nicht Schwachsinn vorliegt, daß er intelligent argumentiert. Das Leben bringt Sorgen. Da gibt es nun Mittel, durch welche man über Schwierigkeiten des Lebens hinwegkommen kann. Diese Handlung ist also intelligent in bezug auf das Ziel, in leichter Weise über die Schwierigkeiten hinwegzukommen, diese Schwierigkeiten nicht zu lösen im Gemeinschaftssinne, sondern in persönlicher Art. Wenn man mit dem Ziel übereinstimmte, würde jeder so handeln wie er.

Bei Perversitäten gilt das gleiche. Wenn ein männlicher Homosexueller – aus Gründen, die wir aus der Individualpsychologie kennen – einen Teil der Menschheit ausschaltet, so wird er das Ziel, das er sich gesetzt hat, mit Logik und Intelligenz zu verfolgen trachten. Er wird immer intelligent urteilen, er wird immer solche Betrachtungen anführen, durch die er sich rechtfertigt. Er hat in der Liebesfrage ein Ziel auf der unnützlichen Seite, aber diesem Ziel entsprechend wird er vollkommen richtig urteilen und handeln. Der Grundgedanke ist der, daß wir scharf zu unterscheiden haben zwischen Vernunft, die allgemeine Gültigkeit hat, die *also* dem Nutzen der Allgemeinheit entspricht, und zwischen der isolierten Intelligenz des Neurotikers (»alles oder nichts«, »den Erfolg im Beginn

haben wollen« usw.), kurz also der Intelligenz in den Fehlschlägen, mit denen wir uns immer beschäftigen.
Der Begriff »Identifizierung« wird verschieden gebraucht, bei *Freud* anders als in der Individualpsychologie. Wenn ein Kind dem Vater gleich zu werden trachtet, wenn es mit den Augen des Vaters sehen will usw., wenn es ihn *»versteht«* und ein nützliches Ziel vor Augen hat, so nennen wir dies Identifizierung. *Freud* faßt unmerklich diesen Begriff so auf, sich der Rolle eines anderen zu bemächtigen, um zu einem »persönlichen« Vorteil zu kommen.
Identifizierung ist unumgänglich notwendig, um zu einem Gemeinschaftsleben zu kommen. Mitleid ist ein teilweiser Ausdruck der Identifizierung, letztere eine Seite des Gemeinschaftsgefühls. Wir können nur verstehen, wenn wir identifizieren, so daß Vernunft als eine soziale Fähigkeit erscheint. Wir identifizieren uns mit einem Bilde, indem wir es betrachten, mit allen anderen leblosen Gegenständen, z. B. beim Billardspiel, beim Kegelschieben, wo der Spieler der Kugel nachschaut und jene Bewegung macht, von der er hofft, daß die Kugel sie auch machen wird. Im Theater fühlt und spielt jeder Zuschauer mit. Das ist Identifizierung in unserem Sinne. Nicht etwa die Rolle des Vaters usurpieren usw. Die Einfühlung spielt eine ungeheure Rolle in den Träumen. Ebenso in der Massenpsyche.
Intelligenz ist der weitere Begriff. Diejenige Intelligenz ist Vernunft, in der das Gemeinschaftsgefühl enthalten ist, die sich demnach auf der Seite des allgemein Nützlichen begrenzt.
Auch die Frage des Schwachsinnes kann nun schärfer gefaßt werden. Schwachsinn ist nicht eine niedrigere Form der Intelligenz, sondern eine andere Form des Denkens. Die reine Form des Schwachsinnes steht den Forderungen der Vernunft kalt gegenüber, hält sie höchstens durch Zwang ein. Es fehlt, was beim Vernünftigen und Intelligenten nie vermißt wird, die Ausgestaltung eines Lebensstiles. Der Schwachsinnige hat keinen Lebensstil, seine Lebensformen sind durchaus von dem Verständnis eines Zusammenhanges entfernt. Wir vermissen auch den Respekt vor dem common sense, der bei privater Intelligenz immer noch in Entschuldigungen, Rechtfertigungen, Vergleichen usw. eine Rolle spielt. Er gelangt nicht zur Durchbildung eines Lebensplanes. So können wir bei einem

Schwachsinnigen, wenn wir ihn in eine neue Situation versetzen, nicht erraten, was er, abgesehen von mechanisierten Bewegungen, machen wird, weil ihm das planmäßige Vorgehen fehlt. Zur Abtrennung des scheinbaren Schwachsinnes wird man fordern müssen, daß man ein ideales Ziel findet, mit dem man sich identifizieren kann. Mit einem wirklich Schwachsinnigen kann man sich nicht identifizieren. Der Schwachsinnige zeichnet sich durch seine Kälte und Respektlosigkeit gegenüber der Vernunft aus. Er steht nicht unter den Gesetzen des common sense und hat auch nicht die Intelligenz, die sich in einem Ziel der persönlichen Überlegenheit ausspricht. Bei der progressiven Paralyse z. B. wird sich kein intelligenter Lebensstil finden lassen. Doch können Spuren des Gemeinschaftsgefühles immer vorhanden sein. Das Stilgemäße, das Einheitliche eines Lebensstiles auf der nützlichen Seite findet man z. B. bei der Paranoia. Eine ausgesprochen intelligente, aber nicht vernünftige gedankliche Kette findet man bei der Melancholie. Der Patient erlebt in einer Fiktion die Erhöhung seines Persönlichkeitsgefühles. Bei Katatonikern habe ich feststellen können, daß sie die *Rolle* einer Puppe, eines Toten, eines Helden usw. spielen. In die Gedankenabfolge eines Schwachsinnigen kann man sich nicht einfühlen, sie höchstens von außen her erraten.
Herder, Novalis und *Jean Paul* haben den Vorgang der Einfühlung gekannt, beschrieben und für wichtig befunden. Später haben *Wundt, Volkelt* und besonders *Lipps* die fundamentale Tatsache der Einfühlung für unser Erleben hervorgehoben. Letzterer, *Dilthey, Müller-Freienfels* u. a. beschrieben den Zusammenhang von Einfühlung und Verstehen. Die Individualpsychologie darf als ihren Befund in Anspruch nehmen, Einfühlung und Verstehen als Tatsachen des Gemeinschaftsgefühles, des Einigseins mit dem All hervorgehoben zu haben. Wir nennen tugendhaft, klug, vernünftig, wertvoll nur, was sich auf der Seite der allgemeinen Nützlichkeit abspielt. Unser Urteil richtet sich auch danach, und jeder Vollsinnige unterscheidet ungefähr nach dem gleichen Einteilungsprinzip. Auch wer sich auf der unnützlichen Seite des Lebens bewegt, als Schwererziehbarer, Neurotiker, Verbrecher, Selbstmörder, Trinker, Perverser usw., wird sich des Unterschiedes bewußt sein, zwischen gut und böse unterscheiden können und sein eigenes Werk gegen die Vernunft

und gegen die Tugend zu verteidigen suchen. Er wird aber seinen unnützlichen Weg weitergehen, solange er sich von seinem idealen Ziel einer persönlichen Überlegenheit, unnützlich für die Allgemeinheit, nicht getrennt hat. Er wird sich davon nur trennen, wenn er mit seiner privaten Intelligenz das Vernunftprinzip begriffen hat. D. h. wenn er das fehlerhafte Prototyp aus seiner Kindheit, sein verstärktes Minderwertigkeitsgefühl, sein Streben nach persönlicher Überlegenheit und die Bedeutung des Gemeinschaftsgefühles für die Entfaltung des Mutes, der Vernunft und des Wertgefühles erkannt hat.

Wir werden demnach bei allen »Problemmenschen«, soweit wir Schwachsinn ausschließen können, finden, daß ihr Ziel des persönlichen Machtstrebens mißraten ist, daß aber alle Teilbewegungen »intelligent« sind. Sie werden uns als »abnormal« auffallen, weil sie der »Vernunft«, »die uns alle bindet«, dem common sense widersprechen. Aber sie werden immer richtig in ein Bezugssystem auf der unnützlichen Seite des Lebens eingeordnet sein. Deshalb wird ihnen auch der Grad eines entwickelten Gemeinschaftsgefühles abgehen und der Mut fehlen, der zur Lösung der nützlichen Lebensfragen gehört.

Beispiele:

1. Ein Kind, das sich durch ein jüngeres Geschwister aus seiner verzärtelnden Situation verdrängt fühlt, wird meist einem Ziele nachstreben, wieder in den Mittelpunkt der Aufmerksamkeit zu gelangen und wird in kämpferischer Haltung die Ordnung des Hauses stören. Es handelt seinem Ziele nach intelligent, der Forderung der Gemeinschaft gegenüber unvernünftig.

2. Ein Angstneurotiker, der seine Angst von Kindheit an als Mittel gebraucht hat, einen anderen in seinen Dienst zu ziehen, ihm »die Gesetze seines Handelns vorzuschreiben«, handelt intelligent, aber nicht entsprechend dem common sense.

3. Ein Mörder, der jemanden um seiner Habe willen erschlägt, dem also der Mut gebricht, auf allgemein nützliche Weise zu Geld zu kommen, handelt seinem Ziele nach, sich auf leichte Weise zu bereichern, intelligent, aber feig und unvernünftig, da der bessere Weg nie ausgeschlossen werden kann.

4. Ein Selbstmörder, der sich zu schwach fühlt, um seine

persönlichen Schwierigkeiten zu überwinden, und daher (in Rachsucht) alles verwirft, um nur dem Gefühl seiner Minderwertigkeit mit einem Ruck zu entrinnen, handelt seinem Ziel nach, durch einen Kunstgriff mit den Schwierigkeiten des Lebens fertig zu werden, intelligent, aber gemeinschaftsschädlich, feig und unvernünftig.

5. Ein Pervertierter, der nach Ausschaltung der gemeinschaftsfördernden Form dem schäbigen Rest begeistert huldigt, ist durch diesen Trick den Komplikationen des normalen Liebeslebens entronnen, hat sich davor in intelligenter Weise gesichert, zeigt aber darin weder common sense noch Mut, noch Gemeinschaftsgefühl.

6. Alkoholiker, Morphinisten usw. haben ihre Auswirkung[1] vor Schwierigkeiten des Lebens in ein intelligentes System gebracht, aber unter Ausschaltung von Mut und Vernunft, die sie durch Betäubung unwirksam machen.

7. In allen Formen der reinen Psychosen (Schizophrenie, Melancholie, manisch-depressiven Irreseins, Paranoia) findet sich bei tieferer Einsicht ein intelligentes System, aber Ausschaltung der Vernunft.

Die Individualpsychologie ist auch in der Lage, den Schwachsinn dahin zu verstehen, daß in seiner Struktur weder Intelligenz noch Vernunft in nennenswertem Ausmaße zu finden ist.[2]

[1] Gemeint sein dürfte hier: ihr Ausweichen (Anm. d. Hrsg.)

[2] Siehe auch den Artikel »Zusammenhänge zwischen Neurose und Witz«, in diesem Band S. 178ff.

Psychologie der Macht*

Groß sein! Mächtig sein! Das ist und war immer die Sehnsucht aller Kleinen und sich klein Fühlenden. Jedes Kind sehnt sich nach höheren Zielen, jeder Schwache nach Überlegenheit, jeder Hoffnungsschwache nach Gipfeln der Vollendung. Der einzelne ebenso wie die Masse, Völker, Staaten und Nationen. Was immer Menschen erstreben, stammt aus ihren drängenden Versuchen, den Eindruck des Mangels, der Unsicherheit, der Schwäche zu überwinden. Um aber gehen zu können, brauchen sie ein Leitbild in der Zukunft. Das fiktive Leitideal der Vollkommenheit ist nicht greifbar genug, um seinen Zweck zu erfüllen. Der tastende Geist gestaltet zum Zweck des sicheren Gehens das Leitbild konkret. Ob einer seine Vollkommenheit darin erblickt, Kutscher, Arzt, Don Juan, Mitmensch, Tyrann zu sein, immer sieht er darin die höchste Erfüllung und Bestätigung seines Wesens. Ob ihm sein Leitideal unter gegebenen Umständen diese Erfüllung bringt, hängt von seiner Vorbereitung, seinem Training, von der Wahl seiner Methode, von seiner optimistischen Aktivität einerseits, von der Kongruenz mit den äußeren Möglichkeiten andererseits ab. Die ersteren Faktoren können wir durch Erziehung fördern, die letzteren müssen wir erkennen und durchschauen. Alle diese Faktoren durchdringen sich gegenseitig und beeinflussen einander.

Wir können viel zur Erreichung eines ungefähr richtigen Lebensweges beitragen, wenn wir über eine genaue Erforschung der äußeren Umstände verfügen. Viele der Übel, die den Menschen bedrängen, ließen sich leichter ertragen und bekämpfen, wenn wir sie nicht nur beklagten, sondern sie als den Ausdruck einer in Entwicklung und Fortschreiten begriffenen Bewegung sehen würden. Wir alle leiden daran, daß wir in einem Durchschnittspunkt der Entwicklung stehen, der

* Zuerst erschienen in: FRANZ KOBLER (Hrsg.): *Gewalt und Gewaltlosigkeit: Handbuch des aktiven Pazifismus.* Zürich (Verlag Rotapfel) 1928, S. 41–46.

durch die schöpferische Kraft der Menschheit überwunden werden muß. Der Individualpsychologe kann es mit Sicherheit behaupten, daß immer allgemeines und persönliches Leiden damit zusammenhängt, weil wir heute noch unser Leitideal zuwenig im Sinne des Gemeinschaftsgefühls und zuviel im Sinne der persönlichen Macht aufgebaut haben. Das große Heer der schwer erziehbaren Kinder, die Nervösen, Wahnsinnigen, Alkoholiker, Morphinisten, Kokainisten, die Kriminellen und Selbstmörder bieten im letzten, tiefsten Grunde das gleiche Bild: Kampf um die persönliche Macht oder Verzweiflung darüber, sie auf der allgemeinnützlichen Seite nicht erringen zu können. Als vollendete Form wird heute noch die Überlegenheit über den anderen angestrebt, unser Leitideal ist konkretisiert als Macht über andere, und dieses Problem steht für jeden zu sehr im Vordergrunde, überschattet alle anderen und lenkt alle Bewegungen unseres seelischen Lebens in seine Bahn.

Wie kam dieser Schaden in die Welt? *Das persönliche Streben nach Macht ist eine der Konkretisierungen des Strebens nach Vollkommenheit!* Und zwar eine der verlockendsten, besonders in einer von allen Seiten bedrängten Kultur. Ein naheliegender Irrtum, abgelauscht dem ungehemmten Naturgeschehen, wo die Vollkommenheit des einzelnen durch den brutalen Sieg über den Schwächeren errungen wird. Aber selbst im Tierreich finden sich genügend Ansätze, den wilden Kampf zu mildern, soziale Instinkte, Herdentriebe, offensichtlich zum Schutz der Species, um deren Ausrottung zu verhindern. Den Menschen weist der Zwang zur Entwicklung viel stärker auf den Weg des Gemeinschaftsgefühls. Denn er ist der Natur gegenüber und den Tatsachen des Lebens viel mehr als alle anderen Lebewesen zur gegenseitigen Verbundenheit gezwungen. Ohne die ausgebildetste Arbeitsteilung ist er dem Untergang geweiht oder geht der Entwicklung verlustig. Die Herrschaft des Mannes über die Frau beraubte ihn der höchsten Genüsse der Erotik und muß in einer entwickelteren Kultur die Frauen zur Auflehnung gegen ihre Frauenrolle bringen, wodurch gleichfalls der Bestand des Menschengeschlechts in Frage käme, weil unkultivierte Völker einen Vorsprung gewännen.

Das Ergebnis individual- und massenpsychologischer Forschung lautet demnach: das Streben nach persönlicher Macht

ist ein verhängsnivolles Blendwerk und vergiftet das Zusammenleben der Menschen. Wer die menschliche Gemeinschaft will, muß dem Streben nach Gewalt über andere entsagen. Gewaltsame Durchsetzung leuchtet vielen als ein selbstverständlicher Gedanke ein. Wir wollen zugeben: *es scheint* der einfachste Weg, alles was gut ist und glückverheißend, oder auch nur, was im Sinne einer unaufhaltsamen Entwicklung liegt, mit den Mitteln der Macht zu erschaffen. Wo im Leben der Menschen oder in der Menschheitsgeschichte ist ein solches Vorhaben schon gelungen? So weit wir sehen, überall weckt die Anwendung selbst sanfter Gewalt den Gegenwillen, selbst dort, wo sichtlich das Wohl des Niedergezwungenen bezweckt wird. Das patriarchalische System, der aufgeklärte Absolutismus sind solche schreckende Spuren. Selbst seinen Gott vertrug kein Volk ohne Widerspruch. Führt einen Menschen oder ein Volk in den Machtbereich eines anderen – sofort wird sich sein Widerstand regen, offen und heimlich, und er wird nicht schwinden, bis alle Fesseln fallen. Der siegreiche Kampf des Proletariats gegen den Zwang des Kapitalismus zeigt deutlich diesen Entwicklungsgang, aber die wachsende Macht der Arbeiterorganisation kann bei unvorsichtiger Handhabung ein geringeres oder stärkeres Widerstreben bei unsicheren Naturen auslösen. Wo Machtfragen ins Treffen kommen, stoßen sie, unbekümmert um die Vortrefflichkeit ihrer Absichten und Ziele, auf den Willen zur Macht des einzelnen und wecken den Widerspruch.
In die Elternliebe schleicht sich das Gift der Herrschsucht und sucht im Namen der Autorität und der Kindespflicht den Schein der Überlegenheit und Unfehlbarkeit festzuhalten. Da wird es zur Aufgabe der Kinder, über ihre Erzieher hinauszuwachsen, mit ihnen fertig zu werden. Nicht anders beim Lehrer. Auch die Liebe ist voll von diesen Tücken und fordert vom Partner zuweit gehende Ergebung. Das Machtbegehren des Mannes verlangt mit Berufung auf »die natürliche Bestimmung« die Unterwerfung der Frau; als Ergebnis zeigt sich, wenig erfreulich, die Zerstörung aller unbefangenen Beziehungen und Lahmlegung wertvoller Kräfte. Die lieblichen Spiele der Kinder verraten dem Seelenkenner ein einheitliches System von Befriedigungen der Herrschsucht.
Die moderne Seelenkunde hat uns aber gezeigt, daß die Züge von Herrschsucht, Ehrgeiz und Machtbestreben über den

anderen samt ihrer Fülle von häßlichen Begleiterscheinungen nicht angeboren und unabänderlich sind. Sie werden vielmehr dem Kinde frühzeitig eingeimpft, das Kind empfängt sie willenlos aus einer Atmosphäre, die vom Machtkitzel getränkt ist. In unserem Blute liegt noch die Sehnsucht nach dem Machtrausch, und unsere Seelen sind Spielbälle der Herrschsucht. Eins kann uns retten: das Mißtrauen gegen jede Vormacht. Unsere Stärke liegt in der Überzeugung, in der organisierenden Kraft, in der Weltanschauung, nicht in der Gewalt der Waffen und nicht in Ausnahmegesetzen. Mit solchen Mitteln haben auch schon andere, starke Kräfte vergeblich um ihren Bestand gekämpft.

Für uns andere aber ergeben sich Weg und Taktik aus unserem obersten Ziel: der Pflege und Verstärkung der Gemeinschaftsgefühle.

Wir können das Wirken der Gemeinschaftsgefühle in uns bekämpfen. Ersticken können wir es nicht. So kann sich die menschliche Seele wahnhaft der heilig erklärten Logik entschlagen. Im Selbstmord hebt trotzig Lebenskraft den Lebenstrieb auf. Und Logik wie Lebenstrieb sind Realitäten gleich der Gemeinschaft. Solche Verfehlungen sind Sünden wider die Natur, wider den heiligen Geist der Gemeinschaft. Es ist gar nicht so leicht, den Gemeinsinn in sich zu unterdrücken. Der Verbrecher braucht den Rausch der Sinne, vor oder nach der Tat, um sein Gemeinschaftsgefühl zu beschwichtigen. Verwahrloste Jugend schließt sich in Banden zusammen, um das Gefühl der Verantwortlichkeit mit anderen zu teilen und so zu mildern. Raskolnikow muß erst einen Monat lang im Bett liegen und meditieren, ob er ein Napoleon oder eine Laus sei. Und als er dann die Treppe hinaufsteigt, eine alte, wertlose Wucherin zu töten, verspürt er Herzklopfen. Aus dieser Erregung seines Blutes spricht das Gemeinschaftsgefühl. Der Krieg ist nicht die Fortsetzung der Politik mit anderen Mitteln, sondern das größte Massenverbrechen an der Zusammengehörigkeit der Menschen. Welche Summe von Lügen und künstlichen Aufstachelungen niedriger Leidenschaften, welche tausendfältige Vergewaltigung war nötig, um den entrüsteten Aufschrei der Menschheitsstimme zu unterdrücken?

In die Enge der Kinderstube brechen die Wellen des Machtbestrebens der Gesellschaft ein. Die Herrschaftsgelüste von

Eltern, Dienstverhältnisse im Hause, die Privilegien des kleinen Kindes lenken unwiderstehlich den Sinn des Kindes auf die Erringung von Macht und Vorherrschaft, lassen ihm nur diese Position als lockend erscheinen. Um einiges später erst fließen Gemeinschaftsgefühle in seine Seele, geraten aber zumeist unter die Herrschaft des bereits ausgebildeten Machtbegehrens. Man findet dann in feinerer Analyse alle Charakterzüge ausgebaut durch das Streben nach eigener Überlegenheit auf der unerschütterlichen Voraussetzung des Gemeinsinns. Tritt das Kind in die Schule, oder ins Leben, so bringt es aus der Familie bereits den oben mehrfach geschilderten, dem Gemeinsinn schädlichen Mechanismus mit. Das Ideal der eigenen Überlegenheit rechnet mit dem Gemeinsinn der anderen. Denn das typische Ideal unserer Zeit ist noch immer der isolierte Held, für den die Mitmenschen Objekt sind. Diese psychische Struktur hat auch den Menschen den Weltkrieg mundgerecht gemacht, läßt sie in Bewunderung erschauern vor der haltlosen Größe eines siegreichen Feldherrn. Die Gemeinschaftsgefühle erfordern ein anderes Ideal, das des Heiligen, allerdings gereinigt von phantastischen, dem Zauberglauben entstammenden Schlacken. Weder die Schule noch das Leben sind späterhin imstande, das festgewurzelte, übertriebene Streben nach eigener Geltung auf Kosten anderer zu beseitigen. Es wäre eine grobe Täuschung, den Machtrausch nur für die Einzelpsyche gelten zu lassen. Auch die Masse wird durch das gleiche Ziel gelenkt, und dies wirkt um so verheerender, als in der Massenpsyche das Gefühl der persönlichen Verantwortlichkeit wesentlich verringert wird.
Wir brauchen die bewußte Vorbereitung und Förderung eines gewaltigen Gemeinschaftsgefühles und den völligen Abbruch der Gier und Macht beim einzelnen und bei den Völkern. Was allen fehlt und wonach wir unausgesetzt ringen, sind neue Methoden zur Hebung des Gemeinsinns, das neue Wort. Bis dahin scheint sich dieser Fortschritt vorwiegend durch Ausrottung des sozial Unbrauchbaren den Weg zu bahnen. Wir sind viel milder als die Naturtatsachen des Lebens, als dieser Kosmos, der dem nach Macht und Gewalt Lüsternen in den mannigfachsten Varianten zuruft: Der gefällt mir nicht, der muß weg! Wer wie der Psychologe diese harte Logik des menschlichen Zusammenlebens miterlebt, sehnt sich danach, diese unendlich düstere Stimme allen vernehmlich zu ma-

chen, sie vor dem Abgrund zu warnen, in den einzelne, Familien, Geschlechter, Völker stürzen, um auf immer zu verschwinden. Aber – wir brauchen die neue Methode, das neue Wort, um diese schreckliche Stimme hörbar zu machen.

Die Individualpsychologie in der Neurosenlehre*

Unser bewußtes Denken beginnt wohl immer anläßlich einer Schwierigkeit mit einem Akt der Konzentration. Gleichzeitig ist damit gesagt: mit einem Akt der Ausschaltung unwesentlicher oder störender Einzelheiten, die wir als hinderlich finden gegenüber der Lösung von brennenden Aufgaben. Nun sind wir freilich reichlich gesegnet mit Schwierigkeiten aller Art. Dementsprechend der große Umfang unseres bewußten Denkens. Wäre einer den Forderungen des Lebens vollkommen und in jeder Richtung angepaßt – wie es das menschliche Individuum vielleicht am wenigsten unter allen Lebewesen ist –, so könnte sein Leben bewußtseinslos verlaufen wie ein mechanischer Prozeß im Bilde der gelungenen Vollwertigkeit. Da dem erfreulicherweise nicht so ist, so stehen wir stets vor Problemen, die wie eine Testprüfung auftauchen. Unsere Antwort zeigt den Grad unserer Vorbereitung, zeigt unsere erworbene Geschicklichkeit, Leistungsfähigkeit, Mut, Verstand, Charakter und Moral.

So viele der Fragen und Schwierigkeiten das Leben des einzelnen auch bietet, sie wären scheinbar einfach zu lösen, wenn wir richtig vorbereitet wären. Dann würden unsere Antworten und Lösungen auch »richtig« ausfallen. Die für die Individualpsychologie gestellte Frage war demnach die: 1. Welcher Art sind die Probleme des Lebens? Gibt es nicht bei all ihrer Mannigfaltigkeit eine unerläßliche Voraussetzung? 2. Was geschieht, wenn in der Bereitschaft des Individuums diese Hauptvoraussetzung nicht erfüllt ist?

Für die erste Frage ergab sich eine überraschende Lösung. Es gibt keine anderen Fragen in unserem Leben als solche der *sozialen Stellungnahme.* Ob einer eine wertvolle Arbeit verrichtet, eine Erfindung macht, eine wissenschaftliche Leistung

* Vortrag, gehalten im Verein für Innere Medizin und Kinderheilkunde in Berlin am 17. Dezember 1928. Zuerst erschienen in: *Internationale Zeitschrift für Individualpsychologie,* Jahrg. 7 (1929), S. 81–88.

vollführt – wertvoll, gut, richtig wird nur jene Tat sein, die der Allgemeinheit nützlich ist. Wie einer zum anderen steht, in Kameradschaft, Freundschaft, Geselligkeit, dies alles mit allen unmittelbar damit verknüpften Charakterzügen, Tugenden, Wahrheitsliebe, Offenheit, Interesse am andern, an seinem Volke, an der Menschheit –, in allen diesen Stellungnahmen schwingt der Grad seiner Anschlußbereitschaft, seiner Vorbereitung fürs Leben, für die Gemeinschaft mit. Unsere Sinnesorgane arbeiten auf Verbindung hin, die Augen, Ohren, der Tastsinn. Ihr Sinn, der häufig verfehlt wird, ist soziale Verknüpfung, Aufnahmsbereitschaft. Die Sprache, alle Ausdrucksbewegungen, richtige und unrichtige, »gesunde« und neurotische, spiegeln den Grad der Anschlußbereitschaft wider. Der Verstand hat Allgemeingültigkeit, jede Moral will Spielregeln geben zum Nutzen der Gemeinschaft, die ästhetischen Gefühle und Urteile sind durchsetzt von einem Blick in die Zukunft der Menschheit; sie wollen Ewigkeitswert und weben an dem Traum einer schöneren, gesünderen Welt. Politische, religiöse Stellungnahme zielt auf das Wohl der Gesamtheit oder eines Teiles derselben. Liebe und Ehe sind in ihrer natürlichen und deshalb höchsten Entfaltung soziale Bindungen der Geschlechter zwecks beiderseitiger Glücksbefriedigung und Fortdauer des Menschengeschlechts. Auch in das sexuelle Bezugssystem der Zweigeschlechtlichkeit tritt ordnend und lösend das Gemeinschaftsgefühl ein zum Zwecke der Nützlichkeit für die Allgemeinheit und verpönt den Inzest und die sexuellen Perversionen.

Die körperliche Schwäche des Einzelmenschen der Natur gegenüber, die allzu große Beschränktheit auf diese arme Erdkruste setzen das Zusammengehörigkeitsgefühl zwecks Lebenserhaltung voraus und erzwingen eine Ausgestaltung der Kultur und eine Organisation der Arbeitsteilung. Eine Steigerung erfährt dieses Kontaktgefühl durch die Notwendigkeit der Sorge um die schwangere Frau, um den langsam wachsenden Säugling und die lange Unselbständigkeit des Kindes. Wahrscheinlich ist es die Schwäche und Minderwertigkeit des Menschen überhaupt, sein Wissen um den Tod und um drohende Gefahren, die als unumgängliche Ergänzung und Erlösung das Gemeinschaftsgefühl erzeugen.

An dieser Stelle kann ich es mir nicht versagen, auf den, wie ich glaube, müßigen Einwand einzugehen, ob denn das Gemeinschaftsgefühl angeboren sei. Die gleichen Schwierigkeiten sehen viele Autoren in betreff der Frage angeborener seelischer Eigenschaften überhaupt. Es scheint mir klar zu sein, daß sich nichts im menschlichen Seelenleben entwickeln könnte, für das nicht Anlagen, Möglichkeiten, Hinneigungen bestehen. Die Entwicklung von Charakterzügen, Eigenarten und Fähigkeiten hängt wohl in erster Linie von ihrer Pflege, ihrem Training und der *Methode* ab.

Das Kind kommt in seiner abgegrenzten Sphäre bereits am ersten Tage zu einem Training seiner seelischen Möglichkeiten. Die Beziehung zur Mutter, zu älteren und jüngeren Geschwistern, zum Vater und zu Außenstehenden, zu den Aufgaben seines Lebens, zu den Förderungen und Verhinderungen bringt ihm ein Training bei, das bald zu einer *Mechanisierung* seiner Lebensform reift. Es wird in mehr oder weniger ähnlichen Lebenslagen, angenehmen wie unangenehmen, immer sich ähnlich verhalten. Die schwachsinnigen Kinder, gehirnkranke also, muß ich hier ausschalten, weil ihr geistiges Training zu wenig mit den Tatbeständen rechnet. Sonst aber wirkt die Umgebung mit ihren Lehren, mit ihren Beispielen, noch mehr mit schwerer faßbaren Einflüssen richtunggebend. Haben wir hier schon mit angeborenen Möglichkeiten und mit dem Milieu zu rechnen, so wird unser Gebiet noch vielfach komplizierter, weil in der Art des Trainings eine große Möglichkeit von kindlichen Irrtümern steckt. Aus letzterem Grunde ist die fehlerhafte Entwicklung eines Kindes nicht im voraus berechenbar. Das Seelenproblem läßt sich nicht mathematisch oder vom kausalen Standpunkt aus lösen.

Diese Irrtumsmöglichkeiten im Aufbau des Lebensstils liegen offenbar den *größeren* Zusammenstößen und Spannungen zugrunde, die später im Leben, sobald seine Aufgaben sicht- oder fühlbar werden, zu auffälligen Erscheinungen, Symptomen werden. Es läßt sich an dieser Stelle schon behaupten: wenn es nur solche Fragen im Leben gibt, zu deren ungefährer Lösung ein gewisser Grad von Gemeinschaftsgefühl gehört, wenn dieser Grad des Gemeinschaftsgefühls schon frühzeitig festgelegt, im mechanischen Lebensstil aufgeht, dann wird der Zusammenstoß der irrtümlich aufgebauten, des Gemeinschaftsgefühls allzu sehr entbehrenden Lebensform stets vor den drängenden Fragen des Lebens erfolgen, die eben diesen

Grad von Interesse für die andern erfordern. Denn dann hat dieser Mensch nicht, womit er zahlen soll.

Dagegen scheint jetzt die Frage bezüglich angeborener seelischer Eigenschaften, von Plus- oder Minusvarianten, von Eigenarten der Triebe, der Instinkte, der Heredität überhaupt, vollkommen wertlos. Wenn wir es in der Hand haben – und das ist nach den erzieherischen Erfahrungen der Individualpsychologie durchaus sicher –, das Kind in der Richtung zum Mitmenschen zu entwickeln, dann würde es auch leicht gelingen, hereditäre Anlagen dem Gemeinwohl dienlich zu machen, wenn solche wirklich eine Rolle im Seelenleben spielen sollten, sie zu sublimieren, wie *Nietzsche* es nennt, sie zweckdienlich auszugestalten, wie es *Fourier* in seinem System der Phalansteren beschrieb. Beides hieße sie mit Gemeinschaftsgefühl zu erfüllen.

Die Hereditarier, Trieb- und Instinktpsychologen machen es sich allzu leicht. Wo Fehlschläge sichtbar werden, suchen sie nach dem hereditären oder Triebeinschlag. Beide bemerken nicht, daß in ihrer Rechnung immer das fehlende Gemeinschaftsgefühl die Hauptrolle spielt. Sie vermeinen beide, an der Wurzel des Übels zu forschen, ganz in der Tiefe, ohne zu sehen, daß sich später – vor den sozialen Fragen – nur abspielt, was dem Mangel menschlichen Interesses zufolge geschieht, wo sich dann alles »unrichtig«, »ungesund«, »unnormal«, »unmoralisch« gestaltet, wo man dann, den Hauptfaktor vergessend, nur Triebe, Heredität, Physiognomik usw. sieht. Ähnlich wie wenn man bei einer Überschwemmung die geschmolzenen Eismassen, die Gewalt des Stromes, seine Windungen und nicht die Schwäche seiner Dämme anschuldigen wollte.

Sapienti sat! Man wird an dieser Stelle verstehen, welches die neuen Gesichtspunkte waren, mit denen die Individualpsychologie die Entwicklung der Neurosenpsychologie zu bereichern trachtete. Bescheidenheit kann aus persönlichem Interesse zu gefallen, aufzufallen, ebenso entstehen wie aus Hinneigung zu sozialer Art und Weise. Erotik kann ebenso aus egoistischem Hang als aus Zugetanheit entspringen. Freundschaft kann vorgetäuscht sein, um andere zu beherrschen, Angst und Schwächegefühle können geübt und trainiert sein, um den Beistand anderer zu erzwingen. Wer tief genug zu sein glaubt, wenn er das »Triebbündel« erhascht, ist noch lange an der Oberfläche.

In allen Fehlschlägen des menschlichen Seelenlebens ist stets die tiefste Wurzel der Mangel des Mitlebens, Mitspielens, Mitarbeitens, Mitliebens. Schwererziehbarkeit, Neurose, Neuropsychose, Selbstmord, Verbrechen, Süchte aller Art, sexuelle Perversionen, Prostitution – sie alle zeigen uns, wie der Strom des Lebens sein Bett verlassen hat, weil die Dämme zu schwach waren.
Die Individualpsychologie unternahm es, die Dämme zu verstärken. Sicherlich kein durchaus neuer Weg. Vielleicht der Weg, den die strebende Menschheit in Religion, Erziehung, Politik immer zu gehen versucht hat. Vielleicht haben wir nur die Zusammenhänge besser gesehen, weil wir in unheimlicher Vergrößerung in der Neurose sahen, was das Leben auch sonst an Wahrnehmbarem bietet. Und die Therapie der Individualpsychologie forderte Verstärkung der Dämme, Bändigung der elementaren Kräfte in der Erhebung zum allgemeinen Nutzen, wo andere zumeist den Damm für nutzlos hielten oder ihn offen oder heimlich niederreißen wollten, vielleicht im guten Glauben, er könne dann besser Mühlen treiben.
Wir sahen nur, daß später einstürzt, was ursprünglich schwach im Aufbau war, der im Rahmen der Gemeinschaft strebende, aber gemeinschaftslose Mensch. Was sich da im Einsturz zeigt, ist sicherlich der Betrachtung wert. Aber nicht um der Erscheinung willen, sondern weil zutage tritt, warum das Gemeinschaftsgefühl nicht vollwertig war. In den Angstsymptomen sehen wir das Gefühl der Schwäche und Unsicherheit, das, wie in einer Panikstimmung, ein Interesse für den andern schwer zuläßt. In den Zwangserscheinungen finden wir den schwächlichen Versuch, in unnützlichen Leistungen (ohne Gemeinschaftswert) zur Meisterschaft zu gelangen – weil das Zutrauen zu allgemein nützlichen Leistungen zu schwach geraten ist. In der Melancholie zeigt sich der furchtbare Angriff gegen den andern, der über die Zerfleischung der eigenen Person, ähnlich wie im Selbstmord, geht. In der Manie das Strohfeuer leidenschaftlichen, krampfhaften Selbstvertrauens, der Schrei nach Selbstbestätigung des sich Aufgebenden. In der Schizophrenie ist die Ausschaltung des andern auf die höchste Spitze getrieben. Gesellschaft, Beruf, Liebe, die drei großen Lebensfragen, werden mit Erbitterung ausgeschaltet, und mit ihnen geht aller Sinn für das Gemein-

schaftsleben (siehe oben: Sprache, Verstand, Moral, sinnvolles Streben) verloren. Immer wieder fanden wir in diesen Erkrankungen den Ausdruck der Entgemeinschaftung, damit auch den Ausdruck der Entmutigung für ein selbstbewußtes Streben.

Der Brandherd ist niemals in der Vergangenheit zu finden. Immer bricht die Neurose aus in Hinblick auf eine der bevorstehenden sozialen Fragen, die sich auf Gesellschaft, Beruf oder Liebe beziehen. Die Symptome der Neurose entspringen immer aus der Spannung, in die der zahlungsunfähige Patient gerät. Die wichtigsten Grundformen dieser Spannung, wenn sie sich konkret gestaltet, sind: Angst, Wut und Trauer. Der Übermut in der Manie ist, wie ich angedeutet habe, der krampfhafte Versuch, die Angst zu überwinden. Auch die Schwierigkeit, die verschiedenen neurotischen Ausdrucksformen zu erklären, scheinen wir teilweise überwunden zu haben. In dieser Spannung, die das vegetative System ergreift, reagieren verschiedene Menschentypen verschieden, die einen mehr mit dem Magen-Darmapparat, andere mit dem Zirkulationssystem, andere mit der Blase oder mit den Sexualorganen. Die erschütterte seelische Haltung des entmutigten Neurotikers sucht nach Stützpunkten für seine Ablehnung der Gemeinschaftsaufgaben, rechtfertigt sie wohl auch bis zu einem gewissen Grade (z. B. Herrschaft über den andern in der Platzangst, abwegige Konzentration und Zwangsgefühle, Phobien, um Aufgaben auszuweichen, Perversionen zum selben Zweck). Was die Erregung des Sympathikus und Parasympathikus durch Emotionen anlangt, so stehen wir hier offenbar vor einer letzten unlösbaren Frage. Wir wissen, daß es geschieht, aber wir werden nie wissen, wie es geschieht. Auch wenn sich bestätigen sollte, daß die Emotionen auf die endokrinen Drüsen wirken (Nebenniere, Thyreoidea, Sexualdrüsen usw.) – mehr als deren größere Anfälligkeit, vielleicht infolge ihrer Minderwertigkeit, vielleicht infolge einer Minderwertigkeit der zuführenden Stränge des vegetativen Systems, werden wir nie erfahren.

Aber den größten Teil der zum Ausdruck gelangenden nervösen Symptome finden wir wurzelnd, angedeutet im frühen mechanischen Lebensstil. Es war einer der ersten Befunde der Individualpsychologie, in denen wir festgestellt haben, wie oft sich nervöse Störungen, funktionelle Neurosen im Gebiete hereditär minderwertiger Organe und Organsysteme einstellen. Oft konnten wir zeigen, daß sich das Bild der Neurose in der neurotischen Funktion des ursprünglich schwachen Organs gestaltet und kamen so zu dem erst später gerechtfertigten Schluß (siehe *Adler*, Studie über Minderwertigkeit von Organen, 1907)[1], daß der Besitz minderwertiger Organe, auch endokriner Drüsen, eine Disposition zur Neurose schafft. Eine Reihe späterer Befunde, auch die *Kretschmers*, wiesen denselben Weg. Aber wir konnten Wichtigeres feststellen: daß der Besitz minderwertiger Organe durch die oft große, andauernde Überbelastung des Kindes infolge von Krankheiten, Leiden, Schwäche und einseitigem Interesse *die Entwicklung des Interesses für andere, des Gemeinschaftsgefühls behindert*. Wir möchten nur gleich die Bedeutung der Heredität, die in dieser Feststellung zu liegen scheint, wieder abschwächen. Denn es ist leicht zu verstehen, daß z. B. Linkshänder wohl unter der gleichen, hereditär geschaffenen Belastung leiden und bezüglich ihres Gemeinschaftsinteresses Gefahr laufen. Daß wir aber bei Anwendung einer *geeigneten Methode* die Gefahren dieser Belastung vermeiden können. Dasselbe gilt bis zum Grade unserer bisherigen medizinischen Kenntnisse für alle andern minderwertigen Organe. Und ferner möchten wir hervorheben, daß ein annähernd normales Kind bei unzweckmäßiger Ernährung die gleiche Belastung erlebt wie ein solches mit minderwertigem Magen-Darmtrakt. Es zeigt sich hier wieder die Grundauffassung der Individualpsychologie, nach welcher weder das Organ noch das Milieu allein Ursache von Fehlschlägen sein können, sondern daß die Spannung aus beiden plus den irrtümlichen seelischen Auswirkungen den wesentlichen Faktor abgeben.

Einmal soweit, war der weitere Weg gegeben. Wir hatten die seelische Überlastung von Neurotikern in ihrer Kindheit auch in anderen Situationen aufzusuchen, die der Entwicklung des Gemeinschaftsgefühls hinderlich sind. Und fanden sie bei zwei andern Typen in mannigfach variierender Weise. Bei den »verwöhnten« und bei den »gehaßten« Kindern. Beide können den Anschluß an die Gemeinschaft nicht finden, und in ihrem nach dem 4. bis 5. Lebensjahr mechanisierten Lebensstil ist später kein Platz mehr dafür offen. Nur das

[1] Neuausgabe als Fischer Taschenbuch Bd. 6349

richtige Verstehen dieses Mangels kann ein erneutes Training des Gemeinschaftsgefühls zulassen.

In weiterer Verfolgung unseres Weges kamen wir auch zur Ablehnung des Traumas und gar des sexuellen Traumas, wie es nach anderen Auffassungen der Neurose zugrunde liegen sollte. Alle Erlebnisse erwiesen sich als von dem frühzeitig mechanisierten Lebensstil *assimiliert*. Wo wir starke affektive Erlebnisse im Zusammenhang mit der Neurose fanden, dort fanden wir sie niemals als Ursachen, sondern durch den bereits vorgebildeten Lebensstil in den unheilvollen Zusammenhang gebracht. Deshalb konnten wir auch die Bedeutung des Unbewußten für die Neurose bedeutend einschränken. Alle wiedererweckten Eindrücke, Stimmungslagen, Stellungnahmen – immer auch im Bewußten sichtbar – zeigten sich als Fragmente im Aufbau des Lebensstils, immer zugehörig dem verstärkten Gefühl der Minderwertigkeit, das der Organminderwertigkeit, der Verwöhnung und der Unterdrückung entsprungen war. Der scheinbare Widerspruch zwischen Bewußtem und Unbewußtem, die scheinbare Ambivalenz von Gefühlen, Tendenzen, Charakterzügen erwies sich als nicht vorhanden, sobald die Einheit des Lebensstils *verstanden war*.

In den bewußten Ausprägungen sowohl wie in den »unbewußten«, irgendwie aus dem Dunkel der Erinnerung herausgeholten oder erratenen Ausdrucksbewegungen, Erlebnissen, Haltungen und Stellungnahmen zeigt sich immer der gleiche Lebensstil und – worauf es zuerst ankommt – das gleiche in der Neurose stark herabgesetzte Gemeinschaftsgefühl. Dieses Minus ist es, das – wie früher betont wurde – die mangelhafte Eignung zur Lösung der immer sozialen Lebensfragen ausmacht. Die mangelhafte Eignung aber zeigt sich in der vergrößerten Spannung, die wieder zu den körperlichen und seelischen »Spannungssymptomen« führt. Unmittelbar wirken diese Symptome weiter und ergeben Sperrvorrichtungen, denen zufolge der Patient, wie es sein Lebensstil befiehlt, zögert (Stottern, Angst, Zwangserscheinungen, Phobien usw.), steckenbleibt (Erythrophobie, Platzangst usw.) oder auf die unnützliche Seite des Lebens ausweicht (sexuelle Perversionen, Psychosen, Selbstmord, Verbrechen usw.). Gleichzeitig ist im Bilde der Erscheinungen die Entmutigung sichtbar und der Appell an die Zubilligung mildernder Umstände. In allen Fällen der Neurose spielt die *»Einfühlung«* in die Krankheitssituation als Mittel der *zögernden Attitüde* eine viel zu wenig beachtete Rolle, ebenso in verschiedenem Grade die dem common sense (Gemeinschaftsverstand) entzogene private Intelligenz. (Besonders deutlich in der Psychose.)

Nur kurz will ich streifen, was heute nahezu allgemein als Verdienst der Individualpsychologie anerkannt wird, ihre scharfe Betonung der »finalistischen Apperzeptionsweise«. Es ist damit gemeint, daß jedes Individuum aus einem Gefühl der Schwäche und Minderwertigkeit, wie sich dies auch in der körperlichen Entwicklung zeigt, nach einem Ziel, einer *»idealen Endform«* strebt, d. h. nach Überwindung aller Schwierigkeiten des Lebens. Befriedigend und zum richtigen Wertgefühl führend kann dies nur auf der *nützlichen* Seite geschehen, im entwickelten Gemeinschaftsgefühl, wo das Individuum sich als *wertvoll* (das kann nur heißen: wertvoll für die Allgemeinheit) empfindet. Deshalb wird man in der Neurose stets das aus der frühesten Kindheit stammende verstärkte Minderwertigkeitsgefühl wiederfinden, demzufolge der Patient immer nach Erleichterungen (gesellschaftlich, beruflich, in der Sexualität) sucht, seinen Aktionskreis erheblich einschränkt und nicht selten im Todeswunsch diese Sehnsucht nach Erleichterung zum Ausdruck bringt. Aber auch auf der unnützlichen, gemeinschaftswidrigen Seite des Lebens peitscht ihn sein verstärktes Minderwertigkeitsgefühl einem Ziel der freilich nur persönlichen Überlegenheit zu oder dem Schein einer Überlegenheit, die meist auf Kosten der andern gesucht wird. Die dazu am meisten dienlichen Stimmungen und Affekte wie Angst, Wut, Trauer, Schuldgefühle zeigen in ihrer eigenen Dynamik abermals den krampfhaften Versuch, von »unten« nach »oben«, aus einem verstärkten Minderwertigkeitsgefühl zur Überlegenheit über den andern, den Gegenspieler, zu gelangen. In jeder seelischen Ausdrucksbewegung ist demnach neben dem Grad des Gemeinschaftsgefühls das individuelle Streben nach Überlegenheit festzustellen und an anderer Stelle zu bestätigen. So werden wir erst beruhigt die Akten schließen, wenn wir diese doppelte Dynamik im neurotischen Symptom genau in der gleichen Weise spielen gesehen haben wie in irgendwelchen anderen Lebensäußerungen.

Das Asylum des »Unbewußten« dürfte durch diese Feststellungen merklich erschüttert sein. Das »Triebhafte« dorthin zu verlegen und es aus dem »Bewußten« zu verbannen, das

»Bewußte« in Gegensatz zu bringen zu den »Komplexen« des »Unbewußten« erscheint als ein Irrweg. Für den Individualpsychologen existiert dieser Unterschied nicht, weil er alles Bewußtseinsfähige in seinem Zusammenhang verstehen muß. So bricht auch die Idee der »Ambivalenz« zusammen, wenn man die gleichlaufenden Linien und Bewegungsformen des Gemeinschaftsgefühls und des Strebens nach Überlegenheit in zwei oder mehreren Ausgestaltungen wahrnimmt. Höchstens daß durch einen scheinbaren Gegensatz oder Widerspruch (bei Entschlußunfähigkeit, Zweifel oder ergebnislosem Wollen) die zögernde Attitüde ihre Ausgestaltung findet. Das Gemeinschaftsgefühl fängt das gesamte Triebleben am ersten Tage nach der Geburt so sehr in sich auf, daß eine isolierte Betrachtung des Trieblebens ein Unding wird. Was davon als sonderbar, krankhaft, abnormal erscheint, ist es durch den Mangel an Gemeinschaftsgefühl geworden. Letzteres aber und das immanente Streben nach der idealen Endform sind die tiefsten Triebfedern des menschlichen Seelenlebens.
Deshalb aber haben die bedeutenden Vorarbeiten *Freuds* nichts an ihrem Wert verloren. Nur ist, was er im Unbewußten fand, nicht Triebfeder, sondern späteres irregeleitetes Machtstreben, assimiliert durch den fehlerhaften, tieferliegenden Lebensstil. Geht man von unserem Standpunkt an die maßvolleren Darstellungen des Ödipuskomplexes heran, an die Theorien der Verdrängung, der Triebverwandlungen, der Zensur, der sexuellen Komponenten, des traumatischen Erlebnisses, so wird man mit leichter Mühe finden, daß *die »unbewußten« Voraussetzungen der Autoren* bei der gleichnishaften Konzeption ihrer Anschauungen immer diese sind: *verstärktes Minderwertigkeitsgefühl, Streben nach persönlicher Überlegenheit, Mangel an Gemeinschaftsgefühl.*
Auch der Hinweis auf archaische Verhältnisse kann die Aufstellung eines »triebhaften Bösen im Menschen« nicht rechtfertigen. Alle glaubhaften Forschungsergebnisse zeigen uns das Bild des »Wilden« als eines Gemeinschaftswesens, wohlbedacht auf die Stärkung des menschlichen Zusammenlebens.
Um auch noch kurz den Beitrag der Individualpsychologie zum Traumverständnis zu berühren, fassen wir diesen dahin zusammen: Der Traum hat die Aufgabe, durch Erzeugung

von Gefühlen den Einfluß des common sense zu schwächen oder aufzuheben. Deshalb hat er »unverständlich« zu sein und in tendenziöser Weise den Lebensstil des Träumers anläßlich einer bevorstehenden Aufgabe durchzusetzen, wo dies nur durch den »Betrug der Gefühle« und nicht durch verstandesgemäße Überlegung gelingt.

Schlaflosigkeit*

Schlaflosigkeit kann die Folge einer organischen Krankheit sein, und zwar z. B. in den Anfangsstadien von Typhus, bei Drüsenstörungen und in manchen Fällen von Nephritis (Nierenentzündung). Sie spielt auch eine große Rolle im Anfangsstadium mancher Fälle von Psychose.

Bei Geisteskrankheiten, die mit Schlaflosigkeit beginnen, also wenn der Patient sich für Schizophrenie oder Melancholie entschieden hat, bedarf es einer großen Spannung, um die Geisteskrankheit als eine künstlerische Schöpfung hervorzubringen. Dann beherrschen die Emotionen, die das ganze Bild beherrschen, wahrscheinlich auch die endokrinen Drüsen, so daß man mit einiger Wahrscheinlichkeit gewisse Blutveränderungen findet.

In der Literatur wird oft behauptet, daß solche Sekretionen die Ursache von Geisteskrankheiten sind; wir behaupten, sie sind ihre Folgen. Die Drüsen werden durch die Erregung des vegetativen Systems beeinflußt. Wahrscheinlich findet man solche Sekretionsstörungen auch bei manchen Neurosen. Wir mögen Unterschiede im Blut von Agoraphobikern finden, aber nicht als die Ursache der Störung.

Wenn organische Ursachen ausgeschlossen sind, kann die Schlaflosigkeit psychologisch erklärt werden. Dann müssen wir die Gesamtpersönlichkeit betrachten und werden finden, daß die Schlaflosigkeit vollkommen zur Gesamtpersönlichkeit paßt. Um das festzustellen, kann man fragen: »Was würden Sie tun, wenn Sie schlafen könnten?« Dann wird der Betreffende sagen, was er zu tun fürchtet. Z. B. könnte er, wenn er schlafen könnte, besser arbeiten und seine Prüfung machen. Also fürchtet er sich so sehr vor diesem Problem, daß er

* Übersetzung des Artikels »Sleeplessness«; zuerst erschienen 1944 in: *Individual Psychology Bulletin*, 2 (1944), S. 1–9. Die Übersetzung von HEINZ L. ANSBACHER folgt der Fassung dieses Beitrags in: H. L. ANSBACHER/R. R. ANSBACHER (Hrsg.): *Superiority and Social Interest* (New York) 1979 (3. Aufl.).

angespannt ist und sich nicht entspannen kann. Und deshalb kann er nicht schlafen.
Schlaf ist kein passiver Zustand, und es ist nicht wahr, daß wir passiv sind, wenn wir schlafen. Von unserem Verständnis her ist Schlaf eine Aktivität; wir müssen uns selbst in Schlaf versetzen. Dazu sind wir von Anfang an trainiert, und deshalb fällt es uns leicht.
Wenn wir es nicht schaffen, sind immer Gründe vorhanden. Besonders Emotionen und Spannungen stören den Schlaf. Wenn ein Mensch Angst vor etwas hat, kann es sein, daß er nicht schläft. Manche Patienten, besonders Frauen, können nicht schlafen, weil sie an ihren Haushalt denken, ob er in bester Ordnung ist. Man kann es aus dem erkennen, was sie tun, wenn sie nicht schlafen: Sie denken an ihre Hausarbeit, an die Einladung morgen, ob man sie kritisieren wird, oder ob alles gehen wird, wie es sein soll. Folglich können sie nicht schlafen. Und wenn sie einmal wegen Spannung nicht schlafen können, entdecken sie häufig, daß das seine Vorteile hat.

Zwecke der Schlaflosigkeit

Ein Mann, der unter einer Zwangsneurose litt, behauptete, er habe seit seiner frühen Kindheit nicht schlafen können. Er schliefe höchstens ein oder zwei Stunden. Das ist wahrscheinlich nicht wahr, so wie viele Leute sich irren, wenn sie meinen, sie hätten nicht geschlafen. Manche geben zu, daß sie nicht wissen, ob sie geschlafen haben oder nicht. Aber viele Patienten sind damit zufrieden, wenn sie auf sich und andere den Eindruck machen können, daß sie nicht geschlafen haben, weil sie dann immer ein Argument und Alibi haben. Sie können Aufmerksamkeit beanspruchen, da ihre Unfähigkeit zu schlafen auf sie selbst einen großen Eindruck macht.
Manche Leute schlafen, und hören und sehen trotzdem alles. Sie wachen leicht auf und bemerken deswegen alles, was vorgeht: wenn die Uhr schlägt, wenn jemand vorbeigeht, oder was es auch sein mag. Sie sind am Morgen nicht richtig erfrischt. Deswegen ist diese Art, die Nacht zu verbringen, eine Art von Schlaflosigkeit. Es gibt viele Methoden, eine Entschuldigung zu finden, die dem Nicht-schlafen-Können sehr ähnlich sieht.

Schlag gegen andere

Man wird finden, daß jeder Mensch, der nicht schlafen kann, eine gewisse Absicht hat, in welcher er durch nicht-schlafen unterstützt wird. Ein Junge, der mit seiner Familie in Streit liegt, verdient kein Geld: da sie auf sein Einkommen angewiesen sind, kann er sie auf diese Weise verletzen. Wenn er nicht schlafen kann, wissen sie, was das bedeutet und zittern. Und das ist sein Zweck. So kann man sehen, wie er seine Schlaflosigkeit einsetzt.

Man wird immer finden, daß andere in die Situation verwikkelt sind. Schlaflosigkeit ist ein wirksames Mittel, andere – gewöhnlich nahestehende – Personen betroffen zu machen. Verheiratete Männer und Frauen belasten so ihre Ehepartner.

Unterstützung von Ehrgeiz

Manchmal wird Schlaflosigkeit zu einem Werkzeug des Wetteifers.

»Ich weiß, daß ich meine Arbeit gut mache und alle damit zufrieden sind. Aber was könnte ich nicht alles leisten, wenn ich nur mehr schlafen könnte!« Deswegen findet man Schlaflosigkeit bei sehr ehrgeizigen Personen.

Erst war ich stolz darauf, als ich entdeckte, daß Schlaflosigkeit ein Symptom des Ehrgeizes ist. Dann habe ich erfahren, daß das schon vor 2000 Jahren bekannt war. So findet man bei *Horaz* den Ausspruch: »Menschen, die nachts nicht schlafen können, versuchen alles, die Wirklichkeit mit ihren eigenen Plänen in Einklang zu bringen, und denken nicht daran, ihre Pläne der Wirklichkeit anzupassen.« *Horaz* kannte den Sinn von Schlaflosigkeit, und wahrscheinlich kannte ihn damals jeder, nur ist dies wohl in Vergessenheit geraten. Jetzt wurde es wiederentdeckt, wie wahrscheinlich manche andere Kenntnisse vergessen wurden und wiederentdeckt werden müssen. Über dieselben Menschen weiß *Horaz* darüber hinaus zu berichten: »Sie leiden nicht nur an Schlaflosigkeit, sondern auch an Kopfschmerzen.« Auch das ist sehr wahr; man findet diese beiden Beschwerden oft zusammen. Die Ergebnisse von solch hohem Ehrgeiz sind schlaflose Nächte und Kopfschmerzen. Das ist verständlich. Wenn jemand die Nacht zum

bewußten Denken gebraucht und nicht damit zufrieden ist, nur den Tag dafür zu benutzen, dann kann man annehmen, daß er ein sehr ehrgeiziger Mensch ist. Das ist nur eine Variation des Typs, der in der Nacht studiert. Auch das ist ein Zeichen von Ehrgeiz, nur daß es in einem solchen Fall nicht schwer ist, den Zusammenhang zu verstehen.
Man kann die Richtigkeit unserer Annahme prüfen, indem man den Patienten taktvoll fragt, worüber er nachdenkt, wenn er nachts nicht schlafen kann. Dann wird man einen weiteren Beweis bekommen. Der Patient denkt immer entweder an sein Geschäft oder an seine Verpflichtungen und wiederholt, was sich am vergangenen Tag ereignet hat. So wie er am Abend seine Bücher und Konten durchgehen mag, so prüft er während der Nacht nach, ob er richtig gehandelt hat. Viele Menschen tun das. Ihr Ehrgeiz läßt sie nicht den geringsten Fehler vergessen, den sie vielleicht am Tage zuvor gemacht haben.

Unterstützung von Melancholie

Die Krankheit, bei der Schlaflosigkeit die größte Rolle spielt, ist die Melancholie. Wenn ein Melancholiker nicht schlau genug ist, seine Gedanken während der Nacht zu verbergen, kann man leicht feststellen, wie er sich bemüht, seine Laune zu verschlechtern, indem er immer schlechte Dinge sucht und sie sammelt wie eine Biene. Es ist sehr wichtig, bei der Behandlung an diese Neigung zu denken. Wir müssen dem Patienten zeigen, daß er ständig versucht, das Schlechte zu betonen. Auf diese Weise ruft er die Gefühle und Emotionen wach, aus denen seine Melancholie besteht.
Melancholie oder Depression bedeutet in der Tat nichts anderes, als an negative bzw. verpaßte Möglichkeiten zu denken und nicht an aussichtsreiche und hoffnungsvolle. Diese Ausschau nach beunruhigenden Gedanken geschieht auch während der Nacht, und so können wir verstehen, warum der melancholische Patient nicht schläft. Er sammelt auf ehrgeizige Weise. Er könnte sein Sammeln nicht fortsetzen, wenn er einschlafen würde. Deswegen stört er seinen Schlaf mit den Emotionen, die er hervorbringt.

Behandlung

Zur Behandlung der Schlaflosigkeit kann die nächtliche Aktivität genutzt werden. Wenn der Patient über seine Schlaflosigkeit klagt, behauptet er gewöhnlich, daß er ratlos sei, da es ohne Schlaf nicht mehr weiterginge. Wenn man ihm sagte, das schade nichts, daß man selbst nicht länger schliefe und daß andere, die man kenne, auch nicht länger schliefen, dann würde der Patient ärgerlich werden. Aber wenn man freundlich ist und ihn nicht lächerlich macht, kann man auf ihn einen Eindruck machen. Man sage ihm: »Sie können die Zeit, während der Sie nicht schlafen können, dazu nützen, an unserer Behandlung mitzuarbeiten. Sie können alle Gedanken, die Sie während dieser Zeit haben, sammeln, sich merken und mir morgen erzählen. Damit können wir Ihre Schlaflosigkeit zur Behandlung verwenden.«

Es wird für ihn eine neue Erfahrung sein, seine Schlaflosigkeit konstruktiv einzusetzen. Manchmal kann er seine Schlaflosigkeit – wenn sie zu einem guten Zweck zu verwenden ist – nicht beibehalten. Er kann nur dann schlaflos bleiben, wenn er dies als eine Störung betrachtet. Ob er sich seine Gedanken merkt oder ob er nun einschläft: auf jeden Fall wird er dazu fähig sein, den Zweck des Schlafes oder der Schlaflosigkeit zu erkennen. Er wird sogar verstehen, daß seine Schlaflosigkeit nicht die Rolle gespielt hat, die er ihr zugeschrieben hatte.

Ich verschreibe nie eine Medizin gegen Schlaflosigkeit. Aber ich habe viele Patienten gesehen, die zu mir kamen und Medikamente nahmen, die sie von anderen bekommen hatten. Und es ist schwer, sie davon abzuhalten. Eine Medizin einzunehmen, ist dasselbe wie nicht zu schlafen. Es bedeutet, »ich bin schlaflos und kann nur schlafen, wenn ich Arzneimittel nehme«. Er könnte schlafen, wenn er Zuckerwasser nehmen würde, solange er nur daran glauben würde. Manchmal kann man das beweisen. Aber ich versuche niemals, einen Patienten zu täuschen.

Es ist sehr interessant zu beobachten, wie viele Menschen ihren Schlaf durch gewisse Regeln stören. Eine der besten Methoden, sich vom Schlafen abzuhalten, ist die, bis tausend und wieder zurück zu zählen. Das erfordert zwei Stunden, und während dieser Zeit hat der Betreffende nicht geschlafen. Trotzdem glaubt er, es sei ein Mittel gegen Schlaflosigkeit, obwohl es diese in Wirklichkeit erzeugt. Wenn er nach diesen zwei Stunden immer noch nicht eingeschlafen ist, sagt er: »Selbst ein so starkes Mittel hat in meinem Fall nicht geholfen; ich muß furchtbar krank sein.« Von einem Arzt zum andern zu gehen, ist auch eine sehr gute Methode, die Schlaflosigkeit zu steigern und außerdem die Aufmerksamkeit auf sich zu lenken. Manche Leute behaupten, sie könnten nicht vor ein Uhr einschlafen; oder sie könnten nur schlafen, wenn sie bis zwei Uhr Karten spielten. Das sind alles Entschuldigungen.

Zusammenfassung

Viele Menschen gehen mit einer Schlafstörung durchs Leben. Es ist, wie wenn man ein Privileg beanspruchen würde: Ein Mensch, der nicht schlafen kann, hat Anspruch auf besondere Rücksichtnahme. Jeder kann sehen, daß der Betroffene sehr viel mehr leisten könnte, wenn er nur schlafen könnte. Deswegen hat er ein gewisses Privileg und kann nicht mit demselben Maß gemessen werden wie die andern. Aber wir sind nicht so sicher, daß er mehr leisten könnte.

In der Behandlung geben wir ihm zu verstehen, daß es nicht vollkommen wahr ist, daß er mehr leisten würde, wenn er schlafen könnte. Schlafdauer und Leistungsfähigkeit stehen in keiner Beziehung und können nicht aneinander gemessen werden. Aber viele Menschen verbinden die beiden; sie bestehen auf Regeln, wie der, daß sie nur dann schlafen können, wenn sie keinen schwarzen Kaffee trinken, oder wenn sie einen Likör trinken. Mit solchen Annahmen, in denen sie zwei Dinge in Zusammenhang bringen, die nichts miteinander zu tun haben, regulieren sie ihren Schlaf nach Bedarf, wenn sie sich eines Erfolges nicht sicher sind, d. h. sie arrangieren ihre Schlaflosigkeit, wenn sie für eine erwartete Niederlage ein Alibi brauchen. Schlaflosigkeit kommt nur in einer Situation vor, in der ein Mensch vor einem Problem steht, auf das er nicht vorbereitet ist, und wird dann dazu eingesetzt, die nötigen Gefühle und Emotionen zu wecken.

Namen- und Sachregister

Psychoanalytische Grundbegriffe
Eine Einführung
in Sigmund Freuds Terminologie und Theoriebildung

Herausgegeben von Humberto Nagera
Unter Mitarbeit von
S. Baker, A. Colonna, E. Dansky, R. Edgcumbe, E. First,
A. Gavshon, A. Holder, G. Jones, M. Kawenoka, L. Kearney,
E. Koch, M. Laufer, C. Legg, D. Meers, H. Nagera (Hrsg.),
L. Neurath, P. Radford und K. Rees

Mit einem Vorwort von Anna Freud,
Literaturverzeichnis, Gesamtbibliographie der veröffentlichten
Schriften Sigmund Freuds, Stichwortverzeichnis
Band 6331

»Eine Untersuchung der Geschichte psychoanalytischer Grundbegriffe von ihrem ersten Auftauchen in den frühen Schriften Freuds bis zum letzten Band seiner gesammelten Werke« – so charakterisierte Anna Freud den Inhalt des vorliegenden Handbuches, das von Professor Dr. Nagera und seinen Mitarbeitern im Rahmen eines mehrjährigen Forschungsprogramms an der von Anna Freud geleiteten *Hamstead Child Therapy Clinic* erarbeitet wurde. In übersichtlichen Kapiteln werden alle wesentlichen psychoanalytischen Konzepte, die Sigmund Freud in einem langen Forscherleben entwickelt und vielfach modifiziert hatte, im historischen Zusammenhang vorgestellt. Ziel des vorliegenden Bandes ist es, dem Fachmann wie dem an Psychoanalyse interessierten Laien den Zugang zum umfangreichen Freudschen Gesamtwerk zu erleichtern und gleichzeitig Mißverständnisse oder gar Falschdarstellungen durch isoliertes Herausgreifen von Einzelheiten zu verhindern. In der wissenschaftlichen Öffentlichkeit wird das Handbuch als »unschätzbare Hilfe« bezeichnet.

Fischer Taschenbuch Verlag

C. G. Jung

Bewußtes und Unbewußtes
Band 6058

Über die Archetypen des kollektiven Unbewußten
Einleitung in die religionspsychologische Problematik der Alchemie
Zur Phänomenologie des Geistes im Märchen
Zur Psychologie östlicher Meditation

Über die Psychologie des Unbewußten
Band 6299

Die Psychoanalyse. Die Erostheorie
Der andere Gesichtspunkt. Der Wille zur Macht
Das Problem des Einstellungstypus
Das persönliche und das überpersönliche oder kollektive Unbewußte
Die synthetische oder konstruktive Methode
Die Archetypen des kollektiven Unbewußten
Zur Auffassung des Unbewußten/Allgemeines zur Therapie

Über Grundlagen der Analytischen Psychologie
Band 6302

Im Jahre 1935 hielt C. G. Jung in der Tavistock Clinic in London vor ungefähr 200 Psychiatern, Psychotherapeuten und Medizinern fünf Vorlesungen mit jeweils anschließenden Diskussionsveranstaltungen. Die Mitschriften der Vorlesungen und Diskussionsbeiträge erschienen dann in Buchform und gelten bis heute als ausgezeichnete Einführung in die Grundlagen der Analytischen Psychologie. Die Darstellung ist systematisch und doch unformell, wobei die Lebendigkeit des Vortrages einen bleibenden Eindruck der Persönlichkeit Jungs vermittelt.

Jolande Jacobi
Die Psychologie von C. G. Jung
Eine Einführung in das Gesamtwerk
Band 6365

Fischer Taschenbuch Verlag